博雅对外汉语精品教材
短期强化教材系列

翟 艳 主编
魏耕耘 卢岚岚 编著

发现
交际汉语入门 下

Discovery
Elementary Communicative Chinese
II

北京大学出版社
PEKING UNIVERSITY PRESS

图书在版编目(CIP)数据

发现：交际汉语入门. 下 / 翟艳主编；魏耕耘，卢岚岚编著. —北京：北京大学出版社，2015.5
（博雅对外汉语精品教材）
ISBN 978-7-301-25677-0

Ⅰ.①发… Ⅱ.①翟… ②魏… ③卢… Ⅲ.①汉语—口语—对外汉语教学—教材 Ⅳ.①H195.4

中国版本图书馆CIP数据核字(2015)第083251号

书　　名	发现：交际汉语入门（下）
著作责任者	翟　艳 主编　魏耕耘　卢岚岚 编著
责任编辑	沈　岚
标准书号	ISBN 978-7-301-25677-0
出版发行	北京大学出版社
地　　址	北京市海淀区成府路205号　100871
网　　址	http://www.pup.cn　新浪微博：@北京大学出版社
电子信箱	zpup@pup.cn
电　　话	邮购部 62752015　发行部 62750672　编辑部 62767349
印 刷 者	北京大学印刷厂
经 销 者	新华书店
	889毫米×1194毫米　大16开本　16.5印张　327千字
	2015年5月第1版　2015年5月第1次印刷
定　　价	88.00元（含1张MP3光盘）

未经许可，不得以任何方式复制或抄袭本书之部分或全部内容。
版权所有，侵权必究
举报电话：010-62752024　电子信箱：fd@pup.pku.edu.cn
图书如有印装质量问题，请与出版部联系，电话：010-62756370

序

  据中山大学"全球汉语教材库"披露，在库汉语教材已达8380册（5483种），可谓洋洋大观，琳琅满目。尽管如此，教材依然不断创新，新教材也不断涌现。翟艳老师主编的汉语教材"发现—跨越"系列，就以其独特的视角、全新的编排、有趣的内容，再为汉语学习者提供一部可供选择的学习工具。

  "发现—跨越"系列是供初学汉语的学习者使用的教材，目的在于提升学习者实际运用汉语的综合能力。教材取名为"发现"，自有作者的寓意在其中。从作者的角度，在长期的对外国人汉语教学中，在使用各种汉语教材之余，发现教材还有进一步提升的余地，一部教材要让教者得心应手，要让学习者乐之、好之；从学习者的角度，使用这部教材会发现学起来有意思，可以在一种轻松有趣的气氛中，发现学习汉语的乐趣，从而随着教材的引导，在课堂活动中，自然而然地学会汉语、学好汉语。

  "发现—跨越"系列一是遵循内容驱动原则，教材的故事好，吸引人；二是在精心设计的教学活动中学习汉语，在"玩儿"中学习，不枯燥乏味；三是严守第二语言习得规律，循循善诱，层层诱导，引导学习者渐入佳境。此三者，乃"发现—跨越"系列之突出特点。

  其一，一般说来，学习者是通过浸润着异文化内涵的语言结构，学会新的语言。那么，一部教材，拿什么吸引学习者，引起学习者的好奇与兴味，自然靠的是言语内容。在教学中，我们都会注意这样一种情况，就是外国汉语学习者，在学习汉语过程中，在成功的课堂上，最吸引学习者、最令他们感兴趣的，往往不是语言结构本身，而是语言所承载的话语题材，语言所承载的故事，也就是文化，以此为契机，激发了对语言结构的学习。这样看来，学习一种语言就是掌握一种文化。在美国有一部教材叫《中文听说读写》（姚道中、刘月华等编），很受学习者欢迎，原因就在于教材取材自美国学生熟悉的日常生活内容，是他们经历过、体验过的事情，是他们愿意知道、希望了解的事情。"发现—跨越"系列以"行走中华"为线索，学习者透过旅人的目光，观察并体味中国社会的真实生活，掌握基本语言结构，学习基本生存语言；通过旅人的脚步，实地亲身体验中国的社会文化，在跟自身文化对比中，感受多元文化的魅力。生活的丰富多彩，语言的新奇有趣，文化的切身感受，浑为一体，互相融合，贯穿在语言学习和文化体验过程中。

  其二，"发现—跨越"系列秉承一种理念，把一个个象似真实世界的任务作为语言学习的途径，通过平等、协商、互动的教学方式，让学习者在实际交际中表达思想，接触新的语言形式，从而发展自己的语言能力。

在教材中，展现真实世界的最优先的办法，就是利用各种条件设计多种多样的教学活动，让学习者设身处地，亲历其境，与他人进行语言交际。沟通与交际的需要，给予语言学习极大的动力。在活动中，学会语言，体验文化，是很自然的事。但是，组织与教学内容相关的教学活动，却是一件不容易、煞费苦心的事。一般来说，教师善于讲述，也精于操练，但是如何将学习者组织起来，使其参与进来，彼此关照，进行语言表达，却颇费周章。如果一部教材，完全以语言教学活动贯穿，让一个活动接着一个活动展开，就更加难能可贵。纵观全书，教学活动林林总总，小组活动，同伴切磋，情景对话，边看边学，猜一猜，想一想，丰富多彩，犹如行进在山阴道上，令人眼花缭乱，尽享教学活动之美。

"发现—跨越"系列按照衣、食、住、行、购、娱六大元素精选了典型的交际场景，设计了大量的语言教学活动，将语言学习坐实在一个个任务活动中，通过参与活动，体验语言，学会语言，实现语言沟通。从而使学习者逐步从"发现"而"了解"，最终走向"跨越"。

其三，教材的编排，独具特色，打破传统教材生词、语法、课文、练习的套路。采用功能主义的路子，按照任务型教学理念设计和编排教学内容，但又不拘泥，在操作步骤上精心安排，匠心独具。教材的七个环节，环环相扣，顺势衔接，尽显教材的引领和主导作用。"语言热身"旨在激活学生的语言，用图画的形式在一些精心安排的活动中，让学习者接触一些相关话题的词语和真实语境。准备活动做完后，学习者将要"身在其中"了。这时在预先设置的真实的语境中，以听范例的形式，引导学生注意具体交际场合中的语言表达，以降低学生在完成任务过程中的认知负担。在这个过程中，学习者很自然地"发现语言现象"，于是教材提供足够的例句，鼓励学生探索语言现象背后的规则。接着就是"记忆、巩固和提升"，这是发现语言现象后的延续性活动，是以语言的准确性为目标的，也被称为"结构集中型"活动。至此，一切就绪，只欠在真实环境中的运用了。

"用汉语完成任务"以小组或结对形式按步骤完成语言任务，完成的结果需有汇报，以互动协商的形式展现。其中尤其注重个人独白式的语篇表达，专设的"表达框架"，为学习者做了事先的铺垫。最后的"用语言做事"要求课下完成，要求有二，一是语言准备活动，学生可以利用课下的机会整理知识，回忆所学，温故而知新；二是实际融入社会，进行社会扩展活动，用汉语完成一件具体的事情。

"发现—跨越"系列是一套图文并茂的教材，从大量的图片入手，让学习者积极主动地去寻求与图像相关的语言表达，激发学习者的学习兴趣。图片置于上下文语境之中，借图说话，用图发挥，由图引导，学习者见图识义，引起思考，有助于理解社会文化，更有助于掌握语言结构。图画犹如体验，这是一部体验汉语魅力的教材，体验汉语愉悦学习的教材，体验学习汉语收获成功的教材。

我曾和翟艳老师一起议论过教材的编写思路与编写框架，今天教材已编就，披阅之余，深感编者所付出的艰苦努力，甘苦自知。朝思暮想，不知多少个日夜，才能编好这部教材。有时为设计一个教学活动，绞尽脑汁；为设置一个活动场景，废寝忘食；为寻找一张合适的图片，不知翻阅了多少资料。终于，教材问世。我特此推荐给国际汉语教师使用，希望在使用过程中发现其不足，以便在日后的修订中不断完善。

赵金铭

2014年6月12日

前　言

一、编写理念

课堂作为成人获得第二语言的主要场所，理应在语言教学中发挥重要作用。而教材是开展课堂教学不可或缺的材料。

近二十年来，现代语言教育受到语言习得、认知心理学及教育学三大领域科学研究的极大影响。上世纪90年代，任务型教学成为国外英语教学界的主流教学方式，21世纪初在我国汉语教学界得到响应。任务型教学强调有意义的交流，它把一个个象似真实世界的任务作为语言学习的途径，通过平等、协商、互动的教学方式，让学习者在实际交际中表达思想，接触新的语言形式，从而发展自己的语言能力。运用任务型教学的理念开展汉语教学，能为学习者提供最适于语言理解和运用的环境，激发学习者的学习动机，有利于语言学习和文化理解。

本系列教材将"行走中华"作为学习者的学习方式与学习目标，以任务型教学的理念和操作原则来设计和安排教材内容。学习者可透过旅人的目光，看中国的真实生活，学习基本生存语言；通过旅人的脚步，实地体验中国的社会文化，抒发个人情感。个人的旅行经历、丰富多彩的生活、中国社会的面貌、悠久灿烂的文化相互融合，贯穿在整个语言学习和文化体验过程中。教材按照衣、食、住、行、购、娱六大元素精选了典型交际场景，将语言学习落实在一个个任务活动中，通过学习，学习者可逐步从"发现"走向"跨越"。

二、教材使用

《发现》上下册为初级汉语课本，主要是为零起点的汉语学习者设计的。上册包括语音部分为15课，下册10课，共计25课。

每课的学习时间建议为4到6课时，完成上下册的教学需要100到150课时。

全书熟记生词500余个，拓展性词语500余个，共计1000多个常用词语。重要语法项目49项。

《跨越》上下册为准中级汉语课本，主要是为准中级水平的汉语学习者设计的。上下册各10课，共计20课。

每课的学习时间建议为4到6课时，完成上下册的教学需要80到120课时。

全书熟记生词600余个，拓展性词语200余个，共计800多个常用词语。重要语法项目78项。

三、教材体例

（一）语音部分

语音部分主要介绍了汉语声、韵、调、音节以及轻声、儿化、变调等基础语音知识，相应的声、韵、调、音节及组合练习。学生通过辨音和发音来掌握基本发音能力，在语音和意义之间建立初步的联系。

语音学习特别是声调的学习是一项长期而艰苦的工作，感知和分辨语音离不开对语音知识的理解和自觉实践。在训练过程中，教材提供了一些意识觉醒类的任务，启发学生主动认知。如"数一数，汉语拼音中一共有多少个声母？"操练时除了听辨模仿，也可与同伴开展互助合作。如"我说，你写"这样的练习，"两人一组，一个学生随意念出练习中的一个音，另一个学生圈出所听到的音"。学生之间的合作学习有助于提升学生的主体意识和学习效率。

除了模仿发音、听辨练习外，对声调特征的记忆也较为重要，即记住"字音"，这种做法能保持声调的准确性，减少进入语流后的洋腔洋调。语音部分还安排了一些语块的朗读和会话。语块指那些出现频率高，可作为整体储存、提取和产出的较大单位的信息块，如"好累呀""真漂亮""没说的"。从认知心理学的角度，样本学习与规则学习一样，都是学习者获得语言能力的一种方式。语音阶段不涉及语法教学。

（二）正文部分

包括以下内容：

1. 语言热身

旨在激活学生的语言。让学生说出一些与任务话题相关的词语或短句。重要的词语则用图画的形式给出，学生需熟记。也设计几个简单的任务活动，如图片与语句的匹配、小对话等。

2. 身在其中

让学生听几个范例，引导学生注意具体交际场合中的语言表达，填出空缺的信息，模仿说话人的语音语调，完成对输入材料的理解。这样可以为下面的任务活动提供真实的语境，也降低学生在完成任务过程中的认知负担。

3. 发现语言现象

提供足够的例句，鼓励学生探索语言现象背后的规则。如学生相互交流讨论，分析语言的形式特征和运用规律，在多样化的语言材料中辨别这些现象，具备语言对比与分析意识，并完成几个检验性的练习。

4. 记忆、巩固和提升

是发现语言现象后的延续性活动。学生可以通过替换、问答等活动加强语言形式的精准表达，这种活动是以语言的准确性为目标的，也被称为"结构集中型"活动。

5. 用汉语完成任务

学生以小组或结对形式按步骤完成语言任务。形式包括调查、小组讨论、角色扮演等。任务型活动的大部分都需汇报，因此，在"小组调查"中我们特别设计了一个表达框架，学生可以利用这个"支架"来完成语篇表达。

6. 用语言做事

这部分内容要求课下完成，主要分为两类：第一是语言准备活动，学生可以利用课下的机会整理知识，温习重要的规则；第二是融入社会，用汉语完成实际任务，如"用一张10块钱的钞票买一听可乐，至少要跟售货员说三句话并录音或录像"等。

7. 词语库

提供必要的语言储备，建立学习者个人的词汇库。

8. 生活剪影

社会生活的真实影像，提供学生可能感兴趣的中国人生活片段和文化知识，也可以让学生抓拍类似的景象。教学中可以师生共同欣赏。

四、其他说明

"发现—跨越"系列属于应用型汉语教材。它把教学对象定位于初识汉语的学习者，致力于培养学习者的汉语实际运用能力。基于这个考虑，我们在语言要素的选择上注意简洁实用，典型能产，不强调系统全面，但在编写时，依然参考了《汉语水平等级标准与语法等级大纲》对字、词和句的规定，参考了《国际汉语教学通用课程大纲》对听、说、读、写专项技能目标及话题、任务活动、文化题材和文化任务的说明。教材的各板块基本按照教学过程展开，在操作上易于教师理解和运用。

对大部分学生而言，"内容的吸引力"是能否坚持学下去的一个重要因素。本教材将"读万卷书，行万里路"的信条贯穿在教材编写中，以实景实情激发学习者的学习兴趣。所提供的大量照片不仅能辅助学习，还能给学习过程带来愉悦。

这套书获得"北京市教育委员会共建项目专项资助"，在此表示衷心感谢！最后，感谢您对这套教材的关注！由于水平和能力有限，不当之处请不吝赐教。

翟　艳

2014 年 3 月

Preface

I. Compiling Concepts

Classroom, as the main place where adults acquire the second language, which plays a pivotal role in language teaching, however, textbooks are an integral component in classroom instruction.

Modern language education has been profoundly influenced by three domains, namely language acquisition, cognitive psychology and pedagogy during the past two decades. Back to the 1990s, task-based teaching became the main trend in English language education in foreign countries, which drew attention of Chinese language teaching in China at the beginning of the 21st century. It lays emphasis on meaningful communication by setting the tasks similar to the real world. Besides, students are encouraged to express their thoughts, understand new linguistic forms so as to enhance language proficiency through the teaching approaches with equality, negotiation and interaction. The concept of task-based teaching provides students with the proper environment of language comprehension and use, inspires their academic motivation and achieves the expected outcome in language study and cultural understanding.

The series of teaching materials are designed with "Walk in China" as the study objective while task-based teaching as the theoretical direction and operating principle. Students can touch the real life of Chinese style and study the survival language through the perspective of travelers in China, experience the social culture in person and also voice their feelings during the process. In this way, a variety of elements are combined together with language study, including individual experience, colorful lifestyles, observing true China, as well as cultural understanding. Typical interactive cases are selected and arranged into six major topics, namely, clothing, food, accommodation, travel, shopping and entertainment, after the practice, students can finally achieve the progress from *Discovery* to *Beyond*.

II. Teaching Materials

The books *Discovery* are written and compiled for beginners of Chinese language, which are divided into two volumes, the first of which consists of 15 lessons (including the introduction of phonetics) and the second 10 lessons. Each lesson requires 4 to 6 class hours, which means that students may spend altogether 100 to 150 class hours for the whole learning process. Apart from

49 important grammar points, there are over 1000 commonly used words in the book containing approximately 500 fundamental words, equal with the expanding vocabulary.

The books *Beyond* are written and compiled for intermediate Chinese language learners, which are divided into two volumes, each of which consists of 10 lessons, 20 lessons in all. Each lesson requires 4 to 6 class hours, which means that students may spend altogether 80 to 120 class hours for the whole learning process. Apart from 78 important grammar points, there are over 800 commonly used words in the book containing approximately 600 fundamental words and 200 expanding vocabulary.

III. Textbook Layout

i. Chinese phonetics

This section mainly introduces the basic knowledge of phonetics such as the initials, finals, tones and syllables in Chinese as well as its featured neutral tone, retroflexion and tone sandhi, combining with relevant exercises. Students grasp the fundamental skills of pronunciation through distinguishing as well as imitating. At this stage, the initial connection is established between pronunciation and meaning.

It is a long-term and painstaking work in phonetic learning, especially in the acquisition of intonation, which means that only with the comprehension of phonological knowledge and self-directed practice students can perceive as well as distinguish different pronunciation. In the process, the textbooks set some tasks to inspire the active cognition in students. For instance, the question "how many initials are there in Chinese pinyin system?" Cooperation is also involved such as the class activity named "I Speak, You Write", which is usually performed in a group of two students, one randomly speak out a sound and the other distinguish it. It is believed that this kind of practice helps students to cultivate their subject consciousness as well as enhancing their learning efficiency.

In addition, it is of great significance to memorize the characteristics of tones, in other words, to keep in mind the pronunciation of characters, which can definitely ensure the accuracy and avoid foreign accents. Some reading exercises and conversations are arranged emphasizing the concept of chunks, which refer to those large units of information block that appear frequently and can be easily stored, extracted and output as a whole, such as "I feel so tired" "How beautiful it is!" and "No need to say". From the perspective of cognitive psychology, the study of samples, similar to the study of rules, is an effective way in language learning. At this stage, the analytical instruction of grammar may not be mentioned.

ii. Main Body

The content is as follows:

1) Let's warm up!

It aims to help students to activate their linguistic mechanisms by encouraging them to practice some words or phrases concerning the tasks mentioned above. Important expressions are demonstrated by pictures so that students can memorize easily. Besides, some simple tasks may also be designed such as matching pictures and some daily conversations, etc.

2) In the scene

With several examples of real communication, students are encouraged to notice the expressions, fill in the blanks, imitating the pronunciation as well as intonation and comprehend the materials thoroughly. In this way, it is much easier for students to accomplish tasks under authentic contexts and alleviate cognitive burdens during the process.

3) Finding grammar points

A wide selection of sample sentences is offered for students to probe into the rules behind the linguistic phenomena. Through discussion, students can analyze the formal characteristics and application rules of language, distinguish the phenomena in various materials and accomplish some experimental exercises with the awareness of language comparison and analysis.

4) Memorize, consolidate, and upgrade

It is deemed as the follow-up activity after the discovery of new language items. Students can consolidate their knowledge via language activities such as replacing words and short-answer questions, which are also known as "structure centralized" activities with the goal of improving language accuracy.

5) Tasks in Chinese

Students are required to fulfill language tasks step by step either with their partner or in small groups and they can employ methods including surveys, group discussion and role play. Since most of the task-based activities need to be reported, a framework of expression is specially established for "group surveys", by which students can get support to complete narration.

6) Real life activities

This section is planned as assignments after class, which is comprised of two categories. The first is language preparation, during which students make use of their spare time to systemize knowledge and review crucial rules while the other type is to accomplish tasks in Chinese under real social circumstances. A typical example of this is that in order to buy a can of coke with 10 RMB, students are demanded to talk with a shop assistant for at least three sentences with either recording or video for reference.

7) Words and expressions

Students need to establish individual library of words so as to lay essential foundation for language study.

8) Life sketch

Students have access to real images of the social life in China as well as cultural knowledge that they may be interested in. They are also encouraged to gather snapshots and share them in class.

IV. Supplementary Statement

The series of *Discovery* are intended for Chinese language learners at elementary level, putting emphasis on the practical command of language. Therefore, we attach great importance to the conciseness, feasibility, representativeness as well as effectiveness when considering linguistic elements though it may not be systematic and comprehensive. In the process of compiling the textbooks, the official *Syllabus of Chinese Language Proficiency Standards and Graded Grammar* are adhered to concerning the rules of words, phrases and sentences. Furthermore, we consult the *International Curriculum for Chinese Language Education* when setting the objectives of four fundamental language skills and explaining the topics, tasks as well as cultural themes. In this way, it is easy for teachers to understand the textbooks and conduct teaching procedures.

For most students, a vital factor of the driving force in Chinese language learning lies in whether the contents are intriguing. Thus as an old Chinese proverb goes, "It is better to travel ten thousand miles than to read ten thousand books", the keynote of these books is to motivate the interests of students with real situations in Chinese society. Many pictures are presented not only to help learning but also for appreciation.

My special thanks go to "the Program of the Co-Construction with Beijing Municipal Commission of Education of China", this project was sponsored by it. Last but not least, please allow me to extend my heartfelt gratitude for your attention and I really look forward to your advice and comments.

Prof. Zhai Yan
March, 2014

目　录

游　览

第 11 课　你爬得太快了 ·· 1

第 12 课　有山有水，到处都是花 ······································· 22

第 13 课　比以前现代多了 ··· 41

社交娱乐

第 14 课　长得真像你爸爸 ··· 62

第 15 课　你不是在广告公司工作吗? ································· 84

第 16 课　为我们的重逢干杯 ··· 107

第 17 课　我是来看恐龙的 ··· 132

购　物

第 18 课　便宜一点儿行不行? ··· 158

第 19 课　我要那件有龙的 ··· 188

离境打包

第 20 课　把筷子放在我这儿吧 ··· 213

总词表 ·· **243**

第 11 课

 你爬得太快了

一、语言热身 LET'S WARM UP!

我的词典 MY DICTIONARY

1 找到与"我的词典"中的词语相对应的图片，然后朗读词语
Please match the words in *My Dictionary* with the corresponding pictures, and read these words aloud

（1）下面这些动作用不带宾语的动词怎么说？
How do you say the following actions by using the verbs that do not take objects?

a. 吃 / chī / to eat
b. 喝 / hē / to drink
c. 说 / shuō / to say, to speak
d. 唱 / chàng / to sing
e. 写 / xiě / to write
f. 画 / huà / to draw
g. 考 / kǎo / to test
h. 走 / zǒu / to walk
i. 跑 / pǎo / to run
j. 爬 / pá / to climb
k. 来 / lái / to come
l. 看 / kàn / to look

（2）下面这些动作用动词或带宾语的动词词组怎么说？
How do you describe the following actions by using the verbs or the verb phrases that take objects?

a. 洗澡 / xǐ zǎo / to shower
b. 睡觉 / shuì jiào / to sleep
c. 做饭 / zuò fàn / to cook
d. 喝酒 / hē jiǔ / to drink
e. 游泳 / yóu yǒng / to swim
f. 跑步 / pǎo bù / to jog
g. 爬山 / pá shān / to climb mountains
h. 踢足球 / tī zúqiú / to play football
i. 打篮球 / dǎ lánqiú / to play basketball
j. 打网球 / dǎ wǎngqiú / to play tennis
k. 打乒乓球 / dǎ pīngpāngqiú / to play pingpang ball

2 看图说话：用"V 得 + 很 adj."来描述下列情景
Talking pictures: describe the following pictures with "V de + hěn adj."

A. _____

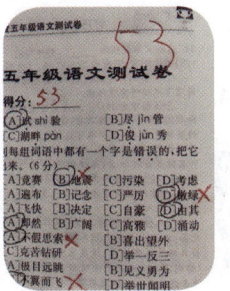

B. _____

C. _____

D. _____

E. _____

F. _____

G. _____

H. _____

3 学习趋向动词
Learning directional verbs

上来	下来	进来	出来	回来	过来	起来
shànglai	xiàlai	jìnlai	chūlai	huílai	guòlai	qǐlai
come up	come down	come in	come out	come back	come over/cross	get up

上去	下去	进去	出去	回去	过去
shàngqu	xiàqu	jìnqu	chūqu	huíqu	guòqu
go up	go down	go in	go out	go back	go over/cross

4 大声朗读句子，想一想这些句子的意思

Read the following sentences aloud, and think about the meaning of the sentences

(1) 它 有 多少 年 的 历史?
    Tā yǒu duōshao nián de lìshǐ?

(2) 我们 请 艾玛 老师 来 回答 吧。
    Wǒmen qǐng Àimǎ lǎoshī lái huídá ba.

(3) 你 爬 得 真 快。
    Nǐ pá de zhēn kuài.

(4) 你 先 上去，在 那儿 等 我们 吧。
    Nǐ xiān shàngqu, zài nàr děng wǒmen ba.

(5) 今天 天气 真 好。
    Jīntiān tiānqì zhēn hǎo.

二、身在其中 IN THE SCENE

1 情景对话 1 Scene 1

◎（马丁一家在爬长城 Martin's family is climbing the Great Wall）

（1）看图片，听一遍对话一录音。听后回答下列问题
Look at the picture and listen to the recording. Then answer the following questions

> 他们在谈论什么？（What are they talking about?）
> 麦克知道长城的历史吗？（Does Mike know the history of the Great Wall?）
> "一万多里"是什么意思？（What is the meaning of "yí wàn duō lǐ"）

（2）听录音，判断下面的说法是否正确
Listen to the recording and judge if the following statements are correct according to Dialogue 1

1. 长城 有一万 多 公里。
   Chángchéng yǒu yí wàn duō gōnglǐ.　　□

2. 艾玛 知道 长城 的历史。
   Àimǎ zhīdào Chángchéng de lìshǐ.　　□

3. 艾玛 可能 是 老师。
   Àimǎ kěnéng shì lǎoshī.　　□

（3）朗读对话一：注意发音和语气
Please read Dialogue 1 aloud, and pay attention to the pronunciation and tone

马丁： 麦克，我 考考你，你知道 长城 有 多 长 吗？
Mǎdīng: Màikè, wǒ kǎokao nǐ, nǐ zhīdào Chángchéng yǒu duō cháng ma?

麦克： 一万 多 里，是不是？
Màikè: Yí wàn duō lǐ, shì bu shì?

马丁： 对，那它有 多少 年 的 历史？
Mǎdīng: Duì, nà tā yǒu duōshao nián de lìshǐ?

麦克： 嗯，这 个 问题，我们 请 艾玛 老师 来 回答 吧。
Màikè: Ňg, zhè ge wèntí, wǒmen qǐng Àimǎ lǎoshī lái huídá ba.

2 情景对话 2 Scene 2

◎ （麦克在跟妈妈说话 Mike is talking to mom）

（1）听录音，麦克要爬到哪儿，请在正确的图片下边标出来
Listen to the recording, figure out where Mike is going to be, and mark the right picture

（　　）　　　　（　　）　　　　（　　）　　　　（　　）

（2）听第二遍录音，一边听一边跟说。然后请根据对话内容，完成下面的句子
Listen to the recording for the second time, and repeat while listening. Then complete the following conversation

麦克 Màikè： 妈妈，你累不累？休息一会儿吧。
Māma, nǐ lèi bu lèi? Xiūxi yíhuìr ba.

艾玛 Àimǎ： 麦克，_____。
Màikè, _____.

麦克 Màikè： 我 要 快 点儿 爬到_____。
Wǒ yào kuài diǎnr pádào_____.

艾玛 Àimǎ： 行。_____。
Xíng. _____.

（3）朗读对话二：注意发音和语气
Read Dialogue 2 aloud, and pay attention to the pronunciation and tone

麦克： 妈妈，你累不累？休息一会儿吧。
Màikè： Māma, nǐ lèi bu lèi? Xiūxi yíhuìr ba.

艾玛： 好，我又累又渴。麦克，你爬得真快。
Àimǎ： Hǎo, wǒ yòu lèi yòu kě. Màikè, nǐ pá de zhēn kuài.

麦克： 我要 快点儿爬到 那个最高的地方。
Màikè: Wǒ yào kuài diǎnr pádào nà ge zuì gāo de dìfang.

艾玛： 行。你先 上去， 在那儿等 我们吧。
Àimǎ: Xíng. Nǐ xiān shàngqu, zài nàr děng wǒmen ba.

3 情景对话 3 Scene 3

◎（他们站在最高的地方 They are standing at the top）

（1）请读下面的句子，根据意思排列顺序。然后听录音，看看你排的顺序是否正确
Please read the following sentences and number them. Listen to the recording, and check if your answers are correct

（　）因为 早饭你吃得最 多
Yīnwèi zǎofàn nǐ chī de zuì duō

（　）麦克 了不起，爬得 这么 快。
Màikè liǎobuqǐ, pá de zhème kuài.

（　）站 得高，看得 远 嘛。
Zhàn de gāo, kàn de yuǎn ma.

（　）今天 天气 真 好， 远处 的 山 都 看得 清清楚楚。
Jīntiān tiānqì zhēn hǎo, yuǎnchù de shān dōu kàn de qīngqīngchǔchǔ.

（　）你们 知道 为 什么 吗？
Nǐmen zhīdào wèi shénme ma?

（2）再听一遍对话三录音，听后回答下列问题
Listen to the recording again. Then answer the questions

为什么远处的山都看得清清楚楚？
(Why could the mountains far away be clear seen?)

麦克为什么爬得这么快？
(According to Emma, why does Mike climb so quickly?)

（3）朗读对话三：注意发音和语气
Please read Dialogue 3 aloud, and pay attention to the pronunciation and tone

马丁：　今天　天气　真　好，远处　的　山　都　看得　清清楚楚。
Mǎdīng: Jīntiān tiānqì zhēn hǎo, yuǎnchù de shān dōu kàn de qīngqīngchǔchǔ.

艾玛：　站　得高，看得　远　嘛。
Àimǎ: Zhàn de gāo, kàn de yuǎn ma.

马丁：　麦克　了不起，爬得　这么　快。
Mǎdīng: Màikè liǎobuqǐ, pá de zhème kuài.

麦克：　你们　知道　为　什么　吗？
Màikè: Nǐmen zhīdào wèi shénme ma?

艾玛：　因为　早饭　你吃得　最　多。
Àimǎ: Yīnwèi zǎofàn nǐ chī de zuì duō.

（4）小组活动：两个人一组，介绍一下上面的情景对话
Pair work: please talk with your partner about what you have learned from the dialogues above, and sum up into a paragraph

长城　是　中国　有名　的　历史古迹，它　有_____。麦克　喜欢
Chángchéng shì Zhōngguó yǒumíng de lìshǐ gǔjì, tā yǒu_____. Màikè xǐhuan

_____，他很　快_____，然后　等　爸爸　妈妈　上来。站　在　长城
　　　　　tā hěn kuài　　　　　ránhòu děng bàba māma shànglai. Zhàn zài Chángchéng

上，_____，真是　美　极了。
shang, _____, zhēnshì měi jíle.

三、发现语言现象 FINDING GRAMMAR POINTS

与同伴研究一下，下面的句子有什么特点。你还可以说出这样的句子吗？
Try to find language points in the following sentences with your partner. Could you figure out the meaning and function of the patterns by yourself? Can you make similar sentences with the points?

第 11 课　你爬得太快了

★ "多"用来表示概数："多 duō" is used to indicate the approximate numbers

1. 数量词 + 多：number + measure-word + duō

兰兰　三岁多了。
Lánlán sān suì duō le.

小　王　工作了一年多了。
Xiǎo Wáng gōngzuò le yì nián duō le.

2. 数词 + 多 + 量词：number + duō + measure-word

这件衣服三百六十多块。
Zhè jiàn yīfu sānbǎiliùshí duō kuài.

那个售货员二十多岁。
Nà ge shòuhuòyuán èrshí duō suì.

看一看，这样的意思怎么说？ How do you express the following meanings?

① 我来北京＿＿＿＿＿＿＿了。（2~3 年）
　 Wǒ lái Běijīng　　　　　le. (2~3 nián)

② 天津离北京＿＿＿＿＿＿＿。（130~140 公里）
　 Tiānjīn lí Běijīng　　　　　. (130~140 gōnglǐ)

★ 否定词"不"或"没"放在"请、让、叫"的前面。
"bù" and "méi" should be put before "qǐng/ràng/jiào" to form the negation.

司机请客人关一下门。
Sījī qǐng kèrén guān yíxià mén.

妈妈让麦克先洗澡。
Māma ràng Màikè xiān xǐ zǎo.

★ 否定词"不"或"没"放在"请、让、叫"的前面。"bù" and "méi" should be put before "qǐng/ràng/jiào" to form the negation.

妈妈没让孩子玩儿。
māma méi ràng háizi wánr.

爸爸不让我看电视。
Bàba bú ràng wǒ kàn diànshì.

判断对错：下面的句子对不对？ True or false: are the following sentences correct?

① 妈妈叫我不吃辣的。　　　　　　（　　）
　 Māma jiào wǒ bù chī là de.

9

② 老师 请 我 回答 问题。　　　　　　（　　）
　　Lǎoshī qǐng wǒ huídá wèntí.

★ **情态补语**：情态补语常用来介绍观点或看法，说明某件事做得怎么样，大多为评价性或描述性表达。"得 + 形容词"用在动词后面，具体结构为："动词 + 得 + 形容词" Complements of manner: The complement of manner is often used to explain one's view or opinion about how something is done. It takes the form of "得 + adjective" after a verb, which is commentative or descriptive. The whole structure is : V. + 得 + adj.

你 唱 得 真 好。
Nǐ chàng de zhēn hǎo.

麦克 画 得 很 漂亮。
Màikè huà de hěn piàoliang.

　　如果动词后有宾语的话，动词要在宾语后重复，情态补语跟在重复了的动词之后。结构如下：If the verb has an object, the verb needs to be repeated after the object, and the complement of manner follows the repeated verb. The structure is as follows:

（动词）｜ 宾语 ＋ 动词 ＋ 得 ＋ 形容词
　(V.) ＋ O. ＋ V. ＋ de ＋ adj.

A: 你 打 网球 打 得 怎么样?
　　Nǐ dǎ wǎngqiú dǎ de zěnmeyàng?

B: 打 得 马马虎虎。
　　Dǎ de mǎmǎhūhū.

A: 他 写 汉字 写 得 好看 吗?
　　Tā xiě Hànzì xiě de hǎokàn ma?

B: 写 得 还 可以。
　　Xiě de hái kěyǐ.

第一个动词可以省略（除了离合词） The first verb can be omitted (except separable words)

A: 你 网球 打 得 怎么样?
　　Nǐ wǎngqiú dǎ de zěnmeyàng?

B: 打 得 马马虎虎。
　　Dǎ de mǎmǎhūhū.

A: 他 汉字 写 得 好看 吗?
　　Tā Hànzì xiě de hǎokàn ma?

B: 写 得 还 可以。
　　Xiě de hái kěyǐ.

第 11 课　你爬得太快了

判断对错：下面的句子对不对？True or false: are the following sentences correct?

① 马丁　说　汉语　得　很　好。　　　（　）
　　Mǎdīng shuō Hànyǔ de hěn hǎo.

② 妈妈 做 饭 得 很 好吃。　　　（　）
　　Māma zuò fàn de hěn hǎochī.

★ 动词 + 到 + 时间 / 地点
　 V. + dào + time/place

我们　要　在　这儿　住到　星期三。
Wǒmen yào zài zhèr zhùdào xīngqīsān.

汽车　开到　前门。
Qìchē kāidào Qiánmén.

我的句子：My sentences

★ 上、下、进、出、回、过 + 来 / 去：汉语中的复合趋向动词 shàng/xià/jìn/chū/huí/guò+lái/qù : Chinese compound directional verbs

我们　下去　吧。
Wǒmen xiàqu ba.

大家　快　回来。
Dàjiā kuài huílai.

别　过去，人　多。
Bié guòqu, rén duō.

想一想，在横线上填写恰当的复合趋向动词。填后说一说为什么你会选择那个动词 Read the following sentences, and fill in the blanks with the right compound directional verbs. Talk about why you choose the verb

① 下 雨了，我们　快_____吧。
　　Xià yǔ le, wǒmen kuài_____ba.

② 妈妈, 快_____, 上面　风景　很　漂亮。
　　Māma, kuài_____, shàngmiàn fēngjǐng hěn piàoliang.

③ _____吧，别 坐 在 这儿。
　　_____ba, bié zuò zài zhèr.

想一想，还有什么问题？Do you have other questions?

四、记忆、巩固和提升 MEMORIZE, CONSOLIDATE, AND UPGRADE

两人一组，先认读方框中的词语，然后互问互答
Pair work: please recognize the expressions in the box with your partner. One asks questions according to the parts underlined, and the other answers questions

1. A: <u>一万 多里</u>，是不是?
   <u>Yí wàn duō lǐ</u>, shì bu shì?

   B: 对。
   Duì.

   > 走错路了 Zǒucuò lù le
   > 我们坐高铁去 Wǒmen zuò gāotiě qù
   > 你们预订了三天 Nǐmen yùdìng le sāntiān

2. A: 我们请 <u>艾玛老师</u> 来 <u>回答</u> 吧。
   Wǒmen qǐng <u>Àimǎ lǎoshī</u> lái <u>huídá</u> ba.

   B: 行。
   Xíng.

   > 老师 lǎoshī   介绍一下故宫 jièshào yíxià Gùgōng
   > 司机 (driver) sījī   送 (to pick sb up) 我们 sòng wǒmen
   > 警察 (policeman) jǐngchá 决定 (to decide) juédìng

3. A: 你 <u>爬</u> 得 真 <u>快</u>。
   Nǐ <u>pá</u> de zhēn <u>kuài</u>.

   B: 哪儿啊。
   Nǎr a.

   > 说 shuō   好 hǎo
   > 走 zǒu   慢 màn
   > 来 lái   早 zǎo

4. A: 你要 <u>爬到</u> <u>哪儿</u>?
   Nǐ yào <u>pádào</u> <u>nǎr</u>?

   B: 我要 <u>爬到</u> <u>那个最高的地方</u>。
   Wǒ yào <u>pádào</u> <u>nà ge zuì gāo de dìfang</u>.

   > 走 zǒu   哪儿 nǎr   天安门 Tiān'ānmén
   > 睡 shuì   什么时候 shénme shíhou   中午 zhōngwǔ
   > 工作 (to work) gōngzuò 什么时候 shénme shíhou   六十岁 (year of age) liùshí suì

5. A: 你先 <u>上去</u> 吧。
   Nǐ xiān <u>shàngqu</u> ba.

   B: 好的。
   Hǎo de.

   > 回去 huíqu
   > 进来 jìnlai
   > 起来 qǐlai

第 11 课　你爬得太快了

五、用汉语完成任务 TASKS IN CHINESE

（一）你请/让/叫我做什么？ What do you ask me to do?

1. 活动热身：请快速回答下面的问题
   Warm up: answer the following questions quickly

请/让/叫……做…… Sb. ask you to do sth.	提示 Tips	自由回答 Free answer
老师　请你做什么？ Lǎoshī qǐng nǐ zuò shénme?		
妈妈　让你做什么？ Māma ràng nǐ zuò shénme?		
朋友　叫你做什么？ Péngyou jiào nǐ zuò shénme?		
在饭馆儿，你让服务员做什么？ Zài fànguǎnr, nǐ ràng fúwùyuán zuò shénme?		

在宾馆，你让服务员做什么？
Zài bīnguǎn, nǐ ràng fúwùyuán zuò shénme?

你让 出租车司机做什么？
Nǐ ràng chūzūchē sījī zuò shénme?

> 提示：
>
> 英文"ask somebody to do"，翻译成汉语应该怎么说？能用"问"吗？
>
> How to translate "ask somebody to do" into Chinese? Can we translate "ask" into "问 wèn" here?

2. 活动：让我做什么我就做什么 Activity: I will do what you ask me to do

(1) 每个学生一张小纸片，用拼音写一个动作性动词，请不要让别的同学看到。Each student is given a small piece of paper. Please write an action verb on it. Don't show it to other students.

(2) 把你的纸给别人，自己也拿一张纸，但不要说出来那上面写的动词。Give your paper to other students, and you will get one action verb. Please don't say the verb aloud.

(3) 班级展示：每个同学站起来，不说话，根据那个动词做动作。其他同学猜一猜是什么动词。然后老师问大家：老师让他做什么？学生要用那个动词回答问题。Demonstrate in Class: every student will stand up, do the action without saying any words. The other students are required to figure out what the verb is, and answer with the verb: What does the teacher ask him to do?

>  提示：
>
> 请老师总结"请、让、叫"三者之间的区别。

（二）班级活动：谁是你的老师？ Class activity: who is your teacher?

1. 从热身练习的"我的词典"中找一件自己擅长的事情，再找一件自己不擅长，但是希望自己能做得更好的事，都写下来
   Write down a thing you are really good at from *MY DICTIONARY*, and a thing that you are not good at but want to learn to do better

2. 请用下面的句式介绍你什么做得好，什么做得不好
   Introduce what you are good at and what not good at by the following patterns. Try to ask by using the patterns

   > ○ 句式 Patterns
   >
   > S Verb 得 很 adj.
   > S Verb 得 不 adj.
   > S Verb 得 怎么样 (zěnmeyàng) ?

3. 班级采访：找到你的老师
   Class interview: find your teacher

   就你不擅长的那件事询问其他同学，如果谁做得好，谁就是你的老师
   Ask other students about the thing you are not good at. The one who does well is your teacher.

4. 班级汇报
   Class report

   （1）你找到老师了吗？谁是你的老师？ Nǐ zhǎodào lǎoshī le ma? Shéi shì nǐ de lǎoshī?

   （2）他／她为什么是你的老师？ Tā wèi shénme shì nǐ de lǎoshī?

   （3）你是谁的老师？为什么？ Nǐ shì shéi de lǎoshī? Wèi shénme?

（三）班级采访 Class interview

1. 询问至少三个同学下列问题，然后填表
   Asking at least three students the following questions, and fill in the form with their answers

   1）你去过 长城 吗？去过几次？
      Nǐ qùguo Chángchéng ma? Qùguo jǐ cì?

   2）你爬得快不快？用了多长时间？
      Nǐ pá de kuài bu kuài? Yòngle duō cháng shíjiān?

   3）你爬到最高的地方了吗？
      Nǐ pádào zuì gāo de dìfang le ma?

发现：交际汉语入门（下）

4) 你是一个人去的还是跟朋友一起去的？
Nǐ shì yí ge rén qù de háishi gēn péngyou yìqǐ qù de?

问题 名字	你去过长城吗？ 去过几次？	你爬得快不快？ 用了多长时间？	你爬到最高的 地方了吗？	你是一个人去的还是跟 朋友一起去的？
1.				
2.				
3.				

2. 请根据一位同学的回答，介绍一下他的情况
Please introduce one student's information according to his answer

_____去过　　长城，去过_____次。他 是_____去 的。
_____qùguo Chángchéng, qùguo_____cì. Tā shì_____qù de.

他爬　长城　爬 得 很_____，用了_____。他_____最 高
Tā pá Chángcháng pá de hěn_____, yòngle_____. Tā_____zuì gāo

的 地方。
de dìfang.

六、用语言做事 REAL LIFE ACTIVITIES

（一）语言准备 Language preparation

1. 听写并朗读这些句子
Dictation: please write down six sentences. Read aloud these sentences and memorize them

（1）_____

（2）_____

（3）_____

（4）_____

（5）_____

（6）_____

2. 请用给的词语完成句子
Make sentences with the given words

(1) 睡 shuì　　　得 de

(2) 读 dú　　　得 de

(3) 做 zuò　　　得 de

(4) 吃 chī　　　得 de

(5) 说 shuō　　　得 de

3. 根据回答找出 A 说的是什么
Find what A said according to the answers

(1) A：＿＿＿＿＿＿＿＿＿＿＿＿＿＿＿＿＿＿＿＿＿

　　B：有 三百 多 年 的 历史 了。
　　　Yǒu sānbǎi duō nián de lìshǐ le.

(2) A：＿＿＿＿＿＿＿＿＿＿＿＿＿＿＿＿＿＿＿＿＿

　　B：有 十多 公里。
　　　Yǒu shí duō gōnglǐ.

(3) A：＿＿＿＿＿＿＿＿＿＿＿＿＿＿＿＿＿＿＿＿＿

　　B：是 的，他 说 得 非常 好。
　　　Shì de, tā shuō de fēicháng hǎo.

(4) A：＿＿＿＿＿＿＿＿＿＿＿＿＿＿＿＿＿＿＿＿＿

　　B：真 了不起。
　　　Zhēn liǎobuqǐ.

(5) A：＿＿＿＿＿＿＿＿＿＿＿＿＿＿＿＿＿＿＿＿＿

　　B：他 来 得 最 早。
　　　Tā lái de zuì zǎo.

（二）社会扩展活动：我的中国日记 Social activities: my Chinese diary

我的嘴甜日 My sweet-mouth day

你会用汉语夸奖别人吗？今天是你的嘴甜日，你要尽量多夸奖别人。请你尽量用"S V-O-V 得 很 adj."来夸奖别人。例如：夸奖打扫房间的服务员，我们应该说：你打扫房间打扫得很干净。请你想一想，如果夸奖下面这些人，用"S V-O-V 得 很 adj."可以怎么说？

Can you praise other people in Chinese? It is your Sweet-mouth Day today. You should say good words to others, and try to use the pattern "S V-O-V de hěn adj.". For example, you could say "Nǐ dǎsǎo fángjiān dǎsǎo de hěn gānjìng" to your cleaning maid. Please figure out how to praise the following people:

1. 洗衣店 的 服务员:
   Xǐyīdiàn (laundry) de fúwùyuán:
   _____

2. 饭店 的 厨师:
   Fàndiàn de chúshī (cook):
   _____

3. 出租车 司机:
   Chūzūchē sījī (driver):
   _____

4. 修理 自行车 的师傅:
   Xiūlǐ zìxíngchē de shīfu:
   _____

5. 帮 你 拍照 的人:
   Bāng nǐ pāi zhào (take photos) de rén:
   _____

6. 你的 中国 朋友:
   Nǐ de Zhōngguó péngyou:
   _____

7. 我们 班 的一位 男 同学:
   Wǒmen bān de yí wèi nán tóngxué:
   _____

8. 我们 班 的一位 女同学:
   Wǒmen bān de yí wèi nǚ tóngxué
   _____

9. 跟 你一起运动 的 伴儿:
   Gēn nǐ yìqǐ yùndòng de bànr (partner):
   _____

10. 你的 汉语 老师:
    Nǐ de Hànyǔ lǎoshī:
    _____

下课以后,请你去夸奖夸奖别人。从上面这十个人中选三个,用"S V-O-V 得很 adj." 夸夸他们。听一听他们有什么反应。如果可能,用手机把对话录下来。

Please find someone to praise after class. Choose 3 people from the choices above, and try to to use the pattern "S V-O-V de hěn adj." to praise them. Please pay attention to their reactions to you. Record the conversation if possible.

第 11 课　你爬得太快了

七、词语库 WORDS AND EXPRESSIONS

（一）生词表 New words list

1.	考	kǎo	（动）	to give an exam, to test
2.	知道	zhīdào	（动）	to know, to be aware of
3.	万	wàn	（数）	ten thousand
4.	里	lǐ	（量）	a length unit equal to half kilometer
5.	那	nà	（连）	then
6.	它	tā	（代）	it
7.	年	nián	（名）	year
8.	历史	lìshǐ	（名）	history
9.	嗯	ǹg	（叹）	the nasal sound used as a response
10.	老师	lǎoshī	（名）	teacher
11.	回答	huídá	（动）	to reply, to answer
12.	休息	xiūxi	（动）	to have a rest, to relax
13.	一会儿	yíhuìr	（数量）	a little while, a while
14.	渴	kě	（形）	thirsty
15.	爬	pá	（动）	to climb, to crawl
16.	高	gāo	（形）	tall, high
17.	地方	dìfang	（名）	place, space
18.	上去	shàngqu		to go up
19.	天气	tiānqì	（名）	weather
20.	远处	yuǎnchù	（名）	distant place
21.	山	shān	（名）	hill, mountain
22.	清楚	qīngchu	（形）	clear, evident, obvious
23.	站	zhàn	（动）	to stand
24.	了不起	liǎobuqǐ	（形）	extraordinary, amazing
25.	这么	zhème	（代）	so
26.	为什么	wèi shénme		why
27.	因为	yīnwèi	（连）	because

专有名词 Proper Noun

| 长城 | Chángchéng | the Great Wall, a series of stone and earthen fortifications in northern China, built originally to protect the northern borders of the Chinese Empire against intrusions by various nomadic groups. Several walls have been built since the 5th century BC that are referred to collectively as the Great Wall, which has been rebuilt and maintained from the 5th century BC through the 16th century. It is made up of 6,259.6 km of actual wall. |

（二）相关链接 Related links

查查词典，看看它们是什么意思
Look up the dictionary and find the meanings of the following words

运动 yùnyòng sports	意思 yìsi meaning	季节和天气 jìjié hé tiānqì seasons and weather	意思 yìsi meaning
踢球 tī qiú		春天 chūntiān	
足球 zúqiú		夏天 xiàtiān	
打球 dǎ qiú		秋天 qiūtiān	
篮球 lánqiú		冬天 dōngtiān	
排球 páiqiú		阴 yīn	
乒乓球 pīngpāngqiú		晴 qíng	
羽毛球 yǔmáoqiú		冷 lěng	
网球 wǎngqiú		热 rè	
游泳 yóu yǒng		刮风 guā fēng	
跑步 pǎo bù		下雨 xià yǔ	
爬山 pá shān		下雪 xià xuě	

从相关链接中选出五个对你最有用的词，写一写
Please select five useful words in the *Related links* above, and write in the following blanks

1. _____ 2. _____ 3. _____ 4. _____ 5. _____

八、生活剪影 LIFE SKETCH

北京的长城
Běijīng de Chángchéng

在 北京， 如果 想 爬 长城， 有几个选择：八达岭、慕田峪、
Zài Běijīng, rúguǒ xiǎng pá Chángchéng, yǒu jǐ ge xuǎnzé: Bādá Lǐng、Mùtián Yù、
司马台、居庸关 或者 箭扣 长城 等。一般游客都去八达岭，那儿
Sīmǎ Tái、Jūyōng Guān huòzhě Jiànkòu Chángchéng děng. Yìbān yóukè dōu qù Bādá Lǐng, nàr

修复得 比较 完整；慕田 峪因为游客较少， 环境 幽静 一些；司马台
xiūfù de bǐjiào wánzhěng; Mùtián Yù yīnwèi yóukè jiào shǎo, huánjìng yōujìng yìxiē; Sīmǎ Tái
长城 则因为没有 人工 修整，比较自然， 当然 也就有些危险了。
Chángchéng zé yīnwèi méiyǒu réngōng xiūzhěng, bǐjiào zìrán, dāngrán yě jiù yǒuxiē wēixiǎn le.

八达 岭
Bādá Lǐng

慕田 峪
Mùtián Yù

部分练习参考答案 KEY TO SOME EXERCISES

一、2 "看图说话" 答案 Key to "Talking pictures"

A. 考得很好　B. 考得不好　C. 来得很晚　D. 跑得很快
E. 走得很慢　F. 跑得很慢　G. 买得很多　H. 吃得很多 / 吃得很饱

六、(一) 1. "听写并朗读这些句子" 答案 The answer of dictation

(1) 长城有多少年的历史？
(2) 我们请艾玛老师来回答吧。
(3) 你先上去，在那儿等我们吧。
(4) 我要快点儿爬到那个最高的地方。
(5) 站得高，看得远嘛。
(6) 麦克又累又渴。

第 12 课

 有山有水，到处都是花

一、语言热身 LET'S WARM UP!

我的词典 MY DICTIONARY

1 找到与"我的词典"中的词语相对应的图片，然后朗读词语
Please match the words in *My Dictionary* with the corresponding pictures, and read these words aloud

（1）下面这些事物用汉语怎么说？
How do you express the following nouns in Chinese?

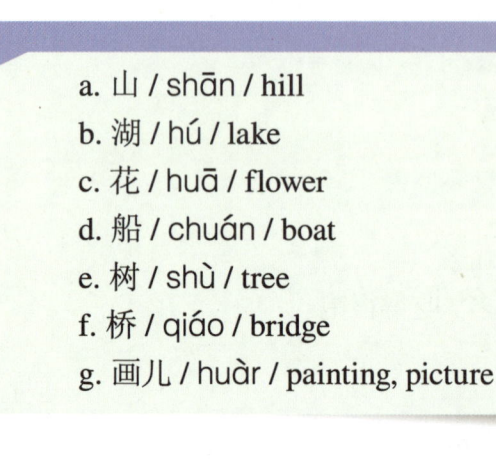

a. 山 / shān / hill
b. 湖 / hú / lake
c. 花 / huā / flower
d. 船 / chuán / boat
e. 树 / shù / tree
f. 桥 / qiáo / bridge
g. 画儿 / huàr / painting, picture

（2）下面这些地点用汉语怎么说？
How do you express the following places in Chinese?

a. 售票处 / shòupiàochù / ticket office
b. 入口 / rùkǒu / entrance
c. 出口 / chūkǒu / exit
d. 售货亭 / shòuhuòtíng / kiosk
e. 洗手间 / xǐshǒujiān / toilet, restroom
f. 大门 / dàmén / gate

2 颐和园手绘地图 A hand-painted map of the Summer Place

（1）图框中是颐和园一些有名的地方，请把代表这些地方的数字标在正确的图片旁
Read the names of the famous spots of the Summer Place in the column, and mark the right picture with numbers

① 昆明湖 / Kūnmíng Hú / Kunming Lake
② 十七孔桥 / Shíqīkǒng Qiáo / 17-Arch Bridge
③ 铜牛 / Tóngniú / The Bull
④ 万寿山 / Wànshòu Shān / Longevity Hill
⑤ 佛香阁 / Fóxiāng Gé / The Pavilion of the Fragrance Buddha
⑥ 长廊 / Chángláng / The Long Corridor

（2） 下面是颐和园的简易地图，看看哪些景点你已经知道了，圈出来，并读一读
Look at the following map, circle the spots you know, and try to read them aloud

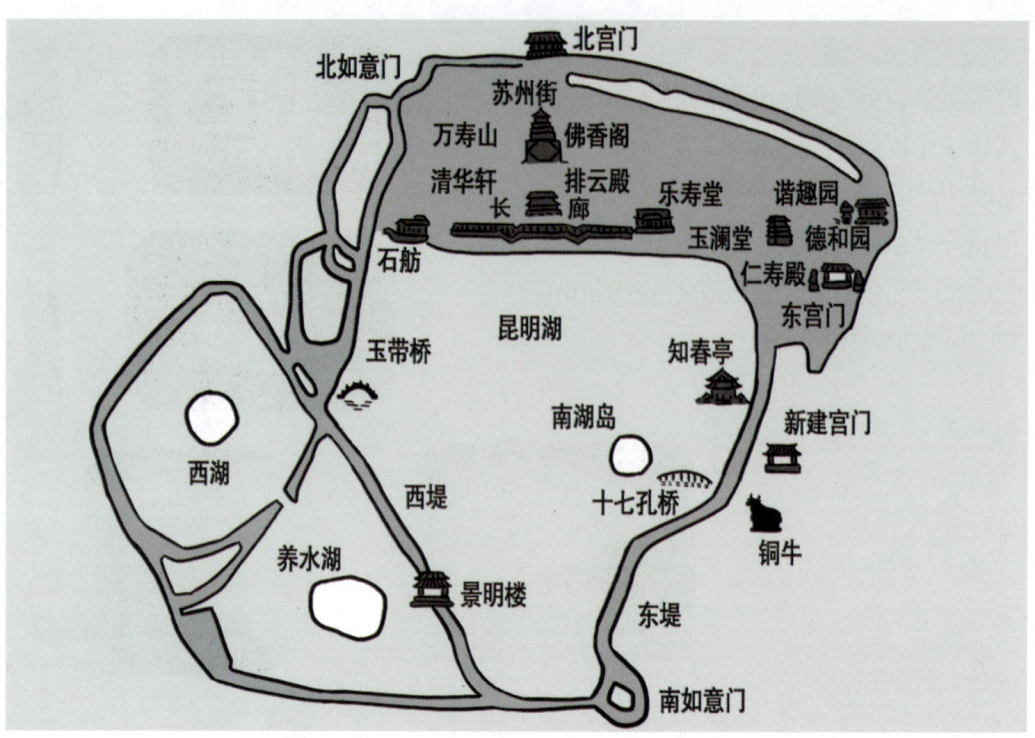

3 头脑风暴：请尽量用"我的词典"中的词语回答问题
Brain storm：please try to answer the following questions by the words in *My Dictionary*

(1) 颐和园在哪儿?
(2) 进颐和园要买票吗? 去哪儿买票?
(3) 买了票，我们从哪儿进公园? 从哪儿出来?
(4) 颐和园里边有山吗? 叫什么山?
(5) 颐和园里边有湖吗? 叫什么湖?
(6) 颐和园里边有没有桥? 你能说出一座（zuò, the measure word for bridges）桥的名字吗?
(7) 颐和园里边有山，有水，有桥，还有什么?
(8) 昆明湖里可以划船吗? 要是想划船怎么办?
(9) 在公园里，要是想买水，我们去哪儿?
(10) 要是你喝水喝得太多了，你得去那儿?

4 大声朗读句子，想一想这些句子的意思

Read the following sentences aloud, and think about the meaning of the sentences

(1) 有 山 有 水，到处 都 是 花。
　　Yǒu shān yǒu shuǐ, dàochù dōu shì huā.

(2) 这 是 颐和园 最 有名 的 地方。
　　Zhè shì Yíhé Yuán zuì yǒumíng de dìfang.

(3) 要是 有 导游 给 我们 介绍 介绍 就 好 了。
　　Yàoshi yǒu dǎoyóu gěi wǒmen jièshào jièshào jiù hǎo le.

(4) 我们 在 这儿 休息 一会儿 吧。
　　Wǒmen zài zhèr xiūxi yíhuìr ba.

(5) 我 就 在 这儿 等 你们。
　　Wǒ jiù zài zhèr děng nǐmen.

二、身在其中 IN THE SCENE

1 情景对话 1　Scene 1

◎（马丁一家在颐园游览 Martin and the family go sightseeing in the Summer Palace）

（1）听一遍对话一录音。听后回答下列问题
Look at the pictures and listen to the recording once. Then answer the questions

> 颐和园大吗？（Is the Summer Palace big?）
> 要是想划船怎么办？（What shall we do if we want to row a boat?）

（2）听录音，判断下面的说法是否正确
Listen to the recording and judge if the following statements are correct according to Dialogue 1

① 颐和园 以前 是 皇帝 (emperor) 住 的。
　 Yíhé Yuán yǐqián shì huángdì　　　zhù de.　　　　　　☐

② 颐和园 里很 漂亮。
　 Yíhé Yuán lǐ hěn piàoliang.　　　　　　　　　　　　☐

③ 艾玛 可能 (maybe) 喜欢 花。
　 Àimǎ kěnéng　　　 xǐhuan huā.　　　　　　　　　　☐

（3）朗读对话一：注意发音和语气
Please read Dialogue 1 aloud, and pay attention to the pronunciation and tone

马丁： 颐和园 不愧是 皇家 园林，真 气派。
Mǎdīng: Yíhé Yuán búkuì shì huángjiā yuánlín, zhēn qìpài.

艾玛： 是啊。有 山 有 水， 到处 都 是 花。
Àimǎ: Shì a. Yǒu shān yǒu shuǐ, dàochù dōu shì huā.

麦克： 咱们 能 不 能 划 划 船?
Màikè: Zánmen néng bu néng huá hua chuán?

马丁： 当然 可以。我们 去 那儿 租 一 条。
Mǎdīng: Dāngrán kěyǐ. Wǒmen qù nàr zū yì tiáo.

2 情景对话 2　Scene 2

◎（他们在长廊里边走边欣赏 They enjoy the scenery while walking in the Long Corridor）

（1）听录音，判断下面的说法是否正确
Listen to the recording and judge if the following statements are correct

① 长廊 是 颐和园 里 有名 的 地方。
　 Chángláng shì Yíhé Yuán lǐ yǒumíng de dìfang.　　　　☐

26

第 12 课　有山有水，到处都是花

② 长廊　　　上面　有 很　多 画儿。
　Chángláng shàngmiàn yǒu hěn duō huàr.　☐

③ 到　　长廊　的 时候，有　导游　给 他们　介绍。
　Dào Chángláng de shíhou, yǒu dǎoyóu gěi tāmen jièshào.　☐

（2）听第二遍录音，一边听一边跟说。然后请根据对话内容，完成下面的句子
Listen to the recording for the second time, and repeat while listening. Then complete the following conversation according to Dialogue 2

麦克 Màikè
> 上面　　　的画儿 很　好看，_____。
> Shàngmiàn de huàr hěn hǎokàn,_____.

艾玛 Àimǎ
> _____有 导游　给　我们　介绍 介绍_____。
> _____yǒu dǎoyóu gěi wǒmen jièshào jièshào_____.

（3）朗读对话二：注意发音和语气
Please read Dialogue 2 aloud, and pay attention to the pronunciation and tone

马丁：　我们　到　长廊　了。这 可 是 颐和园　最 有名　的 地方。
Mǎdīng:　Wǒmen dào Chángláng le. Zhè kě shì Yíhé Yuán zuì yǒumíng de dìfang.

麦克：　上面　　的 画儿 很 好看，可是 不 知道 是 什么 意思。
Màikè:　Shàngmiàn de huàr hěn hǎokàn, kěshì bù zhīdào shì shénme yìsi.

艾玛：　要是 有 导游 给 我们　介绍　介绍 就 好 了。
Àimǎ:　Yàoshi yǒu dǎoyóu gěi wǒmen jièshào jièshào jiù hǎo le.

麦克：　妈妈　说 得 对。
Màikè:　Māma shuō de duì.

"可" 在这里是强调语气的副词。
Here "可" is an adverb to emphasize mood.

3 情景对话 3 Scene 3

◎（他们在亭子里休息 They are having a rest in the pavilion）

（1）听录音，麦克要买什么，在图片下边标出来
Listen to the recording, pay attention to what Mike is going to buy, and mark the right picture

（　　）　　　（　　）　　　（　　）　　　（　　）

（2）听第二遍录音，听后回答下列问题
Listen to the recording for the second time, then answer the questions

> 如果玩儿了很长时间，用"半天"怎么说？（How to express with bàntiān if we have played for a long time?）
> 如果你想去洗手间，可以怎么说？（What will you say if you want to go to the toilet?）
> 如果一个人去某个地方，你希望他快点儿回来，可以怎么说？（What will you say if you want him to come back quickly when someone is going to somewhere?）

（3）朗读对话三，注意发音和语气
Please read Dialogue 3 aloud, and pay attention to the pronunciation and tone

艾玛： 走了半天，真有点儿累了。
Àimǎ： Zǒule bàntiān, zhēn yǒudiǎnr lèi le.

马丁： 我们在这儿休息一会儿吧。
Mǎdīng： Wǒmen zài zhèr xiūxi yíhuìr ba.

麦克： 前面有个售货亭，我去买瓶水。
Màikè： Qiánmiàn yǒu ge shòuhuòtíng, wǒ qù mǎi píng shuǐ.

马丁： 我去趟洗手间。
Mǎdīng： Wǒ qù tàng xǐshǒujiān.

艾玛： 快去快回啊。我就在这儿等你们。
Àimǎ： Kuài qù kuài huí a. Wǒ jiù zài zhèr děng nǐmen.

（4）两人一组，介绍一下上面的情景对话，可以增加感兴趣的内容
Pair work: try to transform the dialogues above into a narrative paragraph. You could add other related information into your story as much as you can

颐和园　不愧_____，那儿_____，非常　气派。　长廊　是　颐和园　里
Yíhé Yuán búkuì_____, nàr_____, fēicháng qìpài. Chángláng shì Yíhé Yuán li

_____，上面　有_____，介绍　了　中国　历史　上　一些　有名　的　故事 (story)。
_____, shàngmiàn yǒu_____, jièshào le Zhōngguó lìshǐ shang yìxiē yǒumíng de gùshi,

麦克　和　妈妈　都　很　喜欢。
Màikè hé māma dōu hěn xǐhuan.

三、发现语言现象 FINDING GRAMMAR POINTS

与同伴研究一下，下面的句子有什么特点。你还可以说出这样的句子吗？
Try to find language points in the following sentences with your partner. Could you figure out the meaning and function of the patterns by yourself? Can you make similar sentences with the points?

★ 到处 Everywhere, all about

到处　都　是　人，没　有　地方　坐。
Dàochù dōu shì rén, méi yǒu dìfang zuò.

路上　到处　都　是　卖　冷饮 (cold drink)　的。
Lùshang dàochù dōu shì mài lěngyǐn de.

到处　都　问　了，谁　都　没　看到　我的　钥匙。
Dàochù dōu wèn le, shuí dōu méi kàndào wǒ de yàoshi.

下面的意思用"到处"怎么说？Please try to use "dàochù" to express the following meanings

① 天安门　　　广场　有　很　多　人。
Tiān'ānmén Guǎngchǎng yǒu hěn duō rén.

_____

② 他家里有　很　多　书。
Tā jiā li yǒu hěn duō shū.

_____

③ 公园　里有　很　多　晨练 (do morning exercise) 的　老人。
Gōngyuán li yǒu hěn duō chénliàn de lǎorén.

_____

★ 要是……就…… If...then...

要是 不 太 远，我们 就 坐 公共 汽车 去。
Yàoshi bú tài yuǎn, wǒmen jiù zuò gōnggòng qìchē qù.

要是 累了，就休息一会儿。
Yàoshi lèi le, jiù xiūxi yíhuìr.

★ 要是……就好了 If...it will be fine

要是 有 时间 就好 了。
Yàoshi yǒu shíjiān jiù hǎo le.

要是 不 考试 就 好 了。
Yàoshi bù kǎoshì jiù hǎo le.

我的句子：My sentences

★ 有点儿 + 形容词 / 心理动词 "yǒu diǎnr (a little)" + adj. / mental verbs

"有点儿"用在形容词之前，表示对某人或某事轻微的不满或不悦。
"有点儿" is used before adjective words and mental verbs, indicating slight unsatisfied or unhappy with something/somebody.

这 件 衣服 有点儿 大。
Zhè jiàn yīfu yǒudiǎnr dà.

坐 飞机 有点儿 贵。
Zuò fēijī yǒudiǎnr guì.

小王 有点儿 不 高兴。
Xiǎo Wáng yǒudiǎnr bù gāoxìng.

"一点儿"用在形容词后，表示数量少或程度轻微。

"yìdiǎnr" is used after the adjective, to indicate slight quantity.

我要一件小一点儿的衣服。
Wǒ yào yí jiàn xiǎo yìdiǎnr de yīfu.

下面的句子对不对？
Are the following sentences correct or not?

① 慕田 峪 一点儿 远，八达 岭不 远。
　 Mùtián Yù yìdiǎnr yuǎn, Bādá Lǐng bù yuǎn.

② 坐 公共 汽车 一点儿 麻烦。
　 Zuò gōnggòng qìchē yìdiǎnr máfan.

想一想，还有什么问题？Do you have other questions?

四、记忆、巩固和提升 MEMORIZE, CONSOLIDATE, AND UPGRADE

两人一组，先认读方框中的词语，然后互问互答
Pair work: please recognize the expressions in the box with your partner. One asks questions according to the parts underlined, and the other answers questions

1. A: <u>颐和园</u> 不愧是 <u>皇家 园林</u>，<u>真 气派</u>。
   Yíhé Yuán búkuì shì huángjiā yuánlín, zhēn qìpài.

   B: 说 得对。
   Shuō de duì.

北京	中国的首都 (capital)	城市 (city) 真大
Běijīng	Zhōngguó de shǒudū	chéngshì zhēn dà
小明的爸爸	有名的教授 (professor)	知识 (knowledge) 真多
Xiǎomíng de bàba	yǒumíng de jiàoshòu	zhīshi zhēn duō

2. A: 到处 都是<u>花</u>。
   Dàochù dōu shì huā.

   B: 是啊，<u>花</u> 真 多 啊。
   Shì a, huā zhēn duō a.

   人 rén
   游客 (tourist) yóukè
   广告 (advertisement) guǎnggào

3. A: 这 是 <u>颐和园</u> 最 <u>有名</u> 的 <u>地方</u>。
   Zhè shì Yíhé Yuán zuì yǒumíng de dìfang.

   B: 是 吗?
   Shì ma?

我 wǒ	好 hǎo	朋友 péngyou
离这儿 lí zhèr	近 jìn	公园 gōngyuán
今年 (this year) jīnnián	好 hǎo	电影 (movie) diànyǐng

4. A: 要是 <u>有 导游 给 我们 介绍 介绍</u> 就 好 了。
   Yàoshi yǒu dǎoyóu gěi wǒmen jièshào jièshào jiù hǎo le.

   B: 想 得美。
   Xiǎng de měi.

   便宜点儿 piányi diǎnr
   有地铁 yǒu dìtiě
   明天是星期天 míngtiān shì xīngqītiān

5. A: 有点儿 <u>累</u>了。
   Yǒudiǎnr lèi le.

   B: 快 <u>休息 一下儿</u>。
   Kuài xiūxi yíxiàr.

不舒服 bù shūfu	休息一下儿 xiūxi yíxiàr
困 (sleepy) kùn	睡一会儿 shuì yíhuìr
饿 è	吃点儿东西 chīdiǎnr dōngxi

发现：交际汉语入门（下）

五、用汉语完成任务 TASKS IN CHINESE

（一）小组活动：这就是生活，令人抱怨的生活 Pair work: this is life, a life to complain

生活是美好的，但是在我们的生活中，常常有一些小地方让我们不太满意，不是非常不满意，但是有一点儿。两个同学一组，想一想在你们的生活中，有哪些令你们不太满意的地方？请试着用"有点儿"来抱怨一下自己的生活。Life is wonderful, most of the time. However, sometimes we are not so satisfied or happy with something in our lives. There are always things to complain about, not very dissatisfied, but slightly. Do you have these small bugs in your life? Please try to use "有点儿 yǒudiǎnr" and the adj. in the following box to complain with your partner.

例 Examples:
我的房间<u>有点儿小</u>。Wǒ de fángjiān yǒudiǎnr xiǎo.
这个饭馆儿的菜<u>有点儿贵</u>。Zhè ge fànguǎnr de cài yǒudiǎnr guì.
八点上课<u>有点儿早</u>。Bādiǎn shàng kè yǒudiǎnr zǎo.

贵 (guì)	多 (duō)	少 (shǎo)	远 (yuǎn)	快 (kuài)	慢 (màn)
烫 (tàng)	早 (zǎo)	晚 (wǎn)	高 (gāo)	辣 (là)	忙 (máng)
饿 (è)	累 (lèi)	渴 (kě)	困 (kùn)	热 (rè)	

请写下来你觉得最好的三个句子 Please write down three sentences which you think the best

（1）_____。

（2）_____。

（3）_____。

（二）小组活动：要是……就好了 Pair work: I wish

生活中常常有一些令人不满意的地方，我们常常希望"要是……就好了"。两个同学一组，根据下面的情景，用"要是……就好了"完成句子。We often feel unsatisfied with everything in our lives. There could be something that makes us unhappy. Therefore people often wish that it would be nice if ……. Please complete the following sentences according to the contexts with your partner.

例 Examples:

我 不 想 上 课，要是 明天 不 上 课 就好了。
Wǒ bù xiǎng shàng kè, yàoshi míngtiān bú shàng kè jiù hǎo le.

我 的 房间 有点儿 小，要是 大 一点儿 就好 了。
Wǒ de fángjiān yǒudiǎnr xiǎo, yàoshi dà yìdiǎnr jiù hǎo le.

1. 八 点 上 课 有点儿 早，要是_____就好 了。
   Bā diǎn shàng kè yǒudiǎnr zǎo, yàoshi _____ jiù hǎo le.

2. 去 上海 的 飞机票 有点儿 贵，要是_____就 好 了。
   Qù Shànghǎi de fēijīpiào yǒudiǎnr guì, yàoshi _____ jiù hǎo le.

3. 学校 (school) 离 我 的 家 有点儿 远，要是_____就 好 了。
   Xuéxiào lí wǒ de jiā yǒudiǎnr yuǎn, yàoshi _____ jiù hǎo le.

4. 我们 在北京 的 时间 太 少 了，要 是_____就 好 了。
   Wǒmen zài Běijīng de shíjiān tài shǎo le, yàoshi _____ jiù hǎo le.

5. 颐和园 风景 很 美,可是 人 有点儿 多，要是_____就 好 了。
   Yíhé Yuán fēngjǐng hěn měi, kěshì rén yǒudiǎnr duō, yàoshi _____ jiù hǎo le.

6. 这 个 宾馆 早饭 只 有 中餐， 要是_____就 好 了。
   Zhè ge bīnguǎn zǎofàn zhǐ yǒu zhōngcān, yàoshi _____ jiù hǎo le.

7. 今天 是我的 生日 (birthday)，要是_____就 好 了。
   Jīntiān shì wǒ de shēngrì, yàoshi _____ jiù hǎo le.

8. 中国 菜 真 好吃，要是_____就 好 了。
   Zhōngguócài zhēn hǎochī, yàoshi _____ jiù hǎo le.

9. 高铁 又 快 又 舒服， 去那个 城市 要是_____就 好 了。
   Gāotiě yòu kuài yòu shūfu, qù nàge chéngshì yàoshi _____ jiù hǎo le.

10. 出租车 司机 很 好，可是 他们 说 得太 快 了,要是_____就 好 了。
    Chūzūchē sījī hěn hǎo, kěshì tāmen shuō de tài kuài le, yàoshi _____ jiù hǎo le.

（三）班级采访：你们国家最有名的…… Class interview: the most famous of your country

1. 大声朗读下面这些短语, 并在横线上写出英文意思
   Read aloud the following phrases, and write down the English meanings

   我们 国家 最大的 城市 _____
   Wǒmen guójiā zuì dà de chéngshì

   我们 国家 最 有名 的 地方 _____
   Wǒmen guójiā zuì yǒumíng de dìfang

   我们 国家 最 有名 的 人 _____
   Wǒmen guójiā zuì yǒumíng de rén

   我们 国家 最 有名 的 菜 _____
   Wǒmen guójiā zuì yǒumíng de cài

2. 询问至少三个同学下列问题，然后填表
   Asking at least three students the following questions, and fill in the form with their answers

   （1）你是哪国人?
   Nǐ shì nǎ guó rén?

（2）哪个　城市　是　你们　国家　最　大　的　城市？
　　　Nǎ ge chéngshì shì nǐmen guójiā zuì dà de chéngshì?

（3）哪儿是　你们　国家　最　有名　的　地方？
　　　Nǎr shì nǐmen guójiā zuì yǒumíng de dìfang?

（4）谁　是　你们　国家　最　有名　的　人？
　　　Shéi shì nǐmen guójiā zuì yǒumíng de rén?

（5）什么　菜　是　你们　国家　最　有名　的　菜？
　　　Shénme cài shì nǐmen guójiā zuì yǒumíng de cài?

问题 名字	你是哪国人？	哪个城市是你们国家最大的城市？	哪儿是你们国家最有名的地方？	谁是你们国家最有名的人？	什么菜是你们国家最有名的菜？
1.					
2.					
3.					

3. 根据三位同学的回答，请你选择一个最想去的国家，并根据下面的段落结构简单介绍一下这个国家的大概情况
   According to the answers, choose the country you would like to go most, and introduce the country by the following structure

　　_____是_____（国）人，_____是他们　国家　最　大　的
　　　　　　shì　　　　　(guó) rén,　　　　　shì tāmen guójiā zuì dà de

城市，_____是　他们　国家　最　有名　的　地方，_____是　他们
chéngshì,　　　　shì tāmen guójiā zuì yǒumíng de dìfang,　　　　shì tāmen

国家　最　有名　的　人，_____是　他们　国家　最　有名　的　菜，我　要是
guójiā zuì yǒumíng de rén,　　　　shì tāmen guójiā zuì yǒumíng de cài, wǒ yàoshi

　　能　去　这个　国家　看看　就　好了。
　　néng qù zhè ge guójiā kànkan jiù hǎo le.

六、用语言做事 REAL LIFE ACTIVITIES

（一）语言准备 Language preparation

1. 听写并朗读这些句子
   Dictation: please write down five sentences. Read aloud these sentences and memorize them

　　（1）_____。

（2）_____。

（3）_____。

（4）_____。

（5）_____。

2. 请用"要是……就好了"和下边的词语完成句子
   Make sentences with "yàoshi...jiù hǎo le" and the following words

   （1）明天　能　_____
   　　　míngtiān néng

   （2）离　近　_____
   　　　lí　jìn

   （3）他　在　_____
   　　　tā　zài

   （4）有　朋友　_____
   　　　yǒu péngyou

   （5）会　菜　_____
   　　　huì cài

3. 请根据语境完成下列对话
   Complete the following dialogues according to the contexts

   （1）A：王府井　怎么样？
   　　　Wángfǔjǐng zěnmeyàng?

   　　B：_____。（到处）
   　　　_____. (dàochù)

   （2）A：这些 画儿 是 什么 意思，你能　介绍　一下 吗？
   　　　Zhèxiē huàr shì shénme yìsi, nǐ néng jièshào yíxià ma?

   　　B：_____。（请）
   　　　_____. (qǐng)

   （3）A：_____。（有名）
   　　　_____. (yǒumíng)

   　　B：你　说　得　对。
   　　　Nǐ shuō de duì.

   （4）A：_____。（洗手间）
   　　　_____.(xǐshǒujiān)

   　　B：好，我　就 在 这儿 等　你。
   　　　Hǎo, wǒ jiù zài zhèr děng nǐ.

（二）社会扩展活动：我的中国日记 Social activities: my Chinese diary

1. 在中国，我最喜欢……
   In China, I like these the most

   你来中国多长时间了？你喜欢在中国的生活吗？请你介绍一下在中国你最喜欢的是什么。请你给家人和朋友介绍一下。你有它们的照片吗？

   How long have you been in China? Do you like the life here? Will you introduce the things you like the most in China to your family and friends? Do you have the pictures of them?

   (1) 我 最 喜欢 的 公园 是_____；
   Wǒ zuì xǐhuan de gōngyuán shì_____；

   (2) 我 最 喜欢 的 饭馆儿 是_____；
   Wǒ zuì xǐhuan de fànguǎnr shì_____；

   (3) 我 最 喜欢 的 中国菜 是_____；
   Wǒ zuì xǐhuan de Zhōngguócài shì_____；

   (4) 我 最 喜欢 的 商店 是_____；
   Wǒ zuì xǐhuan de shāngdiàn shì_____；

   (5) 我 最 喜欢 的 中国 朋友 是_____；
   Wǒ zuì xǐhuan de Zhōngguó péngyou shì_____；

   (6) 我 最 喜欢 说 的 话 (words, expressions) 是_____；
   Wǒ zuì xǐhuan shuō de huà shì_____；

   (7) 我 最 喜欢 喝 的是_____；
   Wǒ zuì xǐhuan hē de shì_____；

   (8) 我 最 喜欢 的 同学 是_____；
   Wǒ zuì xǐhuan de tóngxué shì_____；

   (9) 我 最 喜欢 的_____是_____；
   Wǒ zuì xǐhuan de_____shì_____；

   (10) 我 最 喜欢 的_____是_____。
   Wǒ zuì xǐhuan de_____shì_____。

2. 我们的班级之最
   The most of our class

   你在这个班学习多长时间了？你喜欢这个班吗？请你想一想这个班的班级之最，谁是你们班最……的学生。最好写他们的中文名字。

   How long have you been in your class up to now? Do you like your class? Please think about the classmates, and find the most of your class in your mind. Please try to use their Chinese names.

   (1) 我们 班 最高 的 学生 是_____；
   Wǒmen bān zuì gāo de xuéshēng shì_____；

提示：

班 bān class

(2) 我们 班 最小的 学生 是＿＿＿＿＿＿＿；
Wǒmen bān zuì xiǎo de xuéshēng shì＿＿＿＿＿＿＿；

(3) 我们 班 最 可爱(cute)的 学生 是＿＿＿＿＿＿＿；
Wǒmen bān zuì kě'ài de xuéshēng shì＿＿＿＿＿＿＿；

(4) 我们 班 最 漂亮(beautiful)的 女生 是＿＿＿＿＿＿＿；
Wǒmen bān zuì piāoliang de nǚshēng shì＿＿＿＿＿＿＿；

(5) 我们 班 最 帅(handsome)的 男生 是＿＿＿＿＿＿＿；
Wǒmen bān zuì shuài de nánshēng shì＿＿＿＿＿＿＿；

(6) 我们 班 最酷(cool)的 人是＿＿＿＿＿＿＿；
Wǒmen bān zuì kù de rén shì＿＿＿＿＿＿＿；

(7) 我们 班 汉语 最 好 的 人 是＿＿＿＿＿＿＿；
Wǒmen bān Hànyǔ zuì hǎo de rén shì＿＿＿＿＿＿＿；

(8) 我们 班 汉字 最好 的 学生 是＿＿＿＿＿＿＿；
Wǒmen bān Hànzì zuì hǎo de xuéshēng shì＿＿＿＿＿＿＿；

(9) 我们 班 最喜欢 说话 的 学生 是＿＿＿＿＿＿＿；
Wǒmen bān zuì xǐhuan shuō huà de xuéshēng shì＿＿＿＿＿＿＿；

(10) 我们 班 说 话说 得最快 的 学生 是＿＿＿＿＿＿＿；
Wǒmen bān shuō huà shuō de zuì kuài de xuéshēng shì＿＿＿＿＿＿＿；

(11) 我们 班 说 话说 得最慢 的 学生 是＿＿＿＿＿＿＿；
Wǒmen bān shuō huà shuō de zuì màn de xuéshēng shì＿＿＿＿＿＿＿；

(12) 我们 班来得最早 的 学生 是＿＿＿＿＿＿＿。
Wǒmen bān lái de zuì zǎo de xuéshēng shì＿＿＿＿＿＿＿.

请你想一个班级之最 (the most of class in your mind)：
我们班＿＿＿＿＿＿＿的学生是＿＿＿＿＿＿＿。

七、词语库 WORDS AND EXPRESSIONS

（一）生词表 New words list

1.	不愧	búkuì	（动）	to be worthy of, to deserve to be called
2.	皇家	huángjiā	（名）	the imperial family (or house), the royal family (or house)
3.	园林	yuánlín	（名）	landscape garden or park
4.	气派	qìpài	（形）	spectacular, in impressive style
5.	到处	dàochù	（副）	everywhere, here and there
6.	花	huā	（名）	flower, blossom
7.	划	huá	（动）	to paddle or row (a boat)
8.	船	chuán	（名）	boat, ship
9.	租	zū	（动）	to rent, to hire, to charter

10. 条	tiáo	（量）	a measure word used for long and thin things or itemized nouns, etc.
11. 有名	yǒumíng	（形）	well-known, famous
12. 上面	shàngmiàn	（名）	above, over
13. 画儿	huàr	（名）	painting, drawing, picture
14. 好看	hǎokàn	（形）	good-looking, pretty
15. 意思	yìsi	（名）	meaning, idea
16. 要是	yàoshi	（连）	if
17. 导游	dǎoyóu	（名）	tour guide
18. 介绍	jièshào	（动）	to introduce
19. 说	shuō	（动）	to speak, to say
20. 半天	bàntiān	（名）	a long time, quite a while
21. 有点儿	yǒudiǎnr	（副）	a little bit, somewhat, kind of (used before a verb or an adj. to indicate a slightly negative meaning)
22. 前面	qiánmiàn	（名）	in the front, at the head, ahead
23. 售货亭	shòuhuòtíng	（名）	kiosk, booth
24. 瓶	píng	（名/量）	bottle; measure word
25. 趟	tàng	（量）	measure word for of trips, etc.
26. 洗手间	xǐshǒujiān	（名）	restroom, toilet

专有名词 Proper Nouns

1. 颐和园	Yíhé Yuán	the Summer Palace, literally "Gardens of Nurtured Harmony", an Imperial Garden in Beijing
2. 长廊	Chángláng	the Long Corridor in the Summer Palace in Beijing. First erected in the middle of the 18th century, it is famous for its length (728 m) in conjunction with its rich painted decoration (more than 14,000 paintings)

（二）相关链接 Related links

查查词典，看看它们是什么意思
Look up the dictionary and find the meanings of the following words

旅游用语 lǚyóu yòngyǔ useful words for tourism	意思 yìsi meaning	旅游用语 lǚyóu yòngyǔ useful words for tourism	意思 yìsi meaning
树 shù		亭子 tíngzi	
草 cǎo		台阶 táijiē	
湖 hú		长椅 chángyǐ	

桥 qiáo		相机 xiàngjī
岛 dǎo		照相 zhào xiàng

从相关链接中选出五个对你最有用的词，写一写
Please selecte five useful words in the *Related Links* above, and write in the following blanks

1. _____ 2. _____ 3._____ 4. _____ 5._____

八、生活剪影 LIFE SKETCH

颐和园
Yíhé Yuán

颐和园 在 北京 的 西北边，是 清代 时修建的 皇家 园林。园 里
Yíhé Yuán zài Běijīng de xīběibian, shì Qīngdài shí xiūjiàn de huángjiā yuánlín. Yuán li

有个昆明 湖，紧靠着 万寿 山，还有佛香阁、石舫等 有名 的 建筑。
yǒu ge Kūnmíng Hú, jǐn kàozhe Wànshòu Shān, hái yǒu Fóxiāng Gé、Shífǎng děng yǒumíng de jiànzhù.

很 多人说，如果你的旅游时间不够去爬 长城， 那么 最 应该 看
Hěn duō rén shuō, rúguǒ nǐ de lǚyóu shíjiān bú gòu qù pá Chángchéng, nàme zuì yīnggāi kàn

的就是故宫和颐和园了。
de jiù shì Gùgōng hé Yíhé yuán le.

部分练习参考答案 KEY TO SOME EXERCISES

六、(一) 1. "听写并朗读这些句子"答案 The answer of dictation

(1) 有山有水,到处都是花。
(2) 这是颐和园最有名的地方。
(3) 要是有导游给我们介绍介绍就好了。
(4) 我们在这儿休息一会儿吧。
(5) 我就在这儿等你们。

第 13 课

 比以前现代多了

一、语言热身 LET'S WARM UP!

我的词典 MY DICTIONARY

1 找到与"我的词典"中的词语相对应的图片，然后朗读词语
Please match the words in *My Dictionary* with the corresponding pictures, and read these words aloud

a. 大街 / dàjiē / main street, avenue
b. 商业街 / shāngyèjiē / commercial street, shopping street
c. 小吃街 / xiǎochījiē / snack street
d. 步行街 / bùxíngjiē / walking street, walking zone
e. 胡同 / hútòng / Hutong, lane in Beijing
f. 人行道 / rénxíngdào / sidewalk, pedestrian pavement
g. 地下通道 / dìxià tōngdào / underground passage
h. 过街天桥 / guòjiē tiānqiáo / overpass

2 "我的词典"归纳整理——形容词复习 Summarize *My Dictionary*: review adjectives

（1）复习"我的词典"中的形容词，看下面的图片，选择恰当的形容词来描述这些图片
Review the adj. words in *My Dictionary*, and look at the following pictures, choose the right adj. to describe the pictures

大	多	长	高	快	热	远	宽	胖
dà	duō	cháng	gāo	kuài	rè	yuǎn	kuān	pàng
小	少	短	矮	慢	冷	近	窄	瘦
xiǎo	shǎo	duǎn	ǎi	màn	lěng	jìn	zhǎi	shòu

 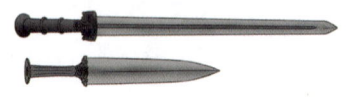 

（2）小组活动：生词比赛 Pair work: vocabulary competition

两个同学一组，想一想除了上面的形容词以外，你们还学过哪些形容词，请写出五个来，并够说出这些词的意思。看看哪个小组做得又快又好。Two students a group, think about other adj. words you learned besides those above, and write down five on the blanks. Make sure that you know the meanings. Let's see which group will be quick and good.

	汉字 character	拼音 pinyin	意思 meaning
For example	多	duō	many, much
①			
②			
③			
④			
⑤			

3 小组活动：搭积木，找规则 Pair work: building blocks, finding the pattern

请根据所给的例子，总结出用词语搭积木的规则，并按照搭积木的规则把下面的形容词扩展为一个长短语。Can you find out the pattern of building blocks according to the examples given? If you find out, build your blocks by yourself to extend the words to phrases according to the pattern.

例 Example：
  有名的   有名的
  有名的<u>地方</u>   有名的<u>商业街</u>
  <u>一个</u>有名的<u>地方</u>   <u>一条</u>有名的<u>商业街</u>

你总结的句式 The pattern you sum up: _____

（1）现代的
  现代的____
  一____现代的____

（2）好看的
  好看的____
  一____好看的____

（3）好吃的
  好吃的____
  一____好吃的____

（4）气派的
  气派的____
  一____气派的____

（5）漂亮的
  漂亮的____
  一____漂亮的____

（6）麻烦的
  麻烦的____
  一____麻烦的____

（7）丰富的
丰富的＿＿＿
一＿＿＿丰富的＿＿＿

（8）安静的
安静的＿＿＿
一＿＿＿安静的＿＿＿

（9）舒服的
舒服的＿＿＿
一＿＿＿舒服的＿＿＿

（10）清楚的
清楚的＿＿＿
一＿＿＿清楚的＿＿＿

○ 句式 Patterns

Num. + Measure-word + Adj. + N.
一　　　条　　有名　的　商业街
yī　　　tiáo　yǒumíng de shāngyèjiē

你做对了吗？Is the pattern of your own right?

4 小组活动：一样不一样？Pair work：same or different?

找一找，说一说：小王和小杨是好朋友，他俩正在各自的房间学习。请你看看这两张图有哪些地方一样，哪些地方不一样。Find and discuss: Xiǎo Wáng and Xiǎo Yáng are friends. They are studying in their own rooms now. Find and tell which parts of the two pictures are the same, and which parts are different.

图1. 小王的房间 Xiao Wang's room

图2. 小杨的房间 Xiao Yang's room

○ 句式 Patterns

小王的……跟小杨 (Yáng) 的一样。
小王的……跟小杨 (Yáng) 的不一样。

5 大声朗读句子，想一想这些句子的意思
Read the following sentences aloud, and think about the meaning of the sentences

（1）我 发现， 王府井 的人 比 别的 地方 多。
　　 Wǒ fāxiàn, Wángfǔjǐng de rén bǐ biéde dìfang duō.

（2）这儿的 烤肠 卖 5 块， 别的 地方 卖 3 块。
　　 Zhèr de kǎocháng mài wǔ kuài, biéde dìfang mài sān kuài.

（3）王府井 大街 比 以前 宽 多了，也 现代 多了。
　　 Wángfǔjǐng Dàjiē bǐ yǐqián kuān duō le, yě xiàndài duō le.

（4）现代 是 现代， 不过 我 更 喜欢 以前 的 老 建筑。
　　 Xiàndài shì xiàndài, búguò wǒ gèng xǐhuan yǐqián de lǎo jiànzhù.

（5）胡同 里 的 四合院 也 很 有 特色。
　　 Hútòng li de sìhéyuàn yě hěn yǒu tèsè.

二、身在其中 IN THE SCENE

1 情景对话 1 Scene 1

◎（马丁一家在前门大街 Martin's family are in the Qianmen Street）

（1）看图片，听一遍对话一录音。听后回答下列问题
Look at the picture and listen to the recording once. Then answer the questions

> 他们在谈论什么？（What are they talking about?）
> 麦克说到什么东西？（What did Mike mention?）
> 麦克觉得这儿的东西贵吗？（Does Mike think the stuffs here expensive?）

（2）王府井的烤肠多少钱一个，在图片下边标出来
Mark the price of a roasted sausage in Wangfujing

（　　）　　　　（　　）　　　　（　　）　　　　（　　）

（3）朗读对话一：注意发音和语气
Please read Dialogue 1 aloud, and pay attention to the pronunciation and tone

麦克：　我 发现，王府井 的人 比 别的 地方 多。
Màikè:　Wǒ fāxiàn, Wángfǔjǐng de rén bǐ biéde dìfang duō.

艾玛：　是啊。这 是 一 条 有名 的 商业街。
Àimǎ:　Shì a. Zhè shì yì tiáo yǒumíng de shāngyèjiē.

麦克：　这儿 的 东西 也 比 别的 地方 贵。
Màikè:　Zhèr de dōngxi yě bǐ biéde dìfang guì.

艾玛：　你 怎么 知道？
Àimǎ:　Nǐ zěnme zhīdao?

麦克：　您 看，这儿 的 烤肠 卖 五 块，别的 地方 卖 三 块。
Màikè:　Nín kàn, zhèr de kǎocháng mài wǔ kuài, biéde dìfang mài sān kuài.

艾玛：　嗯，贵 两 块。
Àimǎ:　Ňg, guì liǎng kuài.

2 情景对话 2 Scene 2

◎（艾玛和马丁坐在长椅上休息 Emma and Martin are sitting on a bench）

（1）听对话二录音，听后回答下列问题
Listen to the recording. Then answer the questions

> 如果你希望坐下看看街景，可以怎么说？
> （What will say if you want to sit down to have a look at the streetscape?）
> 如果别人想看胡同，你可以怎么建议？
> （Can you make a suggestion if someone wants to visit Hutong? What will you say?）

（2）听第二遍录音，一边听一边跟说。然后请根据对话内容，完成下面的句子
Listen to the recording for the second time, and repeat while listening. Then complete the following conversation according to Dialogue 2

马丁 Mǎdīng ＿＿＿＿＿＿，也 现代 多 了。
＿＿＿＿＿＿, yě xiàndài duō le.

艾玛 Àimǎ ＿＿＿＿＿＿，不过 我 更 喜欢 以前 的 老 建筑。
＿＿＿＿＿＿, búguò wǒ gèng xǐhuan yǐqián de lǎo jiànzhù.

（3）朗读对话二：注意发音和语气
Please read Dialogue 2 aloud, and pay attention to the pronunciation and tone

艾玛： 坐 在 这儿 看看 街景 吧。
Àimǎ: Zuò zài zhèr kànkan jiējǐng ba.

马丁： 大街 比 以前 宽 多 了，也 现代 多 了。
Mǎdīng: Dàjiē bǐ yǐqián kuān duō le, yě xiàndài duō le.

艾玛： 现代 是 现代，不过 我 更 喜欢 以前 的 老 建筑。
Àimǎ: Xiàndài shì xiàndài, búguò wǒ gèng xǐhuan yǐqián de lǎo jiànzhù.

马丁： 想 看 老 建筑，应该 去 胡同。
Mǎdīng: Xiǎng kàn lǎo jiànzhù, yīnggāi qù hútòng.

3 情景对话 3 Scene 3

◎（他们走进胡同 They go into alleyway）

(1) 听录音，判断下面的说法是否正确
Listen to the recording and judge if the following statements are correct according to Dialogue 3

① 胡同 比大街 安静 多了。
Hútòng bǐ dàjiē ānjìng duō le. ☐

② 四合院 是 胡同 里的 特色 建筑。
Sìhéyuàn shì hútòng li de tèsè jiànzhù. ☐

③ 马丁 不 喜欢 看 老 建筑。
Mǎdīng bù xǐhuan kàn lǎo jiànzhù. ☐

(2) 听第二遍录音，一边听一边跟说。然后请根据对话内容，完成下面的句子
Listen to the recording for the second time, and repeat while listening. Then complete the following conversation according to Dialogue 3

艾玛 Àimǎ：胡同 里 真 安静。
Hútòng li zhēn ānjìng.

马丁 Mǎdīng：可不是。_____。
Kěbùshi. _____.

(3) 朗读对话三：注意发音和语气
Please read Dialogue 3 aloud, and pay attention to the pronunciation and tone

艾玛： 胡同 里真 安静。
Àimǎ: Hútòng li zhēn ānjìng.

马丁： 可不是。跟 大街 上 完全 不 一样。
Mǎdīng: Kěbùshi. Gēn dàjiē shang wánquán bù yíyàng.

艾玛： 胡同 里的 四合院 也 很 有 特色。
Àimǎ: Hútòng li de sìhéyuàn yě hěn yǒu tèsè.

第 13 课　比以前现代多了

麦克：　我　想　进去　看一看。
Màikè:　Wǒ xiǎng jìnqu kàn yi kàn.

马丁：　那边　有个老人，我们　去　跟 他 聊聊　吧。
Mǎdīng: Nàbian yǒu ge lǎorén, wǒmen qù gēn tā liáoliao ba.

（4）两人一组，介绍一下上面的情景对话，可以增加感兴趣的内容
　　　Pair work: try to transform the dialogues above into a narrative paragraph. You could add other related information into your story as much as you can

王府井　大街 是 一 条_____，来 北京 游览 的 人 都 要 去 那儿
Wángfǔjǐng Dàjiē shì yì tiáo_____, lái Běijīng yóulǎn de rén dōu yào qù nàr

看看，　所以_____。现在　的 大街 跟　以前 不 一样，比 以前_____，也
kànkan,　suǒyǐ_____. Xiànzài de dàjiē gēn yǐqián bù yíyàng, bǐ yǐqián_____, yě

_____。要是　想　看看　更　有　特色的 老 建筑，应该　去_____。
_____. Yàoshi xiǎng kànkan gèng yǒu tèsè de lǎo jiànzhù, yīnggāi qù_____.

三、发现语言现象 FINDING GRAMMAR POINTS

与同伴研究一下，下面的句子有什么特点。你还可以说出这样的句子吗？
Try to find language points in the following sentences with your partner. Could you figure out the meaning and function of the patterns by yourself? Can you make similar sentences with the points?

★ "比"字句 Comparison sentences with 比 bǐ

1. A 比 B + 形容词 A is more adj. than B

小红　比 小兰　大。
Xiǎohóng bǐ Xiǎolán dà.

香蕉　比 苹果　便宜。
Xiāngjiāo bǐ píngguǒ piányi.

在形容词后用上"一点儿""多了""一些""得多"或数量词组，可以表示比较后的具体差别。To make the comparison more specific, you can add a complement after the adjective, such as yìdiǎnr (a little), duō (much more), yìxiē (some), deduō (a lot), or the exact measurement with number-measurement phrases.

2. A 比 (bǐ) B + adj. + quantity (一点儿 / 一些 / 多了 / 得多)

小红　比　小兰　高　一点儿。
Xiǎohóng bǐ Xiǎolán gāo yìdiǎnr.

49

香　蕉　比　苹果　便宜　多　了。
Xiāngjiāo bǐ píngguǒ piányi duō le.

3. A（比）bǐ B + adj. + quantity (number+measure-word）

小红　　比　小兰　大　一　岁。
Xiǎohóng bǐ Xiǎolán dà yí suì.

香蕉　　比　苹果　便宜　三　块。
Xiāngjiāo bǐ píngguǒ piányi sān kuài.

"比"字句的否定式不是用"不"，而是用"没有"，同时省略"比"字。"méiyǒu" is used in the negative form of "bǐ" sentence, instead of "bù", "bǐ" is omitted as well.

小兰　　没有　　小红　大。
Xiǎolán méiyǒu Xiǎohóng dà.

苹果　　没有　香蕉　便宜。
Píngguǒ méiyǒu xiāngjiāo piányi.

下面的句子对不对？Are the following sentences correct?

① 今天　比　昨天　很　热。　　　　　　　　　　（　　）
　　Jīntiān bǐ zuótiān hěn rè.

② 这儿　的　烤肠　比　别的　地方　一点儿　贵。（　　）
　　Zhèr de kǎocháng bǐ biéde dìfang yìdiǎnr guì.

③ 大街　比　胡同　不　安静。　　　　　　　　　（　　）
　　Dàjiē bǐ hútòng bù ānjìng.

★ 形容词/动词 + 是 + 形容词/动词，　不过……
　　V./adj.　　+ shì +　V./adj.,　　but...

这一结构用来表示意义上的转折，在后半句常常有"不过""但是""可是"等转折连词。The structure is used to denote a transition of meaning, therefore "búguò" "dànshì" "kěshì", etc. are often used in the following clause.

远　是　远，不过　有　高铁。
Yuǎn shì yuǎn, búguò yǒu gāotiě.

冷　是　冷，不过　房间　里　很　暖和。
Lěng shì lěng, búguò fángjiān li hěn nuǎnhuo.

吃　是　吃过，不过　不　太　喜欢。
Chī shì chīguo, búguò bú tài xǐhuan

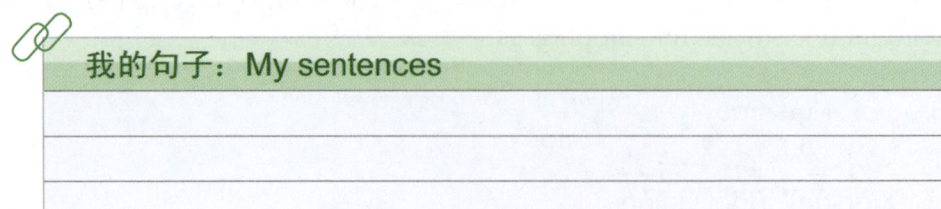
我的句子：My sentences

第 13 课　比以前现代多了

★ A 跟 B + 一样
　A gēn B + yíyàng

"一样 yíyàng" means the same. The preposition "跟 gēn" is used to connect A and B, which indicates that A is the same as B. The structure is as follows:

妹妹的衣服跟姐姐的一样。
Mèimei de yīfu gēn jiějie de yíyàng.

哥哥跟弟弟一样高。
Gēge gēn dìdi yíyàng gāo.

这两件衣服一样贵。
Zhè liǎng jiàn yīfu yíyàng guì.

"不 bù" is used before "一样 yíyàng" to form the negative form. The structure is as follows:

A 跟 B + 不一样
A gēn B + bù yíyàng

我的爱好跟你的不一样。
Wǒ de àihào gēn nǐ de bù yíyàng.

日语跟汉语完全不一样。
Rìyǔ gēn Hànyǔ wánquán bù yíyàng.

下面的句子对不对？Are the following sentences correct?

① 我的喜欢跟你的一样。　　　　　　　　　　（　　）
　 Wǒ de xǐhuan gēn nǐ de yíyàng.

② 你姐姐跟我姐姐一样岁。　　　　　　　　　（　　）
　 Nǐ jiějie gēn wǒ jiějie yíyàng suì.

③ 我喜欢吃烤鸭，我爸爸一样跟我。　　　　　（　　）
　 Wǒ xǐhuan chī kǎoyā, wǒ bàba yíyàng gēn wǒ.

想一想，还有什么问题？Do you have other questions?

四、记忆、巩固和提升 MEMORIZE, CONSOLIDATE, AND UPGRADE

两人一组，先认读方框中的词语，然后互问互答
Pair work: please recognize the expressions in the box with your partner. One asks questions according to the parts underlined, and the other answers questions

1. A: <u>王府井</u> 的人 比 <u>别的 地方</u> <u>多</u>。
   <u>Wángfǔjǐng de rén</u> bǐ <u>biéde dìfang</u> <u>duō</u>.

   B: 说 得 对。
   Shuō de duì.

这双鞋 zhè shuāng xié	那双鞋 nà shuāng xié	贵 guì
今天 jīntiān	昨天 zuótiān	热 rè
妈妈做的 māma zuò de	我做的 wǒ zuò de	好吃 hǎochī

2. A: <u>这儿 的 烤肠</u> 怎么样？
   <u>Zhèr de kǎocháng</u> zěnmeyàng?

   B: <u>这儿 的 烤肠</u> 比 <u>别的 地方</u> <u>贵 两 块</u>。
   <u>Zhèr de kǎocháng</u> bǐ <u>biéde dìfang</u> <u>guì liǎng kuài</u>.

这双鞋 zhè shuāng xié	那双鞋 nà shuāng xié	贵 guì	一百 yìbǎi
哥哥 gēge	弟弟 dìdi	高 gāo	5 厘米 (centimeter) wǔ límǐ
高铁 (high-speed rail) gāotiě	飞机 fēijī	慢 màn	3 个小时 sān ge xiǎoshí

3. A: <u>现在 大街</u> 比 <u>以前</u> <u>宽</u> 多了。
   <u>Xiànzài dàjiē</u> bǐ <u>yǐqián</u> <u>kuān</u> duō le.

今天 jīntiān	昨天 zuótiān	热 rè
法语 Fǎyǔ	英语 Yīngyǔ	难 nán
你跑得 nǐ pǎo de	我 wǒ	快 kuài

4. A: <u>现代</u> 吗？
   <u>Xiàndài</u> ma?

   B: <u>现代</u> 是 <u>现代</u>，不过 <u>我 更 喜欢 以前 的 老 建筑</u>。
   <u>Xiàndài</u> shì <u>xiàndài</u>, búguò <u>wǒ gèng xǐhuan yǐqián de lǎo jiànzhù</u>.

好看 hǎokàn	有点儿贵 yǒudiǎnr guì
便宜 piányi	质量 (quality) 不好 zhìliàng bù hǎo
去 qù	晚点儿 wǎndiǎnr

5. A: 胡同 里 跟 大街 上 一样 吗?
   Hútong li gēn dàjiē shang yíyàng ma?

   B: 胡同 里 跟 大街 上 完全 不一样。
   Hútong li gēn dàjiē shang wánquán bù yíyàng.

> 天津话 Tiānjīn huà　　上海话 Shànghǎi huà
> 那儿的天气 nàr de tiānqì　　北京 Běijīng
> 你说的 nǐ shuō de　　他说的 tā shuō de

五、用汉语完成任务 TASKS IN CHINESE

（一）小组活动：你们俩有多像？ Pair work: how similar are you two?

两个学生一组，用下面的句式互相问问题，请尽量找出你和同伴的相似之处。Two students ask each other questions with the following patterns. Try to find more similarities between you and your partner.

○ 句式 Patterns

Q: 你的……跟我的一样吗?

A: 我的……跟你的（不）一样。

衣服 (yīfu, clothes)　　鞋 (xié)　　手机 (shǒujī)
充电器 (chōngdiànqì, charger)　　电脑 (diànnǎo, computer)　　钱包 (qiánbāo, wallet)
汉语老师　　生日　　大学
喜欢的中国菜　　喜欢的颜色 (yánsè)　　上课的时间

你能想到的别的方面 (other items in your mind)

_____　　_____　　_____

（二）小组活动：介绍女朋友 Pair work: match-maker

小王是你们的好朋友，你们想给他介绍一个女朋友。一个女孩子叫小甜，一个叫小好。到底给小王介绍谁呢? Xiǎo Wáng is your good friend. You are going to introduce one of the two girls to him. One girl is Xiǎotián, and the other is Xiǎohǎo. Who is better for Xiǎo

Wáng?
两个同学一组，请你们用比较句比较一下这两个女孩子，然后决定到底给小王介绍哪个女孩子，并说一说原因。Now work in pairs, compare the two girls with "比 bǐ" sentence, and choose one girl. Report to the class your decision, and tell why.

	小甜 Xiǎotián	小好 Xiǎohǎo
漂亮 Beautiful	10	7
聪明 (cōngming) IQ	140	180
高 V.S. 矮 Height	1.68 米	1.68 米
有意思 V.S. 没意思 Interestingness	9	6
有钱 V.S. 没钱 Income	￥6000/月	￥9000/月
胖 V.S. 瘦 Weight	47kg	60kg

（三）小组活动：吹牛还是实话 Pair work：boast or truth

1. 请根据下面表格中的问题给你自己打分，1 是最低分，10 是最高分
   Please grade yourself according to the questions. Circle one number from 1—10. 1 is the lowest, and 10 is the highest

你的房间大不大？	1 2 3 4 5 6 7 8 9 10
你的手机酷 (kù, cool) 吗？	1 2 3 4 5 6 7 8 9 10
你的女（男）朋友好看吗？	1 2 3 4 5 6 7 8 9 10
你聪明 (cōngming, smart) 不聪明？	1 2 3 4 5 6 7 8 9 10
你的朋友多不多？	1 2 3 4 5 6 7 8 9 10
你的钱多不多？	1 2 3 4 5 6 7 8 9 10
你的电脑 (diànnǎo, computer) 快不快？	1 2 3 4 5 6 7 8 9 10
你的汉语好不好？	1 2 3 4 5 6 7 8 9 10
你的汉语发音清楚 (qīngchu) 吗？	1 2 3 4 5 6 7 8 9 10
你的汉字漂亮吗？	1 2 3 4 5 6 7 8 9 10

2. 小组活动：两个同学一起，比一比各自的答案。请用比较句来表达你们之间的异同。请注意选择"一样""比""一点儿"和"多了"
   Pair work: compare your grades with your partner's. Express the similarities and differences with yíyàng, bǐ, yìdiǎnr, and duōle

   例 Examples:
   （1）如果你的答案是 5，同伴的分数是 4，你可以说 If your score is 5, and your partner's is 4, you could say:

   $$我的……\ 比\ 你的……\ adj.\ 一点儿$$

   （2）要是你的答案是 5，同伴的分数是 10，你就应该说：If your score is 5, and your partner's is 10, you should say:

   $$你的……\ 比\ 我的……\ adj. + 多了$$

3. 用汉语向全班汇报，你们比较的结果怎么样
   Tell the class in Chinese the result of the comparison

（四）小组活动：难以满足的人 V.S. 容易满足的人 Pair work: an insatiable person and a satiable person

A 是一个很容易满足的人，遇到什么事都喜欢从好的方面考虑；而 B 是个完美主义者，对事物很难完全满意。请根据他们的性格，跟同伴完成下列 A 和 B 的对话。 A is a satiable person, and always thinks about things in a good way. B is an insatiable person and always dissatisfied with everything. Please work in pair, complete the following conversations, between A and B auording to their characteristics.

> 句式 Patterns
>
> Adj. 是 Adj., 不过 / 可是 / 但是……
> V. 是 V., 不过 / 可是 / 但是……

例 Examples:
A: 你的房间真舒服。
B: 舒服是舒服，但是<u>有点儿小</u>。

A: 小是小，不过<u>什么都有，也挺便宜的</u>。
B: 便宜是便宜，可是<u>离车站有点儿远</u>。

1. A: 这个手机真好看！你喜欢不喜欢？
   B: 喜欢是喜欢，不过_____。

2. A: 高铁又快又舒服。
   B: 快是快，不过_____。

3. A: 你汉语的发音非常清楚。
   B: _____ 是 _____，可是 _____。

4. A: 烤鸭真好吃，我很喜欢吃烤鸭。

   B: 烤鸭_____是_____，可是_____。

5. A: 这条老街比以前宽，也比以前现代多了。

   B: _____是_____，可是_____。

6. B: 这个大学不太大。

   A: 不大是不大，可是_____。

7. B: 坐出租车太贵了。

   A: 贵是贵，可是_____。

8. B: 学汉语太难了。

   A: 学汉语难是难，不过_____。

9. B: 地铁上的人太多了。

   A: 人多是多，可是_____。

10. B: 你有没有女朋友？

    A: 有是有，可是_____。

（五）班级采访 Class interview

1. 询问至少三个同学下列问题，然后填表
   Please ask at least three students the following questions, and fill in the form with their answers

   （1）你的 家 在哪儿？是 哪个 城市？
   　　　Nǐ de jiā zài nǎr? Shì nǎ ge chéngshì?

   （2）……比 北京 大 吗？
   　　　bǐ Běijīng dà ma?

   （3）……的 人 比 北京 多 吗？
   　　　de rén bǐ Běijīng duō ma?

   （4）……的 东西 贵，还是 北京 的 东西 贵？
   　　　de dōngxi guì, háishi Běijīng de dōngxi guì?

   （5）……有 没有 中国 饭馆儿？那儿的 中国菜 跟 这儿 一样 吗？
   　　　yǒu méiyǒu Zhōngguó fànguǎnr? Nàr de Zhōngguócài gēn zhèr yíyàng ma?

问题　　名字	你的家在哪儿？是哪个城市？	……比北京大吗？	……的人比北京多吗？	……的东西贵还是北京的东西贵？	……有没有中国饭馆儿？那儿的中国菜跟这儿一样吗？
1.					
2.					
3.					

2. 请根据一位同学的回答，介绍一下他/她的家乡
   Please introduce one student's hometown according to the answer

   我 的 朋友_____是_____国 人，他 的 家 在_____。这 个 城市
   Wǒ de péngyou_____shì_____guó rén, tā de jiā zài_____. Zhège chéngshì

   比 北京_____，人比北京_____。_____的 东西 比 北京_____。
   bǐ Běijīng_____, rén bǐ Běijīng_____._____de dōngxi bǐ Běijīng_____.

   在_____有/没有　中国　饭馆儿，那儿 的　中国　菜_____。
   Zài_____yǒu/méiyǒu Zhōngguó fànguǎnr, nàr de Zhōngguó cài_____.

六、用语言做事 REAL LIFE ACTIVITIES

（一）语言准备 Language preparation

1. 听写并朗读这些句子
   Dictation: please write down five sentences. Read aloud these sentences and memorize them

   （1）_____。

   （2）_____。

   （3）_____。

   （4）_____。

   （5）_____。

2. 用以下的形式说句子
   Make up sentences using the forms given

   1）……比……好
   　　… bǐ … hǎo

   2）……比…… 好 一点儿
   　　… bǐ … hǎo yìdiǎnr

   3）……比…… 好 一些
   　　… bǐ … hǎo yìxiē

   4）……比…… 好 得 多
   　　… bǐ … hǎo de duō

5) ……比…… 好多了
　　…… bǐ …… hǎo duō le

3. 请比较下列项目，把名字写在方框里，选择"完全不一样""不一样"或"一样"说句子
   Compare the following two items, fill in the names in the boxes, and choose "wánquán bù yíyàng" "bù yíyàng" or "yíyàng" to make up a sentence

   1) 你的两个朋友
      nǐ de liǎng ge péngyou

   2) 你吃过的两个国家的菜
      nǐ chīguo de liǎng ge guójiā de cài

   3) 你去过的两个城市
      nǐ qùguo de liǎng ge chéngshì

   4) 两个地方的天气
      liǎng ge dìfang de tiānqì

   5) 你看过的两个电影
      nǐ kànguo de liǎng ge diànyǐng

4. 选择"比"或"跟……一样"完成下列对话
   Complete the following dialogues with "bǐ" or "gēn...yíyàng"

   （1）A：汉语_____。
        Hànyǔ_____.

        B：可不是。
        Kěbùshi.

   （2）A：他做得_____。
        Tā zuò de_____.

        B：可不是。
        Kěbùshi.

   （3）A：这件衣服_____。
        Zhè jiàn yīfu_____.

        B：可不是。
        Kěbùshi.

   （4）A：他的房间_____。
        Tā de fángjiān_____.

        B：可不是。
        Kěbùshi.

（二）社会扩展活动：我的中国日记 Social activities: my Chinese diary

我喜欢的中国街景 The Chinese street view that I like

在中国，你常常出门闲逛吗？有时间的话，我们可以去逛逛街，看看街景。请你把喜欢的地方拍下来，并用汉语和自己的语言简单介绍一下。拍摄的时候必须包括的内容有：

Do you often go around in China? Let's go outside to ramble, to see the real China if we have time. You could take pictures of what you like, and introduce the pictures generally, in Chinese and in your language. The necessary parts of your album should include the following:

(1) 有名的商业街 yǒumíng de shāngyèjiē

(2) 小吃街/美食街 xiǎochījiē/ měishíjiē

(3) 现代的建筑 xiàndài de jiànzhù

(4) 以前的老建筑 yǐqián de lǎo jiànzhù

(5) 跟胡同差不多的小街 gēn hútòng chàbuduō de xiǎo jiē (alleys similar to Hutong)

(6) 你最喜欢的一条街 nǐ zuì xǐhuan de yì tiáo jiē

七、词语库 WORDS AND EXPRESSIONS

（一）生词表 New words list

1. 发现	fāxiàn	（动）	to detect, to find out, to discover
2. 比	bǐ	（介）	than, (superior or inferior) to
3. 别的	biéde	（代）	other, another
4. 商业	shāngyè	（名）	commerce, trade, business
5. 街	jiē	（名）	street
6. 东西	dōngxi	（名）	things
7. 贵	guì	（形）	expensive, costly
8. 烤肠	kǎocháng	（名）	roasted sausage
9. 卖	mài	（动）	to sell
10. 宽	kuān	（形）	wide, broad
11. 现代	xiàndài	（形）	modern
12. 不过	búguò	（连）	but, however
13. 更	gèng	（副）	more
14. 老	lǎo	（形）	old, aged
15. 建筑	jiànzhù	（名）	building, architecture
16. 胡同	hútòng	（名）	Hutong, the name of a lane or an alley in Beijing
17. 安静	ānjìng	（形）	quiet, peaceful
18. 完全	wánquán	（副）	absolutely, completely

19. 四合院	sìhéyuàn	（名）	a compound with traditional Chinese houses of grey bricks and tiles built around a courtyard
20. 特色	tèsè	（名）	distinguish feature, characteristic
21. 进去	jìn qu		to go in, to enter
22. 老人	lǎorén	（名）	the old people
23. 他	tā	（代）	he, him
24. 聊（天儿）	liáo(tiānr)	（动）	to chat

专有名词 Proper Nouns

1. 王府井	Wángfǔjǐng	one of the Chinese Capital's most famous shopping streets, located in Dongcheng District, Beijing
2. 前门大街	Qiánmén Dàjiē	Qianmen Street

（二）相关链接 Related links

查查词典，看看它们是什么意思
Look up the dictionary and find the meanings of the following words

购物场所 gòuwù chǎngsuǒ shopping places	意思 yìsi meaning	娱乐场所 yúlè chǎngsuǒ entertainment places	意思 yìsi meaning
超市 chāoshì		电影院 diànyǐngyuàn	
商店 shāngdiàn		剧院 jùyuàn	
商场 shāngchǎng		体育馆 tǐyùguǎn	
自由市场 zìyóu shìchǎng		健身房 jiànshēnfáng	
购物中心 gòuwù zhōngxīn		咖啡馆儿 kāfēiguǎnr	
老字号 lǎozìhào		酒吧 jiǔbā	

从相关链接中选出五个对你最有用的词，写一写：
Please selecte five useful words in the *Related Links* above, and write in the following blanks

1. _____ 2. _____ 3. _____ 4. _____ 5. _____

八、生活剪影 LIFE SKETCH

北京 的 商业区
Běijīng de shāngyèqū

北京 热闹 的 商业区，传统 的是三个：王府井、前门 大栅栏和
Běijīng rènao de shāngyèqū, chuántǒng de shì sān ge: Wángfǔjǐng、Qiánmén Dàshílànr hé

西单。不过现在不论哪个区都有 繁华的商业 中心 了。 除了这 三 个
Xīdān. Búguò xiànzài búlùn nǎ ge qū dōu yǒu fánhuá de shāngyè zhōngxīn le. Chúle zhè sān ge

传统 的，还有 动物园 商业区、 中关村 商业区、 朝外 商业区
chuántǒng de, hái yǒu Dòngwùyuán Shāngyèqū、Zhōngguāncūn Shāngyèqū、Cháowài Shāngyèqū

这些 新兴的 区域，说不定 它们 更 能 吸引年轻人呢。
zhèxiē xīnxīng de qūyù, shuōbudìng tāmen gèng néng xīyǐn niánqīng rén ne.

部分练习参考答案 KEY TO SOME EXERCISES

六、(一) 1. "听写并朗读这些句子"答案 The answer of dictation

(1) 我发现，王府井的人比别的地方多。
(2) 这儿的烤肠卖5块，别的地方卖3块。
(3) 王府井大街比以前宽多了，也现代多了。
(4) 现代是现代，不过我更喜欢以前的老建筑。
(5) 胡同里的四合院也很有特色。

第 14 课

长得真像你爸爸

一、语言热身 LET'S WARM UP!

我的词典 MY DICTIONARY

1 找到与"我的词典"中的词语相对应的图片，然后朗读词语
Please match the words in *My Dictionary* with the corresponding pictures, and read these words aloud

a. 见面 / jiàn miàn / to meet
b. 打招呼 / dǎ zhāohu / to greet, to say hello
c. 欢迎 / huānyíng / to welcome
d. 介绍 / jièshào / to introduce
e. 握手 / wò shǒu / to shake hands
f. 拥抱 / yōngbào / to hug, embrace
g. 送礼物 / sòng lǐwù / to give gifts
h. 感谢 / gǎnxiè / to thank, to be grateful

2 介绍你的家人 Introduce your family

(1) 常用称谓 Common appellations for family members

你知道怎么用汉语称呼家人吗？请大声朗读下面这些亲属称谓，说一说你家都有谁。
Do you know how to call your family in Chinese? Please read the following appellations aloud, and talk about your family members.

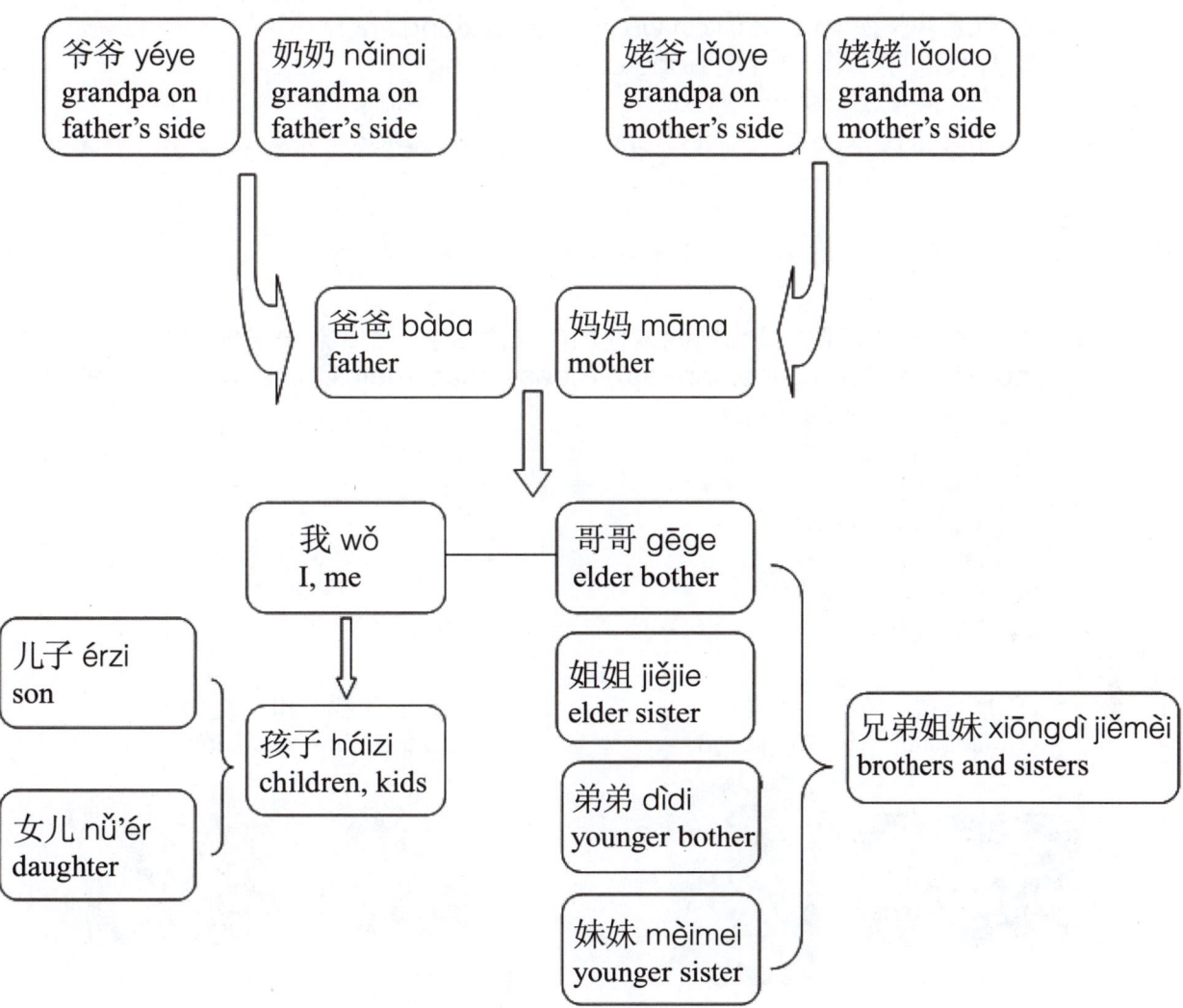

（2）小组活动：你看我长得像谁？Pair work: who do you think I take after?

你手头有家人的照片吗？两个同学一组，一边看照片一边互相介绍家人，看一看你长得像谁。Do you have photos of your family? Now work in pairs, introduce your family to each other with photos, and point out who you take after.

○ 句式 Patterns

A: 你看我长得像谁？Nǐ kàn wǒ zhǎng de xiàng shéi?
B: 你长得（很）像……Nǐ zhǎng de (hěn) xiàng……
  你长得有点儿像……Nǐ zhǎng de yǒudiǎnr xiàng……
  你长得不（太）像……Nǐ zhǎng de bú (tài) xiàng……

3 小组活动：年纪猜猜猜 Group work: guess their ages

（1）你知道这些人物吗？请大声朗读他们的汉语名字，然后猜一猜他们谁比谁大 Do you know the following celebrities? Please read their Chinese names aloud, and guess who is elder in pairs

○ 句式 Patterns

A: ……和……，谁比谁大？
B: 我猜 (cāi, guess)……比……大。

① 米老鼠　和　唐老鸭
　Mǐlǎoshǔ　V.S.　Tánglǎoyā

② 加菲猫　和　史努比
　Jiāfēimāo　V.S.　Shǐnǔbǐ

③ 超人　和　丁丁
　Chāorén　V.S.　Dīngdīng

④ 蝙蝠侠　和　蜘蛛侠
　Biānfúxiá　V.S.　Zhīzhūxiá

⑤ 孔子 和 苏格拉底
Kǒngzǐ V.S. Sūgélādǐ (Socrates)

⑥ （你的名字）_____ 和（同伴的名字）_____

（2）请在下面的表格中查找这些人物的出生时间，然后说说他们谁大，大几岁。看看你们猜对了几组。别忘了，最后一组名人是你和你的同伴 Please check the birthdays' of the celebrities, and get the true answers, try to tell who is elder than whom, and how many years elder. Remember, the last group of celebrities is you pair

例 Example:
① Mǐlǎoshǔ 和 Tánglǎoyā, Mǐlǎoshǔ 比 Tánglǎoyā 大，大 6 岁。

名字	出生时间	名字	出生时间
Mǐlǎoshǔ	1928 年	Tánglǎoyā	1934 年
Jiāfēimāo	1978 年	Shǐnǔbǐ	1950 年
Dīngdīng	1929 年	Chāorén	1938 年
Biānfúxiá	1939 年 5 月	Zhīzhūxiá	1962 年
Kǒngzǐ	BC 551 年 9 月 28 日	Sūgélādǐ	BC 469 年
你		Tóngbàn (partner)	

4 大声朗读句子，想一想这些句子的意思
Read the following sentences aloud, and think about the meaning of the sentences

（1）我 给 你 介绍 一下儿，这 是 我 儿子，叫 麦克。
Wǒ gěi nǐ jièshào yíxiàr, zhè shì wǒ érzi, jiào Màikè.

（2）长 得 真 像 你 爸爸。
Zhǎng de zhēn xiàng nǐ bàba.

（3）你 一点儿 都 没 变。
Nǐ yìdiǎnr dōu méi biàn.

（4）这 是 我们 带来 的 一点儿 礼物，希望 你们 喜欢。
Zhè shì wǒmen dàilái de yìdiǎnr lǐwù, xīwàng nǐmen xǐhuan.

（5）真　羡慕　你们。
　　　Zhēn xiànmù nǐmen.

二、身在其中 IN THE SCENE

1 情景对话 1 Scene 1

◎（马丁一家去拜访朋友 Martin's family is visiting a friend）

（1）听对话一录音。听后回答下列问题
Look at the picture and listen to the recording. Then answer the questions

马丁一家去做什么？（What will Martin's family do?）
麦克长得像谁？（Who does Mike resemble?）

第14课 长得真像你爸爸

(2) 听录音，判断下面的说法是否正确
Listen to the recording and judge if the following statements are correct according to Dialogue 1

① 马丁 和 王 海他们 经常 见 面。 ☐
Mǎdīng hé Wáng Hǎi tāmen jīngcháng jiàn miàn.

② 王 海 不 认识 马丁 的 儿子。 ☐
Wáng Hǎi bú rènshi Mǎdīng de érzi.

③ 麦克 的 样子 跟 马丁 一样。 ☐
Màikè de yàngzi gēn Mǎdīng yíyàng.

(3) 听第二遍录音，一边听一边跟说。听后回答下列问题
Listen to the recording for the second time, and repeat while listening. Then answer the questions

> 看到很长时间没见面的朋友，怎么打招呼？
> (How do you greet the friends whom haven't seen for a long time?)
> 给别人介绍一个人的时候，怎么说？
> (How do you introduce a person to others?)

(4) 朗读对话一：注意发音和语气
Please read Dialogue 1 aloud, and pay attention to the pronunciation and tone

王海： 好久 不 见 了。快 请 进。
Wáng Hǎi: Hǎojiǔ bú jiàn le. Kuài qǐng jìn.

马丁： 咱们 又 见 面 了，你 身体 好 吗？
Mǎdīng: Zánmen yòu jiàn miàn le, nǐ shēntǐ hǎo ma?

王海： 好，好。这 是 你 儿子 吧？
Wáng Hǎi: Hǎo, hǎo. Zhè shì nǐ érzi ba?

马丁： 对。我 给 你 介绍 一下，这 是 我 儿子，叫 麦克。
Mǎdīng: Duì. Wǒ gěi nǐ jièshào yíxià, zhè shì wǒ érzi, jiào Màikè.

王海： 麦克，你 好。 长 得 真 像 你 爸爸。
Wáng Hǎi: Màikè, nǐ hǎo. Zhǎng de zhēn xiàng nǐ bàba.

麦克： 叔叔 好。
Màikè: Shūshu hǎo.

> 对与父亲辈分相同而年纪较小的男子，可以称呼为"叔叔"。
> "Shūshu" is the child's form of address for any men of the same generation as the father but younger.

发现：交际汉语入门（下）

2 情景对话 2 Scene 2

◎ （他们继续聊天儿 They keep on chatting）

（1）听录音，判断下面的说法是否正确
Listen to the recording and judge if the following statements are correct according to Dialogue 2

① 艾玛 觉得李莉的 样子还 跟 以前 一样。□
Àimǎ juéde Lǐ Lì de yàngzi hái gēn yǐqián yíyàng.

② 李 莉觉得自己比 以前 胖 一点儿。 □
Lǐ Lì juéde zìjǐ bǐ yǐqián pàng yìdiǎnr.

③ 艾玛 送 给李 莉一些礼物。 □
Àimǎ sònggěi Lǐ Lì yìxiē lǐwù.

（2）听第二遍录音，一边听一边跟说。然后请根据对话内容，完成下面的句子
Listen to the recording for the second time, and repeat while listening. Then complete the following conversation according to Dialogue 2

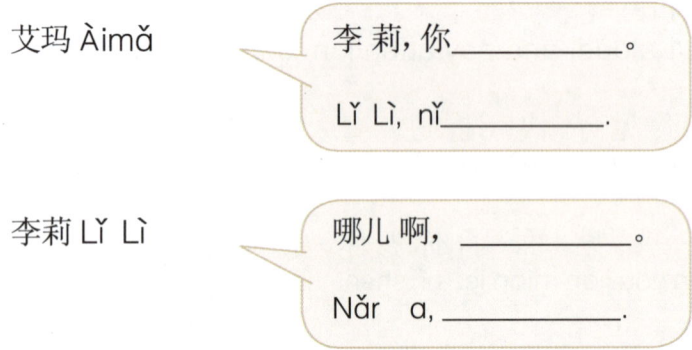

艾玛 Àimǎ　　李莉, 你_____。
　　　　　　Lǐ Lì, nǐ_____.

李莉 Lǐ Lì　　哪儿 啊, _____。
　　　　　　Nǎr a, _____.

（3）朗读对话二：注意发音和语气
Please read Dialogue 2 aloud, and pay attention to the pronunciation and tone

艾玛： 李莉, 你 一点儿 都 没 变。
Àimǎ: Lǐ Lì, nǐ yìdiǎnr dōu méi biàn.

李莉： 哪儿 啊, 胖 多 了。看 你, 还是 那么 苗条。
Lǐ Lì: Nǎr a, pàng duō le. Kàn nǐ, háishi nàme miáotiao.

"哪儿啊" 原意是否定，这里是对赞扬的客气的回应。The original meaning of "nǎr" is to negate, here is a polite response to compliment.

艾玛： 谢谢。这是我们带来的一点儿礼物，希望你们喜欢。
Àimǎ: Xièxie. Zhè shì wǒmen dàilái de yìdiǎnr lǐwù, xīwàng nǐmen xǐhuan.

李莉： 你们太客气了。
Lǐ Lì: Nǐmen tài kèqi le.

3 情景对话 3 Scene 3

◎（麦克和小明在聊天儿 Mike is chatting with Xiaoming）

(1) 听录音，标出麦克最喜欢的运动
Listen to the rocording and mark Mike's favorite sports

（　） 　（　） 　（　） 　（　）

(2) 再听一遍对话三录音，听后回答下列问题
Listen to the recording again and answer the questions

小明比麦克大多少？（How many years is Xiaoming older than Mike?）
小明学习紧张吗？为什么？（Is Xiaoming's study intense? Why?）
麦克学习紧张吗？为什么？（Is Mike's study intense? Why?）

(3) 朗读对话三：注意发音和语气
Please read Dialogue 3 aloud, and pay attention to the pronunciation and tone

麦克： 小明，你多大？
Màikè: Xiǎomíng, nǐ duō dà?

小明： 我十二岁。你呢？
Xiǎomíng: Wǒ shí'èr suì. Nǐ ne?

麦克： 比你小两岁。今年十岁。
Màikè: Bǐ nǐ xiǎo liǎng suì. Jīnnián shí suì.

小明： 你们学习紧张吗？
Xiǎomíng: Nǐmen xuéxí jǐnzhāng ma?

麦克: 还可以。一放学,我就跟朋友们去踢球。
Màikè: Hái kěyǐ. Yí fàng xué, wǒ jiù gēn péngyoumen qù tī qiú.

小明: 真羡慕你们。我只有周末才能出去玩儿。
Xiǎomíng: Zhēn xiànmù nǐmen. Wǒ zhǐyǒu zhōumò cái néng chūqu wánr.

(4) 两人一组,介绍一下上面的情景对话,可以增加感兴趣的内容
Pair work: try to transform the dialogues above into a narrative paragraph. You could add other related information into your story as much as you can

王海是马丁在大学的好朋友,这次来中国,他们_____
Wáng Hǎi shì Mǎdīng zài dàxué de hǎo péngyou, zhè cì lái Zhōngguó, tāmen_____

了,他们就发现大家的样子还跟_____,李莉_____,艾玛
le, tāmen jiù fāxiàn dàjiā de yàngzi hái gēn_____. Lǐ Lì_____, Àimǎ

_____,可是孩子们都长大了。
_____, kěshì háizimen dōu zhǎngdà le.

三、发现语言现象 FINDING GRAMMAR POINTS

与同伴研究一下,下面的句子有什么特点。你还可以说出这样的句子吗?
Try to find language points in the following sentences with your partner. Could you figure out the meaning and function of the patterns by yourself? Can you make similar sentences with the points?

★ 一点儿 + 都/也 + 不/没 + 动词/形容词:
yìdiǎnr + dōu/yě + bù/méi + V./adj.

　　这一结构用来强调对事实的完全、彻底的否定。"都"在这儿表示"甚至",后面一定要有表示否定的"不"或"没"。"都"可以用"也"替换。The structure means "not even a little" "not a single", to emphasize the total negation of the fact. In addition to meaning "both, all", 都 here means "even", and must be followed by a negation word, either 不 or 没. "也" or "都" are used interchangeably.

房间里一点儿都不暖和。
Fángjiān li yìdiǎnr dōu bù nuǎnhuo.

妹妹一点儿都不害怕。
Mèimei yìdiǎnr dōu bú hàipà.

那个地儿我一点儿都没听说过。
Nà ge dìr wǒ yìdiǎnr dōu méi tīngshuō guo.

★ 一点儿 + 名词 + 都 / 也 + 不 / 没 + 动词
yìdiǎnr + noun + dōu/yě + bù/méi + verb

我 一点儿 时间 都 没有。
Wǒ yìdiǎnr shíjiān dōu méiyǒu.

小 王 一点儿 茶 也 不 喝。
Xiǎo Wáng yìdiǎnr chá yě bù hē.

请用"一点儿 + 名词 + 都 / 也 + 不 / 没 + V./adj." 表达下面的意思 Paraphrase the following sentences with the pattern yìdiǎnr noun + dōu/yě + bù/méi verb

① 我 不 知道。(I don't know.)
Wǒ bù zhīdào.

_____

② 房间 里 没有 热水。(There is no hot water in the room.)
Fángjiān li méiyǒu rèshuǐ.

_____

③ 今天 早上 我 没有 吃 早饭。(I didn't eat breakfast this morning.)
Jīntiān zǎoshang wǒ méiyǒu chī zǎofàn.

_____

★ 一……就……：这一结构连接两个动作，表示当第一个动作发生之后，第二个动作马上就跟着发生。"yī... jiù..." This structure connects two actions. It indicates whenever the first action occurs, the second action immediately follows. The meaning of the structure is "as soon as ...then..."

小 王 一 到 家 就 看 电视。
Xiǎo Wáng yí dào jiā jiù kàn diànshì.

我们 一 到 北京 就 给 你 打 电话。
Wǒmen yí dào Běijīng jiù gěi nǐ dǎ diànhuà.

一 下课, 麦克 就 去 找 朋友 玩儿。
Yí xià kè, Màikè jiù qù zhǎo péngyou wánr.

我的句子：My sentences

★ "只有 (only if)" 用来引出某事发生或实现的唯一条件，"只有"后面常常有关联词"才"。Zhǐyǒu (only if) is used to introduce something as the only condition. Zhǐyǒu often collocates with 才 cái.

只有 星期天 才 休息。
Zhǐyǒu xīngqītiān cái xiūxi.

只有 做 完 这些 事 才 能 下 班。
Zhǐyǒu zuòwán zhèxiē shì cái néng xià bān.

只有 到了 秋天，才 能 看到 红叶 (red leaves)。
Zhǐyǒu dàole qiūtiān, cái néng kàndào hóngyè.

下面的句子对不对？ Are the following sentences correct?

① 只有 在 周末，他们 去 饭馆儿 吃 饭。 (　　)
Zhǐyǒu zài zhōumò, tāmen qù fànguǎnr chī fàn.

② 只有 住 在 这个 宾馆，才 可以 免费 (free of charge) 吃 早餐。 (　　)
Zhǐyǒu zhù zài zhège bīnguǎn, cái kěyǐ miǎnfèi chī zāocān.

想一想，还有什么问题？ Do you have other questions?

四、记忆、巩固和提升 MEMORIZE, CONSOLIDATE, AND UPGRADE

两人一组，先认读方框中的词语，然后互问互答
Pair work: please recognize the expressions in the box with your partner. One asks questions according to the parts underlined, and the other answer questions

1. A: 这 是 谁 啊？/ 这 是 哪 位？
   zhè shì shéi a？/zhè shì nǎ wèi？
   B: 我 给 你们 介绍 一下，这 是 <u>我 儿子</u>，叫 麦克。
   Wǒ gěi nǐmen jièshào yíxiàr, zhè shì wǒ érzi, jiào Màikè.

   > 女儿 nǚér　　　　　　叫红红 jiào Hónghong
   > 女朋友 nǚpéngyou　　　是护士 (nurse) shì hùshi
   > 我们经理 (manager) wǒmen jīnglǐ　　姓王 xìng Wáng

2. A: 好久 不见 了。
   Hǎojiǔ bú jiàn le.
   B: 是 啊！<u>你 身体 好</u> 吗？
   Shì a！ Nǐ shēntǐ hǎo ma？

   > 你爸爸身体好吗？ Nǐ bàba shēntǐ hǎo ma？
   > 你的家人最近都还好吗？ Nǐ de jiārén zuìjìn dōu hái hǎo ma？
   > 你工作怎么样？ Nǐ gōngzuò zěnmeyàng？

3. A: 你 还是 那么 苗条。
   Nǐ háishi nàme miáotiáo.
   B: 哪儿 啊， 胖 多 了。
   Nǎr a, pàng duō le.

你 nǐ	年轻 (young) niánqīng	老 hǎo
你儿子 nǐ érzi	可爱 kě'ài	淘气 (naughty) táoqì
天气 tiānqì	冷 lěng	暖和 nuǎnhuo

4. A: 你 什么 时候 去 踢球?
   Nǐ shénme shíhou qù tī qiú?
   B: 一 放学， 我 就 跟 朋友们 去 踢球。
   Yí fàng xué, wǒ jiù gēn péngyoumen qù tī qiú.

做饭 zuò fàn	到家 dào jiā
洗澡 xǐ zǎo	吃完饭 chīwán fàn
带孩子去公园 dài háizi qù gōngyuán	到周末 dào zhōumò

5. A: 你 什么 时候 可以 出去 玩儿?
   Nǐ shénme shíhou kěyǐ chūqu wánr?
   B: 只有 周末， 才 能 出去 玩儿。
   Zhǐyǒu zhōumò, cái néng chūqu wánr.

吃东西 chī dōngxi	下课的时候 xià kè de shíhou
喝酒 hē jiǔ	18岁以后 shíbā suì yǐhòu
独立生活 dúlì shēnghuó (to live independently)	长大以后 zhǎngdà yǐhòu

五、用汉语完成任务 TASKS IN CHINESE

（一）小组活动：爱抱怨的人 Pair work: let's complain

两个同学一组，根据下面的情景，一起抱怨一下自己的生活。抱怨的时候一定要使用下面的句式。Make as many complaints as possible with your partner in the following situations. Make sure you use the following pattern.

○ 句式 Patterns

一点儿 都 + 不 / 没 V./adj.
一点儿 Noun 都 + 不 / 没 V.

1. 情景一：初到者 Situation 1: the stranger

例 Example：
Q: 你的 房间 怎么样？—— A: 我的 房间 一点儿都 <u>不 好</u>。
Q: Nǐ de fángjiān zěnmeyàng? Wǒ de fángjiān yìdiǎnr dōu bù hǎo.
我的 房间 一点儿都 <u>不 舒服</u>。
Wǒ de fángjiān yìdiǎnr dōu bù shūfu.
我的 房间 一点儿都 <u>不 安静</u>。
Wǒ de fángjiān yìdiǎnr dōu bù ānjìng.

○ 句式一 pattern I

一点儿 都 + 不 / 没 + adj. /V.

(1) 你们 的 教室 大 吗？
Nǐmen de jiàoshì dà ma?

(2) 坐 出租车 快 不 快？
Zuò chūzūchē kuài bu kuài?

(3) 坐 地铁 舒服 吗？
Zuò dìtiě shūfu ma?

(4) 你们 宿舍 的 服务员 漂亮 吗？
Nǐmen sùshè de fúwùyuán piàoliang ma?

(5) 早餐 丰富 吗？
Zǎocān fēngfù ma?

(6) 出租车 司机 说 话 说 得 清楚 吗？
Chūzūchē shīfu shuō huà shuō de qīngchu ma?

(7) 你家离 学校 近 吗？
Nǐ jiā lí xuéxiào jìn ma?

(8) 臭豆腐 (stinky doufu) 好吃 吗？
Chòudòufu hǎochī ma?

(9) 你喜欢 吃 臭豆腐 (stinky doufu) 吗？
Nǐ xǐhuan chī chòudòufu ma?

(10) 你会 说 上海 话 吗？
Nǐ huì shuō Shànghǎi Huà ma?

2. 情景二：穷光蛋 Situation 2: the have-nots

例 Example：
Q: 你有 没有 <u>钱</u>？ —— A: 我 一点儿 <u>钱</u> 都 <u>没有</u>。
Nǐ yǒu méiyǒu qián? Wǒ yìdiǎnr qián dōu méiyou.
Q: 你有 没有 <u>吃的</u>？ —— A: 我 一点儿 <u>吃的</u> 都 <u>没有</u>。
Nǐ yǒu méiyǒu chī de? Wǒ yìdiǎnr chī de dōu méiyou.

句式二 pattern II

一点儿 Noun 都 + 没 有

提示:

吃的：面包、米饭、菜、糖、早饭
Chīde: miànbāo, mǐfàn, cài, táng, zǎofàn

喝的：水、热水、咖啡、牛奶、豆浆、茶、果汁、粥……
Hēde: shuǐ, rèshuǐ, kāfēi, niúnǎi, dòujiāng, chá, guǒzhī, zhōu...

3. 情景三：大懒虫 Situation 3: the lazy man

例 Example：
Q: 你 吃 早饭 了 吗？ —— A: 我 一点儿 都 没 吃。
　 Nǐ chī zǎofàn le ma?　　　 Wǒ yìdiǎnr dōu méi chī.
　　　　　　　　　　　　　A: 我 一点儿 早饭 都 没 吃。
　　　　　　　　　　　　　　 Wǒ yìdiǎnr zǎofàn dōu méi chī.

句式三 pattern III

一点儿（Noun） 都 + 没 V.

提示:

看书、做菜、换钱、喝咖啡、买东西、带礼物、带钱、学生、介绍这个大学、跟他说这件事儿……

kàn shū, zuò cài, huàn qián, hē kāfēi, mǎi dōngxi, dài lǐwù, xué Hànyǔ, jièshào zhège dàxué, gēn tā shuō zhè jiàn shìr...

（二）小组活动：我们假设一下 Pair work：let's suppose

两个同学一组，想一想在下面的假设情境下，你会做什么。请用"一……就……"句式完成句子。Two students a group, think about what you will do in the following situations, and complete the sentences. Make sure you use the following pattern：

句式 pattern

S 一 VP1 就 VP2

例 Example:

要是 你很 喜欢 学习 汉语,…… If you like to learn Chinese very much, then...
Yàoshi nǐ hěn xǐhuan xuéxí Hànyǔ, ...

(1) 我 一 下 课 就 去 图书馆 (library) 学习 汉语。
Wǒ yí xià kè jiù qù túshūguǎn xuéxí Hànyǔ.

(2) 我 一 起床 就 听 录音。
Wǒ yì qǐchuáng jiù tīng lùyīn.

(3) 我 一 有 时间 就 看 汉语 书。
Wǒ yì yǒu shíjiān jiù kàn Hànyǔ shū.

1. 要是你不喜欢学习汉语,……yàoshi nǐ bù xǐhuan xuéxí Hànyǔ...If you don't like to learn Chinese very much, then...

    (1) 我 一看汉语书就_____。
    (2) 我一写汉字就_____。
    (3) 我一做作业就_____。
    (4) 我一上课就_____。

2. 要是你很饿,……yàoshi nǐ hěn è,... If you are very hungry, then...

    (1) 我一下课就_____。
    (2) 我一回家就_____。
    (3) 我一到饭馆儿就_____。

3. 要是你很喜欢一个男/女孩子,……Yàoshi nǐ hěn xǐhuan yí ge nán/nǚ háizi,... If you like a boy/girl very much, then...

    (1) 我一看到他/她就_____。
    (2) 我一跟他/她说话就_____。
    (3) 我一跟他/她聊天儿就_____。

4. 要是你很有钱,……Yàoshi nǐ hěn yǒu qián, ... If you have a lot of money, then...

    (1) 我一去商店就_____。
    (2) 我一出去玩儿就_____。
    (3) 我一去饭馆儿就_____。
    (4) 我一有时间就_____。

（三）小组活动：可怜的孩子 Pair work：poor kids

假设你和同伴都是小孩子,你们的父母非常严格。很多事儿平时都不能做,只有特殊情况才可以。两个人一组,根据情景完成下面的句子,看看谁最可怜。Let's pretend to be kids, and your parents are strict indeed. You are not allowed to do many things, only in special situations, for example, birthday, festivals, weekends, etc. Now work in pairs, complete the following sentences. Let's see who the most pitiful kids are.

例 Example:
我 妈妈 不 让 我 出去 玩儿，我 只有 <u>周末</u> 才 能 <u>出去 玩儿</u>。
Wǒ māma bú ràng wǒ chūqu wánr, Wǒ zhǐyǒu zhōumò cái néng chūqu wánr.
My mother doesn't allow me to go out to play. Only on weekends can I go out to play.

1. 我妈妈不让我看电视 (kàn diànshì)，我只有_____才能看电视。

2. 我妈妈不让我吃汉堡 (chī hànbǎo)，我只有_____才能吃汉堡。

3. 我妈妈不让我喝可乐 (hē kělè)，我只有_____才能喝可乐。

4. 我妈妈不让我玩儿 ipad(wánr ipad)，我只有_____才能玩儿 ipad。

5. 我妈妈不让我看动漫 (kàn dòngmàn)，我只有_____才能看动漫。

6. 我妈妈不让我晚回家 (wǎn huí jiā)，我只有_____才能晚回家。

7. 我妈妈不让我_____，我只有_____才能_____。

8. 我妈妈不让我_____，我只有_____才能_____。

（四）角色扮演：老友重聚 Role play：reunion of old friends

A 和 B 是好朋友，很多年没见面了。今天 A 带着儿子小明去 B 家做客。他们见面会说什么呢？三位同学一组，请你们一起完成一段对话，对话中要包含以下内容：

A and B are good friends. They haven't seen each other for many years. Today A takes his/her son Xiao Ming to be guests at B's home. What will they say when they meet? Three students form a group and complete a dialogue, including the following contents:

1. 打招呼 &. 欢迎　　Dǎ zhāohu & Huānyíng　　Greeting &. Welcoming
2. 介绍 &. 寒暄　　　Jièshào & Hánxuān　　　Introducing &.Exchanging conventional greetings and compliments
3. 送礼物 &. 感谢　　Sòng lǐwù & Gǎnxiè　　　Giving gifts &. Expressing gratitude

（五）班级采访 Class interview

1. 请你先回答下面的问题，然后采访至少两个同学，最后填表
Please answer the following questions, interview at least two classmates, and fill in the form with their answers

（1）在 我们 班，谁 是 你的 好 朋友？
Zài wǒmen bān, shéi shì nǐ de hǎo péngyou?

（2）他 比 你 大 还是 比 你 小？比 你 大（小）几 岁？
Tā bǐ nǐ dà háishi bǐ nǐ xiǎo? Bǐ nǐ dà (xiǎo) jǐ suì?

（3）他（她）长 得 像 爸爸 还是 像 妈妈？

Tā　 zhǎng de xiàng bàba háishi xiàng māma?

(4) 他 学习 紧张 吗?
Tā xuéxí jǐnzhāng ma?

(5) 他 什么 时候 能 出去 玩儿?
Tā shénme shíhou néng chūqu wánr?

问题 名字	在我们班,谁是你的好朋友?	他比你大还是比你小?大/小几岁?	他长得像爸爸还是像妈妈?	他学习紧张吗?	他什么时候能出去玩儿?
1. 你自己 Nǐ zìjǐ, yourself					
2.					
3.					

2. 请根据一位同学的回答,介绍一下他/她的朋友
   Please introduce one classmate's good friend according to the answer

   在 我们 班, _____ 是 我 的 好 朋友, 他 比 我 大 / 小 _____ 岁, 他
   Zài wǒmen bān,　　　　shì wǒ de hǎo péngyou, tā bǐ wǒ dà/xiǎo_____suì, tā

   长 得 像 _____。他 学习 _____ 紧张, _____ 能 出去 玩儿。
   zhǎng de xiàng_____. Tā xuéxí_____jǐnzhāng,_____néng chūqu wánr.

六、用语言做事 REAL LIFE ACTIVITIES

（一）语言准备 Language preparation

1. 听写并朗读这些句子
   Dictation: please write down five sentences. Read aloud these sentences and memorize them

   （1）_____。

   （2）_____。

   （3）_____。

   （4）_____。

   （5）_____。

2. 请用"再"或者"又"完成句子
   Please complete the sentences with "zài" or "yòu"

   1) 明天 ___ 再 ___ 谈
      míngtiān zài tán

   2) 上 星期 ___ 又 ___ 病
      shàng xīngqī yòu bìng

   3) 去年 ___ 又 ___ 北京
      qùnián yòu Běijīng

   4) 有 时间 ___ 再 ___ 见 面
      yǒu shíjiān zài jiàn miàn

   5) 下 课 ___ 再 ___ 想
      xià kè zài xiǎng

   6) 上次 ___ 又 ___ 考
      shàngcì yòu kǎo

3. 完成句子
   Complete the following sentences

   1) 希望 你考_____。
      Xīwàng nǐ kǎo_____.

   2) 希望 你身体_____。
      Xīwàng nǐ shēntǐ_____.

   3) 希望 你 明年_____。
      Xīwàng nǐ míngnián_____.

   4) 希望 你 别_____。
      Xīwàng nǐ bié_____.

   5) 希望 你有 空儿 的 时候_____。
      Xīwàng nǐ yǒu kòngr de shíhou_____.

4. 把下列词语组成合适的句子
   Make appropriate sentences with the following words

   1) 是 生日 朋友 我 的 送 这 蛋糕 (cake)
      shì shēngrì péngyou wǒ de sòng zhè dàngāo

   2) 我 给 是 你 做 这 菜 的
      wǒ gěi shì nǐ zuò zhè cài de

   3) 书 昨天 买 新 那 我 的 是
      shū zuótiān mǎi xīn nà wǒ de shì

4) 画儿 是 你 的 最 这 喜欢
   huàr shì nǐ de zuì zhè xǐhuan

5) 不 那 想 的 电影 是 看 我
   bù nà xiǎng de diànyǐng shì kàn wǒ

（二）社会扩展活动：我的中国日记 Social activities: my Chinese diary

我到中国以后的变化 My changes after coming to China

来中国以后，你有什么变化吗? 外貌、性格、生活习惯等方面，跟以前一样吗? 请你给家人或朋友写一封电子邮件，介绍一下你来中国以后的变化。我们可以参考下面这些问题，还可以用照片来证明你的变化。想一想，如果你在各方面都跟以前一样，怎么用汉语表达?

Do you have any changes after coming to China? Are you exactly the same as before in the respects of your appearance, your temperament, or your habits, etc? Please email your family and friends to introduce your changes after coming to China. Please look at the following questions for reference, or with pictures as proof. Think about what to say if you haven't changed even slightly.

来 中国 以后，
Lái Zhōngguó yǐhòu,

(1) 你比 以前 胖 还是 瘦 了?
    Nǐ bǐ yǐqián pàng háishi shòu le?

(2) 你 比 以前 吃 得 多 还是 吃 得 少 了?
    Nǐ bǐ yǐqián chī de duō háishi chī de shǎo le?

(3) 你 以前 喝 茶 吗? 现在 呢?
    Nǐ yǐqián hē chá ma? Xiànzài ne?

(4) 你 的 朋友 比 以前 多 了 吗?
    Nǐ de péngyou bǐ yǐqián duō le ma?

(5) 你 比 以前 漂亮(帅) 了 吗?
    Nǐ bǐ yǐqián piàoliang/shuài le ma?

(6) 你 的 汉语 怎么样 了?
    Nǐ de Hànyǔ zěnmeyàng le?

(7) 你 的 汉字 怎么样 了?
    Nǐ de Hànzì zěnmeyàng le?

……
还有别的变化吗? Any other changes?

七、词语库 WORDS AND EXPRESSIONS

（一）生词表 New words list

1. 好久不见	hǎojiǔ bú jiàn		long time no see
2. 又	yòu	（副）	again
3. 见面	jiàn miàn		to meet, to see
4. 身体	shēntǐ	（名）	the body, health
5. 像	xiàng	（动）	to take after, to resemble
6. 叔叔	shūshu	（名）	uncle; a child's form of address for any young man of one generation its senior
7. 变	biàn	（动）	to change, to transform
8. 胖	pàng	（形）	(of human body) fat, stout
9. 苗条	miáotiao	（形）	(of a woman) slim, slender
10. 带	dài	（动）	to take, to bring, to carry with
11. 礼物	lǐwù	（名）	gift, present
12. 希望	xīwàng	（动）	to hope, to wish
13. 大	dà	（形）	(of age) older, big, large, huge, great
14. 岁	suì	（量）	year (of age)
15. 小	xiǎo	（形）	(of age) young, small, little
16. 今年	jīnnián	（名）	this year
17. 学习	xuéxí	（动）	to learn, to study
18. 紧张	jǐnzhāng	（形）	nervous, intense
19. 放学	fàng xué		to return home from school
20. 朋友	péngyou	（名）	friend
21. 们	men	（词尾）	an adjunct to a pronoun or a human noun to indicate plurality
22. 踢	tī	（动）	to kick, to play (football)
23. 球	qiú	（名）	ball
24. 羡慕	xiànmù	（动）	to admire, to envy, to be jealous
25. 只有	zhǐyǒu	（连）	only if, nothing but
26. 周末	zhōumò	（名）	weekend
27. 才	cái	（副）	only, just
28. 出去	chū qu		to go out

专有名词 Proper Nouns

1. 王海	Wáng Hǎi	Hai Wang, a person's name
2. 李莉	Lǐ Lì	Li Li, Hai Wang's wife
3. 小明	Xiǎomíng	Xiaoming, Li Li and Hai Wang's son

（二）相关链接 Related links

查查词典，看看它们是什么意思
Look up the dictionary and find the meanings of the following words

常用称呼 chángyòng chēnghū common form of address	意思 yìsi meaning	外貌描述 wàimào miáoshù appearance description	意思 yìsi meaning
叔叔 shūshu		高 gāo	
阿姨 āyí		矮 ǎi	
大爷 dàye		胖 pàng	
大娘 dàniáng		瘦 shòu	
大哥 dàgē		美丽 měilì	
大姐 dàjiě		可爱 kě'ài	
先生 xiānsheng		温柔 wēnróu	
女士 nǚshì		开朗 kāilǎng	

从相关链接中选出五个对你最有用的词，写一写
Please select five useful words in the *Related links* above, and write in the following blanks

1. _____ 2. _____ 3. _____ 4. _____ 5. _____

八、生活剪影 LIFE SKETCH

关于 礼物
Guānyú lǐwù

朋友 见面,带 什么礼物好?一般 来说, 中国人 会选择 酒、茶叶、
Péngyou jiàn miàn, dài shénme lǐwù hǎo? Yìbān lái shuō, Zhōngguórén huì xuǎnzé jiǔ, cháyè、

水果、 点心 等等。如果 对方 有一个年龄 比较小 的孩子,可以 带上
shuǐguǒ, diǎnxin děngděng. Rúguǒ duìfāng yǒu yí ge niánlíng bǐjiào xiǎo de háizi, kěyǐ dàishang

适合孩子的玩具。受 西方 影响,现在巧克力、花儿、书 作为礼物也 很
shìhé háizi de wánjù. Shòu xīfāng yǐngxiǎng, xiànzài qiǎokèlì、 huār、 shū zuòwéi lǐwù yě hěn

常见 了。
chángjiàn le.

部分练习参考答案 KEY TO SOME EXERCISES

六、(一)1. "听写并朗读这些句子"答案 The answer of dictation

(1) 我给你介绍一下儿,这是我儿子,叫麦克。
(2) 长得真像你爸爸。
(3) 你一点儿都没变。
(4) 这是我们带来的一点儿礼物,希望你们喜欢。
(5) 真羡慕你们。

第 15 课

你不是在广告公司工作吗？

一、语言热身 LET'S WARM UP!

我的词典 MY DICTIONARY

1 找到与"我的词典"中的词语相对应的图片，然后朗读词语
Please match the words in *My Dictionary* with the corresponding pictures, and read these words aloud

a. 老师 / lǎoshī / teacher
b. 医生 / yīshēng / doctor
c. 护士 / hùshi / nurse
d. 职员 / zhíyuán / office clerk
e. 经理 / jīnglǐ / manager
f. 律师 / lǜshī / lawyer, solicitor
g. 工人 / gōngrén / worker
h. 工程师 / gōngchéngshī / engineer
i. 导游 / dǎoyóu / tour-guide
j. 服务员 / fúwùyuán / waitress, waiter attendant
k. 司机 / sījī / driver
l. 军人 / jūnrén / soldier

84

2 班级活动：最受欢迎的工作地点
Class activity: the most popular working place

(1) 请看下面的表格，大声朗读表格中的词语，并标出自己的工作单位；要是你现在没有工作，请标出你想在哪儿工作 Look at the following form, read the words aloud, and mark the place where you are working. If you do not work at present, mark the place where you want to work

工作单位 working spots	名 字	工作单位 working spots	名 字
学校 xuéxiào school, university		政府 zhèngfǔ government	
医院 yīyuàn hospital		银行 yínháng bank	
广告公司 guǎnggào gōngsī, advertising company		书店 shūdiàn bookstore	
电脑公司 diànnǎo gōngsī computer company		工厂 gōngchǎng factory	
汽车公司 qìchē gōngsī automobile company		宾馆 bīnguǎn hotel	
旅行社 lǚxíngshè travel agency		博物馆 bówùguǎn museum	
其他 Other：			

(2) 班级采访：请用下面的句式，采访其他同学在哪儿工作，并把他们的名字写在上面的表格里。看看哪个单位工作的人最多，最受欢迎 Class Activity: ask the other students where they work or where they want to work. Let's find the most popular working place

○ 句式 Patterns

A：你 在_____工作吗？
　　Nǐ zài _____ gōngzuò ma?
B：我 不 在_____工作，我 在_____工作。
　　Wǒ bú zài _____ gōngzuò, wǒ zài _____ gōngzuò.

发现：交际汉语入门（下）

A：你 想 在 哪儿 工作？
　　Nǐ xiǎng zài nǎr gōngzuò?
B：我 想 在_____工作。
　　Wǒ xiǎng zài _____ gōngzuò.

（3）采访总结：请根据采访结果做出汇报
To sum up: please summarize the interview result

提示：
① 你一共问了几位同学？ Nǐ yígòng wèn le jǐ wèi tóngxué?
② 他们都在哪儿工作？ Tāmen dōu zài nǎr gōngzuò?
③ 谁现在不想工作？ Shéi xiànzài bù xiǎng gōngzuò?
④ 那他以后想在哪儿工作？ Nà tā yǐhòu xiǎng zài nǎr gōngzuò?
⑤ 很多同学想在哪儿工作？ Hěnduō tóngxué xiǎng zài nǎr gōngzuò?
⑥ 你也想在那儿工作吗？ Nǐ yě xiǎng zài nǎr gōngzuò ma?

那我们可以说：
Nà wǒmen kěyǐ shuō:

在_____班，有的 人 在_____工作，有的 人在_____工作，
Zài_____bān, yǒude rén zài_____gōngzuò, yǒude rén zài_____gōngzuò,
还 有的 人 在_____工作。不过，很多 人 都 想 在_____工作。
hái yǒude rén zài_____gōngzuò. Búguò, hěnduō rén dōu xiǎng zài_____gōngzuò.

3 小组活动：搭积木，找规则
Pair work: building blocks, finding the pattern

请根据所给的例子，总结出用词语搭积木的规则，并按照搭积木的规则把下面的词语扩展为一个长短语。Can you find out the rule of building blocks according to the examples given? If you find out, build your own blocks to extend the words to phrases according to the rule.

例 Example:
　　　　的时候　　　　　　　　　　　　　　的时候
　　　回国的时候　　　　　　　　　　　　上学的时候
　　　刚回国的时候　　　　　　　　　　在天津上学的时候
　　我刚回国的时候　　　　　　　你妈妈在天津上学的时候

你总结的句式 (The pattern you sumed up): _____

"的时候"的意思是 (The meaning of "de shíhou"): _____

"的时候"的位置是 (The position of "de shíhou"): _____

（1）　　　　的时候
　　　刚____的时候
　　____刚____的时候
(when I just came to China)

（2）　　　　的时候
　　　在____的时候
　　____在____的时候
(when I learned Chinese in Beijing)

（3）　　　　的时候
　　　刚____的时候
　　____刚____的时候
(when I just got married)

（4）　　　　的时候
　　　在____的时候
　　____在____的时候
(when I bought things in the store)

（5）　　　　的时候
　　　刚____的时候
　　____刚____的时候
(when the store just opened)

（6）　　　　的时候
　　　在____的时候
　　____在____的时候
(when you chatted with the old man in Hutong)

○ 句式 Patterns

S. + 刚 + VP + 的时候　　　　S. + 在……VP + 的时候
我　刚　回国　的时候　　　你妈妈　在天津　上学　的时候

你做对了吗? Is the pattern of your own right?

4 活动：展示、夸奖和询问
Group work: showing, praising, and inquiring

（1）请每个学生带一样东西，例如书包、手机、电子词典、家人或朋友的照片等等，想一想这样东西的信息并写在纸上，比如，你是什么时候得到的，在哪儿得到的，怎么得到的，等等 Each student brings a stuff, for example, a lovely bag, a cool cell-phone, a nice electric dictionary, photos of your family or friends in cell-phone, etc. Think about all the information related to the stuff and write on the paper, for example, when you got it, where you got it, how you got it, etc

（2）两个学生一组，互相展示自己的物品，其他同学要夸奖称赞，并用下面的句式询问有关信息 Work in pairs, show your stuff to each other. Praise your partner's stuff and inquire related information by using the following patterns

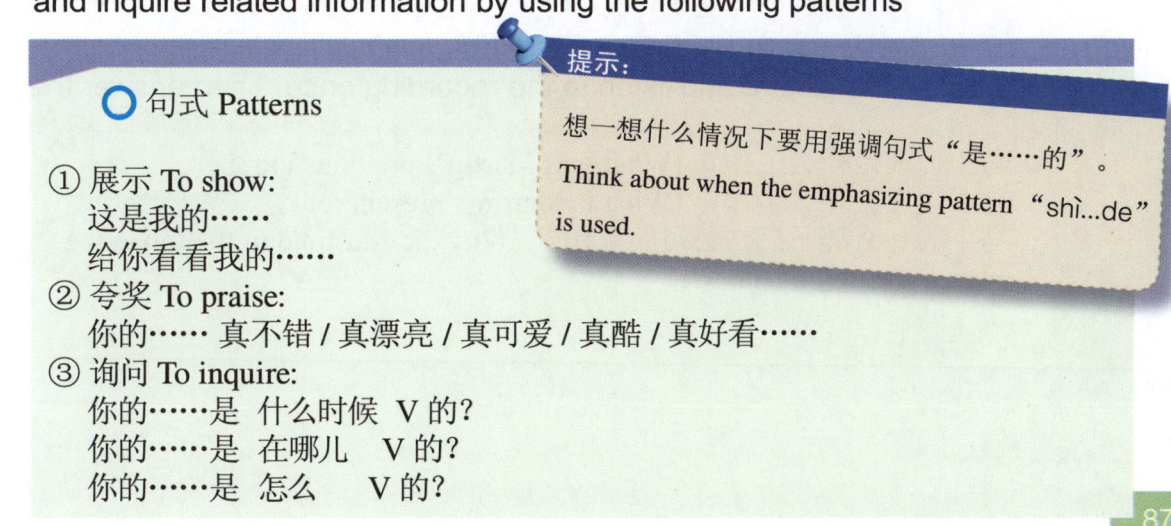

○ 句式 Patterns

① 展示 To show:
　　这是我的……
　　给你看看我的……
② 夸奖 To praise:
　　你的……真不错 / 真漂亮 / 真可爱 / 真酷 / 真好看……
③ 询问 To inquire:
　　你的……是 什么时候 V 的?
　　你的……是 在哪儿　 V 的?
　　你的……是 怎么　　 V 的?

提示:
想一想什么情况下要用强调句式"是……的"。
Think about when the emphasizing pattern "shì...de" is used.

（3）班级活动：看看其他同学的东西你喜欢不喜欢，要是喜欢就去问问他是在哪儿得到的。找到你最喜欢的一样东西，并能够用汉语介绍相关信息 Class activiey: now look at the other classmates' stuff. Ask about the information if you like it. Try to find something you like most, and introduce related information

我喜欢_____的_____。这个_____是他__(time)__的，

是在__(place)__的，是跟__(person)一起__的，……

二、身在其中 IN THE SCENE

1 情景对话 1 Scene 1

◎ （马丁在跟王海聊天儿 Martin is talking with Wang Hai）

(1) 听一遍对话一录音。听后回答下列问题
Look at the picture and listen to the recording once. Then answer the questions

> 马丁以前做什么工作？(What was Martin's previous job?)
> 马丁现在做什么工作？(What is Martin's present job?)
> 马丁为什么辞了广告公司的工作？(Why did Martin quit the job in the advertisement company?)

（2）听第二遍录音，一边听一边跟说。然后请根据对话内容，完成下面的句子
Listen to the recording for the second time, and repeat while listening. Then complete the following conversation according to Dialogue 1

王海 Wáng Hǎi：马丁，你现在做什么工作？
Mǎdīng, nǐ xiànzài zuò shénme gōngzuò?

马丁 Mǎdīng：我现在是_____。
Wǒ xiànzài shì_____.

（3）朗读对话一：注意发音和语气
Please read Dialogue 1 aloud, and pay attention to the pronunciation and tone

王海： 马丁，你现在做什么工作？
Wáng Hǎi: Mǎdīng, nǐ xiànzài zuò shénme gōngzuò?

马丁： 我现在是一家旅行社的经理。
Mǎdīng: Wǒ xiànzài shì yì jiā lǚxíngshè de jīnglǐ.

王海： 刚回国的时候，你不是在广告公司工作吗？
Wáng Hǎi: Gāng huí guó de shíhou, nǐ bú shì zài guǎnggào gōngsī gōngzuò ma?

马丁： 两年以后就辞了。工作太累，而且很少有机会用汉语。
Mǎdīng: Liǎng nián yǐhòu jiù cí le. Gōngzuò tài lèi, érqiě hěn shǎo yǒu jīhuì yòng Hànyǔ.

王海： 对，你的汉语这么好，不用太可惜了。
Wáng Hǎi: Duì, nǐ de Hànyǔ zhème hǎo, bú yòng tài kěxī le.

2 情景对话 2 Scene 2

◎（李莉带艾玛参观她的家，艾玛看着墙上挂的照片跟李莉聊天儿 Li Li shows Emma to visit her home. Emma is chatting with Li Li while looking at the pictures on the wall）

（1）听录音，判断下面的说法是否正确
Listen to the recording and judge if the following statements are correct according to Dialogue 2

① 李莉家的 房子 买了 十 年 了。
Lǐ Lì jiā de fángzi mǎile shí nián le. □

② 这 张 照片 照 的 是 九寨沟。
Zhè zhāng zhàopiàn zhào de shì Jiǔzhàigōu. □

③ 王 海 喜欢 摄影。
Wáng Hǎi xǐhuan shèyǐng. □

（2）听第二遍录音，一边听一边跟说。然后请根据对话内容，写出艾玛的几个问题
Listen to the recording for the second time, and repeat while listening. Then complete the following conversation according to Dialogue 2

> 问买房子的时间 (Ask when the house was bought) →
> 问照片的地方 (Ask where the pictures were taken) →
> 问照片的人 (Ask who took the photos) →

（3）朗读对话二：注意发音和语气
Please read Dialogue 2 aloud, and pay attention to the pronunciation and tone

艾玛： 这个 房子 真 不错。什么 时候 买 的?
Àimǎ: Zhège fángzi zhēn búcuò. Shénme shíhou mǎi de?

李莉： 结婚 十 周年 的 时候 买 的。买了 三四 年 了。
Lǐ Lì: Jié hūn shí zhōunián de shíhou mǎi de. Mǎile sān sì nián le.

艾玛： 这 张 照片 也 不错，是 在 哪儿 照 的?
Àimǎ: Zhè zhāng zhàopiàn yě búcuò, shì zài nǎr zhào de?

李莉： 是 在 九寨沟 照 的。王 海 喜欢 摄影，是 他 照 的。
Lǐ Lì: Shì zài Jiǔzhàigōu zhào de. Wáng Hǎi xǐhuan shèyǐng, shì tā zhào de.

3 情景对话 3 Scene 3

◎（麦克跟小明在玩电脑 Mike is playing the computer with Xiaoming）

（1）听一遍对话三录音。听后回答下列问题
Listen to the recording once. Then answer the questions

> "玩儿游戏""聊天儿"，如果你想表示轻松随意的语气，怎么说？
> （How do you express the relaxed and casual tone of "wánr yóuxì" "liáo tiānr"？）
> "特别好玩儿的游戏"，如果用小孩子夸张的口气怎么说？
> （How do you express the meaning of "tèbié hǎowánr de yóuxì" in an exaggerated tone of kids?)
> 你想说你的电脑慢，用无奈、恼怒的口气怎么说？
> (How do you express the meaning of "slow speed computer" in the helpless and angry tone?)

（2）根据对话三判断下面的说法是否正确
True or false: please judge if the following statements are correct according to Dialogue 3

❶ 麦克和 小明 都 喜欢 玩儿游戏。□
   Màkè hé Xiǎomíng dōu xǐhuan wánr yóuxì.

❷ 麦克 知道 不少 游戏 的 网站。□
   Màkè zhīdao bùshǎo yóuxì de wǎngzhàn.

❸ 小明 的 电脑 很 快。□
   Xiǎomíng de diànnǎo hěn kuài.

（3）朗读对话三：注意发音和语气
Please read Dialogue 3 aloud, and pay attention to the pronunciation and tone

> 麦克： 你 经常 上 网 吗？
> Màikè: Nǐ jīngcháng shàng wǎng ma?
>
> 小明： 经常 上。有 时候 玩儿玩儿 游戏，有 时候 聊聊天儿。
> Xiǎomíng: Jīngcháng shàng. Yǒu shíhòu wánrwánr yóuxì, yǒu shíhou liáoliaotiānr.
>
> 麦克： 我 告诉 你 一个 网址， 上面 有 好多 特 好玩儿的 游戏。
> Màikè: Wǒ gàosu nǐ yí ge wǎngzhǐ, shàngmiàn yǒu hǎoduō tè hǎowánr de yóuxì.
>
> 小明： 好。我 的 电脑 怎么 这么 慢 啊！
> Xiǎomíng: Hǎo. Wǒ de diànnǎo zěnme zhème màn a!

发现：交际汉语入门（下）

4 旅行日志 Travelling log

两人一组，介绍一下上面的情景对话，可以增加感兴趣的内容。Pair work: try to transform the dialogues above into a narrative paragraph. You could add other related information into your story as much as you can.

王海 是 一家 公司 的 经理，_____以后，他们 买 了 自己 的 房子。
Wáng Hǎi shì yì jiā gōngsī de jīnglǐ, _____yǐhòu, tāmen mǎile zìjǐ de fángzi.

房子 不 太 大，但是_____。他 的 爱好_____，他 去过 很 多 地方，
Fángzi bú tài dà, dànshì _____. Tā de àihào _____, Tā qùguo hěn duō dìfang,

房间 里的 照片_____。
fángjiān li de zhàopiàn _____.

三、发现语言现象 FINDING GRAMMAR POINTS

与同伴研究一下，下面的句子有什么特点。你还可以说出这样的句子吗？
Try to find language points in the following sentences with your partner. Could you figure out the meaning and function of the patterns by yourself? Can you make similar sentences with the points?

★ 不是……吗？

你 不 是 知道 吗？ 怎么 还 问？
Nǐ bú shì zhīdào mà? Zěnme hái wèn?

昨天 你 不 是 去过 了 吗？ 怎么 今天 还 去？
Zuótiān nǐ bú shì qùguo le ma? Zěnme jīntiān hái qù?

小 王 不是 东北 人 吗？ 所以 他 喜欢 吃 酸菜。
Xiǎo Wáng bú shì Dōngběi rén ma? Suǒyǐ tā xǐhuan chī suāncài.

> 前句用反问的方式询问已知的情况，目的在于说明后句动作行为的原因。The former sentence uses the rhetorical question to inquire the known situation for indicating the reason of the action in the latter sentence.

下面的情况用"不是……吗"怎么说？How do you express the following situations with "búshì……ma？"

① 你知道他去过长城，可是明天他还要去，你很奇怪（qíguài, strange），想知道他为什么还要去，可以怎么问？(You know that he has been to the Great Wall.

But he still want to go there tomorrow. You feel strange, and wonder why. What will you ask him?)

② 想知道他为什么不知道上海这么有名的地方,可以怎么问? (This is such a famous spot that you wonder why he doesn't know. What will you ask him?)

③ 你知道麦克喜欢吃烤鸭,所以买了一个。马丁问你为什么买烤鸭,你可以怎么回答他? (You know that Mike likes roasted duck, so you buy one to take out. Martin ask you why. What will you answer him?)

★ 动词 + 了 + 时段 + 了　V 了 Time-period 了

睡 了 一 天 了, 还　想　睡。
Shuìle yì tiān le, hái xiǎng shuì.

聊 了 三 个 小时 了, 别 聊 了。
Liáole sān ge xiǎoshí le, bié liáo le.

> "……了……了"表示动作持续了一个时段后还在继续。 The structure is used to indicate that the action is still going on after the time period.

我的句子: My sentences

★ 说明性"是……的"句式：The expository "shì ... de" pattern

解释、说明性的"是……的"句式有两个功能。首先,这一句式用来说明已经发生的动作或事实。其次,该句式可以用来回答关于过去动作发生的时间、人物、方式、地点等问题,目的是澄清一个过去动作或时间的相关信息。The expository "shì ... de" pattern here has two functions. First, it is used to refer to an action that has already occurred. Second, the pattern can answer who, how, when, or where about a past action. It is often used for the purpose of clarifying or answering certain questions about an action or event.

试比较下面两个例句 Compare these two sentences:

她 昨天 去　上海　了。
Tā zuótiān qù Shànghǎi le.
She went to Shanghai yesterday.

她 是 昨天 去　上海　的。
Tā shì zuótiān qù Shànghǎi de.
It was yesterday that she went to Shanghai.

这两个句子都说明了"她昨天去上海"的情况，但是方式和侧重点不同。第一个句子只是说明了一个已经发生的事实，而第二句则强调了昨天，重点说明她是什么时候去上海的。Both sentences express the idea that she went to Shanghai yesterday, but they are in different moods. The first sentence simply states a fact, but the second one emphasizes yesterday, explaining when she went to Shanghai.

A: 艾玛，你们是什么时候到的？
　　Àimǎ, nǐmen shì shénme shíhou dào de?

B: 我们是18号到的。
　　Wǒmen shì shíbā hào dào de.

A: 你们是坐火车来的吗？
　　Nǐmen shì zuò huǒchē lái de ma?

B: 不是，坐大巴来的。
　　Bú shì, zuò dàbā lái de.

A: 你跟马丁是在法国认识的吗？
　　Nǐ gēn Mǎdīng shì zài Fǎguó rènshi de ma?

B: 不是，是在来天津的飞机上认识的。
　　Bú shì, shì zài lái Tiānjīn de fēijī shang rènshi de.

A: 是谁介绍的？
　　Shì shuí jièshào de?

B: 没人介绍，我们自己认识的。
　　Méi rén jièshào, wǒmen zìjǐ rènshi de.

下面的意思用"是……的"句怎么说？How do you express the following meanings with "是……的"

① 说说你开始学习汉语的时间 Tell us when you started to learn Chinese

_____

② 你以前吃过烤鸭。说说你吃烤鸭的地方 You have had roasted duck before. Tell us where you ate roasted duck

_____

③ 说说今天你来学校的交通方式 Tell us how you got to school today

_____

④ 说说谁给你这本汉语书 Tell us who gave you this Chinese book

_____

想一想，还有什么问题？Do you have other questions?

四、记忆、巩固和提升 MEMORIZE, CONSOLIDATE, AND UPGRADE

两人一组，先认读方框中的词语，然后互问互答
Pair work: please recognize the expressions in the box with your partner. One asks questions according to the parts underlined, and the other answers questions

1. A: <u>工作</u> <u>累</u> 吗?
   Gōngzuò lèi ma?

   B: <u>工作</u> <u>太累</u>，而且 <u>很 少 有机会 用 汉语</u>。
   Gōngzuò tài lèi, érqiě hěn shǎo yǒu jīhuì yòng Hànyǔ.

   > 工作累 gōngzuò lèi　工作太累 gōngzuò tài lèi　收入很少 shōurù hěn shǎo
   > 路远 lù yuǎn　　　　路不远 lù bù yuǎn　　　坐车很方便 zuò chē hěn fāngbiàn
   > 会说汉语 huì shuō Hànyǔ　会说汉语 huì shuō Hànyǔ　说得不错 shuō de búcuò

2. A: 什么 时候 <u>买</u> 的?
   Shénme shíhou mǎi de?

   B: 昨天 <u>买</u> 的。
   Zuótiān mǎi de.

   > 来 lái
   > 写 xiě
   > 看 kàn

3. A: <u>这 张 照片</u> 是 在哪儿 <u>照</u> 的?
   Zhè zhāng zhàopiàn shì zài nǎr zhào de?

   B: 在 北京 <u>照</u> 的。
   Zài Běijīng zhào de.

   > 你的汉语 Nǐ de Hànyǔ　　学 xué
   > 这件衣服 Zhè jiàn yīfu　　买 mǎi
   > 你们俩 Nǐmenliǎ　　　　认识 rènshi

4. A: 是 谁 <u>照</u> 的?
   Shì shuí zhào de?

   B: 是 <u>他</u> <u>照</u> 的。
   Shì tā zhào de.

   > 我 wǒ　　　　　　　　　　　　　拿 ná
   > 哥哥 gēge　　　　　　　　　　　画 huà
   > 那个记者 (journalist) nà ge jìzhě　说 shuō

5. A: 周末 你 常常 做 什么?
   Zhōumò nǐ chángcháng zuò shénme?

   B: 有 时候 <u>玩儿玩儿 游戏</u>，有 时候 <u>聊聊 天儿</u>。
   Yǒu shíhou wánrwánr yóuxì, yǒu shíhou liáoliao tiānr.

   > 打篮球 dǎ lánqiú　　　　踢足球 tī zúqiú
   > 在家休息 zài jiā xiūxi　　去公园玩儿 qù gōngyuán wánr
   > 上网 shàng wǎng　　　　买东西 mǎi dōngxi

6. A: <u>我 的 电脑</u> 怎么 这么 <u>慢</u> 啊!
   <u>Wǒ de diànnǎo</u> zěnme zhème <u>màn</u> a!

   B: 我 觉得 还 可以。
   Wǒ juéde hái kěyǐ.

   > 我的房间 wǒ de fángjiān　　小 xiǎo
   > 地铁上的人 dìtiě shàng de rén　　多 duō
   > 汉字 Hànzì　　难 nán

五、用汉语完成任务 TASKS IN CHINESE

（一）小组活动：朋友的悄悄话 Pair work: friends' sharing time

（1）很高兴跟你做朋友：羡慕与称赞
So happy to be your friend: admiring and acclaiming

在汉语中，人们也常用羡慕的语句来表达对他人的夸奖。In Chinese, we can praise or acclaim others by admiring or envying expressions.

比如，要夸奖一个人的智慧，我们可以说：For example, when we want to praise someone's wisdom, we can say:

你真聪明!　　　　　　　　　You are so smart!

我们也可以说：Also, we can say:

你怎么这么聪明(啊)!　　　　　How come so smart are you!

现在两个同学一组，请用下面的句式相互称赞。看看你们小组能想出来多少夸奖别人的句子，并把句中的形容词记下来。Now work in pairs, praise each other by using the following pattern. Let's see how many praising sentences to praise you could figure out, and write down the adj. words.

○ 句式 Patterns

你怎么这么 adj（啊）!
你的…… 怎么这么 adj（啊）!

（2）朋友是倾听者：我想抱怨一下
Friends are listeners: I want to complain

上面的句式也可以用来进行嘲讽或表示不满和抱怨。The pattern can be used to taunt oneself or other people, and to complain something.

例如，如果要抱怨自己的电脑太慢了，可以说：For example, when we want to complain that the computer is too slow, we can say:

我的电脑太慢了!　　　　　　　My computer is too slow!

也可以说：Also, we can say:

我的电脑怎么这么慢啊！　　　　　　　How come so slow my computer is!

现在两个同学一组，用下面的句式自嘲或抱怨。看看你们小组能想出多少自嘲和抱怨的句子，并记下形容词。Now work in pairs, taunt yourself or complain. Write down the adj. words.

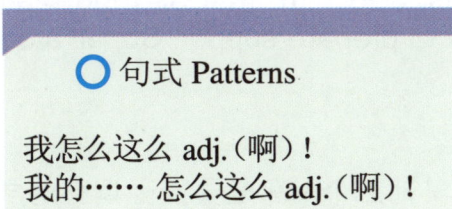

○ 句式 Patterns

我怎么这么 adj.（啊）！
我的…… 怎么这么 adj.（啊）！

（二）班级活动：我的第二个家 Class activity: my second family

1. 请根据下面表格中的问题，提供你的家庭信息（可以虚构），写在第二列中；然后在班里采访三位同学，把他们的信息填在表格中 Please supply the information of your family according to the following questions. You can make up a fake family. Then interview 3 classmates, and fill in their information in the box

	我的家	同学一_____的家	同学二_____的家	同学三_____的家
你家有几口人？				
你家都有谁？				
他们今年多大？				
你爸爸做什么工作？				
你妈妈做什么工作？				

2. 寻找第二个家：看看这三个朋友中，谁的家庭跟你的家最相似。如果三个答案一样，就算作相似；如果四个答案一样，就是非常相似；如果五个答案都一样，那个家庭就是你的第二个家 Find your second family: check the three classmates' information, and find the most similar family to yours. The family is regarded as "similar" if three answers are alike, and "very similar" if four answers are alike. If all five answers are alike, the family is your SECOND FAMILY

（三）小组活动：谁是嫌疑人 Group work: who are suspects?

1. 案情说明：昨天下午，我们大学食堂的所有食材都被偷走了。经过警方调查，昨天上午10:30，厨师做午饭的时候，所有食材都还在库房里。到下午4:00，厨师们要准备晚饭的时候，发现食材都不见了。所以，今天要对所有学生进行调查 Case description: All food materials in the dining-hall of the university were stolen yesterday afternoon. According to the police, the materials were seen in the store room at 10:30 am, when the cooks preparing lunch. It was 4:00 p.m. that all food materials were found disappear, when the cooks started to prepare supper. So, all students will be questioned today

2. 角色分配：四个同学一组，一个人是警察，其他三个人都是要接受调查的学生 Roles: four students a group, one is the policeman, and the other three are students to be questioned

3. 小组讨论 Group discussion

    （1）警察要列出打算提出的问题 The policeman is required to list the questions to ask

    > ○ 句式 Patterns
    >
    > 昨天上午10:30以后，下午4:00以前，你做什么了？
    > 你（是）什么时候……VP……的？
    > 你（是）在哪儿……VP……的？
    > 你（是）跟谁一起……VP……的？

    （2）接受质询的学生要在纸上列出昨天上午10:30到下午4:00之间做了哪些事情，是什么时间做的，在哪儿，以及跟谁一起做的 The students should list what they did from 10:30 am to 4:00 pm, when, where, and with whom

    > ○ 句式 Patterns
    >
    > 我（是）什么时候VP的。
    > 我（是）在哪儿VP的。
    > 我（是）跟谁一起VP的。

    （3）根据三个人的回答，小组所有成员一起讨论，并确定小组中是否有嫌疑人，嫌疑人是谁，以及怀疑的原因 Please identify who is the suspect in your group and tell the reason about the identification

第15课　你不是在广告公司工作吗？

（四）小组活动：你了解你的朋友吗？ Pair work: do you really know your friend?

1. 尽量让平时关系好的同学两两一组，这样两人更了解对方 Try to divide good friends into pairs so that they can know each other well

2. 先确定一个人是 A，然后两个人分别回答以下问题，不要让对方看自己的答案。B 要根据 A 的情况回答；A 要选择三个问题，给出假的回答 Choose one student as A, and answer the following questions separately. Don't show your answers to each other, neither discuss. Student B should answer the questions according to A's situation. A should give three faked information when supplying the answers

   (1) A 是哪国人？ A shì nǎ guó rén?

   (2) A 今年多大？ A jīnnián duō dà?

   (3) A 现在做什么工作 / 以后他想做什么工作？ A xiànzài zuò shénme gōngzuò?/Yǐhòu tā xiǎng zuò shénme gōngzuò?

   （要是 A 现在不工作）以后他想做什么工作？(If A doesn't work at present) Yǐhòu tā xiǎng zuò shénme gōngzuò?

   (4) A 的家有几口人？ A de jiā yǒu jǐ kǒu rén?

   (5) A 是什么时候开始学习汉语的？ A shì shénme shíhou kāishǐ xuéxí Hànyǔ de?

   (6) A 做什么做得很好？ A zuò shénme zuò de hěn hǎo?

   (7) 在中国，A 还去过哪儿？ Zài Zhōngguó, A hái qùguo nǎr?

3. A 根据自己列的答案，向 B 介绍自己。B 要指出哪些信息跟自己所知道的情况不符。听到以后，请用"你不是……吗？"向 A 提出疑问 Student A introduces his/her information to Student B. Student B need to point out which information is faked, and ask Student A by using the following pattern

   例 Example:
   　　A 说："我家有 7 口人。"但是 B 知道 A 家有 5 口人，那 B 应该说: Student A says "There are 7 people in my family". But B knows that there are 5 people in A's family actually. So B should say:

   "哎？你家不是有五口人吗？"

   如果 B 能把 A 所有的假话都找出来，那就可以说 B 非常了解 A，他们是好朋友。We can say that B knows A very well and they are good friends if B could point out all the faked answers.

（五）班级采访：谁学汉语的经历跟你相似？ Class interview: whose experience of learning Chinese is similar to you?

1. 请你先回答下面的问题，然后再采访至少两个同学，根据他们的回答填表，看看谁学汉语的经历跟你相似 Please answer the following questions, then interview at least two classmates the same questions, and fill in the form with their answers. Try to find

99

the student whose experience of learning Chinese is similar to you

(1) 你 是 什么 时候 开始 学 汉语 的?
　　 Nǐ shì shénme shíhou kāishǐ xué Hànyǔ de?

(2) 是 在 哪儿 开始 学 的?
　　 Shì zài nǎr kāishǐ xué de?

(3) 你 是 自己学 的, 还是 跟 老师 学 的? 是 中国 老师 吗?
　　 Nǐ shì zìjǐ xué de, háishi gēn lǎoshī xué de? Shì Zhōngguó lǎoshī ma?

(4) 来 中国 以前, 说 汉语 的 机会 多 吗?
　　 Lái Zhōngguó yǐqián, shuō Hànyǔ de jīhuì duō ma?

(5) 现在 经常 用 汉语 跟 中国 朋友 聊 天儿 吗?
　　 Xiànzài jīngcháng yòng Hànyǔ gēn Zhōngguó péngyou liáo tiānr ma?

问题 名字	你是什么时候开始学汉语的?	是在哪儿开始学的?	你是自己学的,还是跟老师学的? 是中国老师吗?	来中国以前,说汉语的机会多吗?	现在经常用汉语跟中国朋友聊天儿吗?
1. 你自己 Nǐ zìjǐ, yourself					
2.					
3.					

2. 请根据一位同学的回答, 介绍一下他/她学习汉语的情况 Please state one Chinese-learning case according to the answer

　　_____是_____在_____开始 学习 汉语 的。他 是_____的。
　　_____shì_____zài_____kāishǐ xuéxí Hànyǔ de. Tā shì_____de.

他 的 老师 是_____。来 北京 以前, 他 说 汉语 的 机会_____, 现在,
Tā de lǎoshī shì_____. Lái Běijīng yǐqián, tā shuō Hànyǔ de jīhuì_____, xiànzài,

他_____用 汉语 跟 中国 朋友 聊 天儿。
tā_____yòng Hànyǔ gēn Zhōngguó péngyou liáo tiānr.

第15课　你不是在广告公司工作吗？

六、用语言做事 REAL LIFE ACTIVITIES

（一）语言准备 Language preparation

1. 听写并朗读这些句子
   Dictation: please write down five sentences. Read aloud these sentences and memorize them

   （1）_____

   （2）_____

   （3）_____

   （4）_____

   （5）_____

2. 用"是……的"和下边的词说出完整句子
   Make a complete sentence with "shì ... de" and the following words

   （1）上　个月　朋友　上海
   　　　shàng ge yuè　péngyou　Shànghǎi

   （2）在北京　认识　我　的　女朋友
   　　　zài Běijīng　rènshi　wǒ de nǚpéngyou

   （3）去年　来　北京
   　　　qùnián　lái　Běijīng

   （4）坐　公共　汽车　北海　公园
   　　　zuò　gōnggòng qìchē　Běihǎi Gōngyuán

   （5）跟　朋友　一起　走
   　　　gēn péngyou yìqǐ zǒu

   （6）在　那个　学校　学会　汉语
   　　　zài nà ge xuéxiào xuéhuì Hànyǔ

3. 完成对话
   Complete the dialogues

   （1）A：你　现在　做　什么　工作？
   　　　　 Nǐ xiànzài zuò shénme gōngzuò?

   　　　B：_____。
   　　　　 _____.

（2）A：你 不是 说 今天 身体不好 吗？ 怎么 不 休息？
　　　　Nǐ bú shì shuō jīntiān shēntǐ bù hǎo ma? Zěnme bù xiūxi?

　　 B：_____。
　　　　_____

（3）A：这 件衣服很 漂亮，你 什么 时候 买 的？
　　　　Zhè jiàn yīfu hěn piàoliang, nǐ shénme shíhou mǎi de?

　　 B：_____。
　　　　_____。

（4）A：刚 来 北京 的 时候，你 习惯 (be used to) 吃 中国菜 吗？
　　　　Gāng lái Běijīng de shíhou, nǐ xíguàn　　　　chī zhōngguócài ma?

　　 B：_____。
　　　　_____。

（5）A：你 经常 上 网 吗？
　　　　Nǐ jīngcháng shàng wǎng ma?

　　 B：经常 上。有 时候_____，有 时候_____。
　　　　Jīngcháng shàng. Yǒu shíhou_____, yǒu shíhou_____.

（6）A：_____？辣死 我 了。
　　　　_____？Làsǐ wǒ le.

　　 B：四川 菜嘛，当然 很 辣 了。
　　　　Sìchuān cài ma, dāngrán hěn là le.

（二）社会扩展活动：我的中国日记 Social activities: my Chinese diary

我在中国的娱乐生活 My entertainment in China

　　1. 在中国，周末和节假日你经常做什么？在房间里看书、上网、玩儿游戏，去健身房做运动，还是跟朋友一起逛街、逛公园、逛博物馆、泡咖啡馆儿？还是跟朋友们一起去卡拉ok厅唱歌？请介绍一下你在中国的娱乐生活，介绍的时候要用到"经常"和"有时候"。

　　What do you usually do on weekends and holidays? Do you read books in your room, surf the internet, or play computer games? Do you go to the gym? Do you go shopping with friends? Do you go to the park? Do you go to the museum? Do you hang around in the café house? Do you go to the Karaoke to sing songs? Please introduce your entertainment in China. Try to use "jīngcháng" and "yǒushíhou".

　　2. 我的纯汉语时间 My pure Chinese Time
　　在周末你经常说汉语吗？这个周末我们试试只说汉语，一点儿别的语言都不说；休闲娱乐活动也要跟中文有关系。例：

　　说话：只说汉语；
　　看书：只看汉语书，即使是中文漫画书；
　　上网：只上中文网站；
　　跟朋友聊天儿：只说汉语
　　……

试试看你能坚持多长时间。星期一大家一起聊一聊,每个人的纯汉语周末到底有多久,看看谁的时间最长。

Do you often speak Chinese on weekends? Let's try to speak Chinese only, and totally no other languages. All the entertainment activities should be related to Chinese. For examples:

Speaking:	Only Chinese
Reading:	Only Chinese books, even if Chinese cartoon
Internet:	Only websites in Chinese characters
Chatting:	Only Chinese
...	

Try to keep your pure Chinese Time as long as possible. Tell us your pure Chinese Time experience on next Monday. Let's see how long your pure Chinese Time on the weekend is, 3 hours, one day, or maybe two whole days.

七、词语库 WORDS AND EXPRESSIONS

（一）生词表 New words list

1.	做	zuò	（动）	to do, to make, to produce
2.	工作	gōngzuò	（名/动）	to work; work(manual or mental labor), job
3.	家	jiā	（量）	measure word for families and companies
4.	旅行社	lǚxíngshè	（名）	travel agency
5.	经理	jīnglǐ	（名）	manager
6.	刚	gāng	（副）	just
7.	国	guó	（名）	country, nation
8.	广告	guǎnggào	（名）	advertisement
9.	公司	gōngsī	（名）	company, corporation, firm
10.	以后	yǐhòu	（名）	after, afterwards
11.	辞	cí	（动）	to resign, to quit one's job
12.	而且	érqiě	（连）	further, furthermore, moreover
13.	少	shǎo	（形）	not many
14.	机会	jīhuì	（名）	opportunity, chance
15.	汉语	Hànyǔ	（名）	Chinese (language)
16.	可惜	kěxī	（形）	unfortunately, it's a pity
17.	房子	fángzi	（名）	house
18.	结婚	jié hūn		to marry, to get married
19.	周年	zhōunián	（名）	anniversary
20.	照片	zhàopiàn	（名）	photograph, picture
21.	照	zhào	（动）	to take a picture, to photograph
22.	摄影	shèyǐng	（动）	to take a photograph, to shoot a picture or video

23. 经常	jīngcháng	（副）	frequently, constantly
24. 上网	shàng wǎng		to surf the internet, to go online
25. 有时候	yǒu shíhou		sometimes
26. 游戏	yóuxì		game
27. 网址	wǎngzhǐ	（名）	website
28. 特	tè	（副）	special, particularly
29. 好玩儿	hǎowánr	（形）	funny, full of fun
30. 电脑	diànnǎo	（名）	computer

专有名词 Proper Noun

九寨沟	Jiǔzhàigōu	Jiuzhaigou Valley, a nature reserve in the north of Sichuan, a province in south-western China. It is known for its many multi-level waterfalls and colorful lakes, and was declared a UNESCO World Heritage Site in 1992.

（二）相关链接 Related links

查查词典，看看它们是什么意思
Look up the dictionary and find the meanings of the following words

网络用语 wǎngluò yòngyǔ internet words	意思 yìsi meaning	电脑用语 diànnǎo yòngyǔ computer terms	意思 yìsi meaning
网站 wǎngzhàn		开机 kāi jī	
网页 wǎngyè		关机 guān jī	
搜索 sōusuǒ		软件 ruǎnjiàn	
信息 xìnxī		鼠标 shǔbiāo	
下载 xiàzǎi		优盘 yōupán	
上传 shàngchuán		键盘 jiànpán	
视频 shìpín		显示屏 xiǎnshìpíng	
查资料 chá zīliào		电源 diànyuán	
新闻 xīnwén		音箱 yīnxiāng	

邮件 yóujiàn	输入 shūrù
邮箱 yóuxiāng	打印 dǎyìn
微信 wēixìn	死机 sǐjī
朋友圈 péngyouquān	病毒 bìngdú

从相关链接中选出五个对你最有用的词，写一写
Please select five useful words in the *Related links* above, and write in the following blanks

1. _____ 2. _____ 3. _____ 4. _____ 5. _____

八、生活剪影 LIFE SKETCH

电脑 游戏
Diànnǎo yóuxì

家长们 对于电脑 游戏，可以 说 又 爱 又 恨。爱 是 因为 电脑
Jiāzhǎngmen duìyú diànnǎo yóuxì, kěyǐ shuō yòu ài yòu hèn. Ài shì yīnwèi diànnǎo

游戏 能 开发 孩子的 智力，能 丰富 孩子 的娱乐 生活； 恨 是 因为
yóuxì néng kāifā háizi de zhìlì, néng fēngfù háizi de yúlè shēnghuó; hèn shì yīnwèi

孩子们 往往 很 容易 对 电脑 游戏 上瘾。 长 时间玩儿 游戏，对他
háizimen wǎngwǎng hěn róngyì duì diànnǎo yóuxì shàng yǐn. Cháng shíjiān wánr yóuxì, duì tā

们 的 身体 和 精神 都 有 危害。
men de shēntǐ hé jīngshén dōu yǒu wēihài.

部分练习参考答案 KEY TO SOME EXERCISES

六、(一) 1. "听写并朗读这些句子"答案 The answer of dictation

(1) 你现在做什么工作?
(2) 你不是在广告公司工作吗?
(3) 你的汉语这么好,不用太可惜了。
(4) 这个房子真不错。什么时候买的?
(5) 这张照片是在哪儿照的?

第 16 课

为我们的重逢干杯

一、语言热身 LET'S WARM UP!

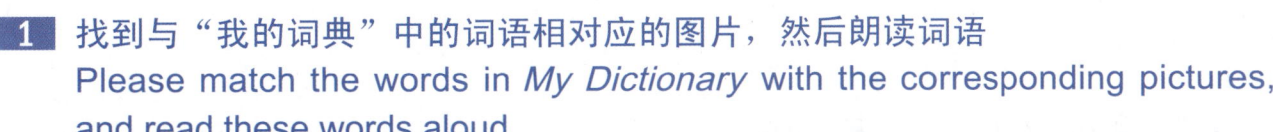

1 找到与"我的词典"中的词语相对应的图片，然后朗读词语
Please match the words in *My Dictionary* with the corresponding pictures, and read these words aloud

a. 公园 / gōngyuán / park
b. 电影院 / diànyǐngyuàn / cinema
c. 健身房 / jiànshēnfáng / gym
d. 酒吧 / jiǔbā / bar
e. 购物中心 / gòuwù zhōngxīn / shopping center
f. 咖啡馆儿 / Kāfēiguǎnr / café
g. 茶馆儿 / cháguǎnr / teahouse
h. 博物馆 / bówùguǎn / museum
i. 图书馆 / túshūguǎn / library
j. 卡拉 ok 厅 / kǎlā ok tīng / Karaoke bar

2 我的娱乐方式：大声朗读下面的词语或短语，跟同伴说一说业余时间你喜欢做什么

My entertainments: read the following expressions aloud, and talk about what you like doing in spare time with your partner

看书	逛街
看电视	逛公园
看电影	逛商店
看演出 (yǎnchū, performance)	逛博物馆
爬山	跟朋友吃饭
踢球	跟朋友喝酒
划船	跟朋友喝咖啡
摄影	跟朋友聊天儿

○ 句式 pattern

A: 不工作、不上课的时候，你喜欢做什么？
B: 不工作、不上课的时候，我喜欢……

3 待客之道：如果有朋友去你的家乡，你会带他们做什么？

How to entertain your guests: what will you take your friends to do if then go to your hometown?

> 例 Examples：要是你们来北京 If you come to Beijing
>
> 要是你们来北京，我就带你们<u>去吃烤鸭</u>。北京烤鸭非常有名。
> 要是你们来北京，我就带你们<u>去喝茶</u>。中国茶很好喝。
> 要是你们来北京，我就带你们<u>去看京剧</u>。京剧很有意思。
> 要是你们来北京，我就带你们<u>逛颐和园</u>。颐和园特别美。
> ……

（1）要是我们去你的家乡，你带我们做什么？请想出至少 3 个在你们家乡比较特别的娱乐项目 What will you take us to do if we go to your hometown? Please figure out at least three entertainments special in your hometown

（2）小组活动：四个同学一组，互相介绍自己的"待客之道"。请推选出最受欢迎的一项，并说出具体的原因 Group work: four students a group, introduce your treatment to each other. Please choose one place which you like most in your group, and list your reasons

4 汉语的方言：这些汉语你听得懂吗？
Chinese dialects: Can you understand these Chinese?

中国各地有各自不同的方言，例如上海人说上海话，广东人讲广东话，四川人讲四川话等等。这些方言的词汇和语法差不多，但是发音各自不同。下面我们听八个中国人说的同一句话，看看你听得懂听不懂。There are lots of dialects in China, for example, the people in Shanghai speak Shanghai dialect, the people in Guangdong province speak Cantonese, and the people in Szechuan speak Szechuan dialect, etc. The vocabulary and grammar of different dialects are basically the same, however, the pronunciations are different indeed. Now listen to one sentence spoken by 8 Chinese from different places. Let's see if you can understand.

每句话听完后，都要回答老师的问题。要是你能听懂，请回答"我听得懂"；要是你觉得自己不能听懂，请回答"我听不懂"。Answer the teacher's question after listening. Please say "Wǒ tīng de dǒng" if you can understand, and say "Wǒ tīng bu dǒng" if you cannot understand.

○ 句式 pattern

Q: 你听得懂 听不懂？
   Nǐ tīng de dǒng tīng bu dǒng?
A: 我 听得 懂。
   Wo tīng de dǒng.
   我 听不 懂。
   Wo tīng bu dǒng.

（1）上海话 Shànghǎi Huà

（2）杭州话 Hángzhōu Huà

（3）江西话 Jiāngxī Huà

（4）湖南话 Húnán Huà

（5）四川话 Sìchuān Huà

（6）陕西话 Shǎnxī Huà

（7）山东话 Shāndōng Huà

（8）普通话 Pǔtōng Huà

你听到的是：_____

这句话是：_____

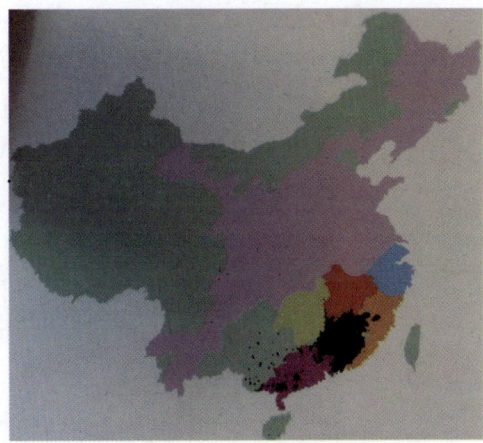

浅紫色为普通话区，天蓝色为吴语区，红色为江西话区，黄色为湖南话区，紫红色为广东话区，墨绿色为客家话区，橙色为福建话区，草绿色为其他区。The light purple area is Putong Hua, the light blue area is Wu Chinese, the red area is Jiangxi Hua, the yellow is Hunan hua, the purplish red is Cantonese, the dark green is Hakka Chinese, the orange is Fujian Hua(Hokenese), and the grass green is other dialects and the languages of minority people.

5 小组活动：这些标牌你看得懂吗？

Pair work: can you understand the following signs?

在旅游景点经常有一些标牌，告诉我们什么能做，什么不能做。请看下面这些标牌，哪些标牌你能看懂，哪些看不懂？然后彼此交流一下。There are usually signs in tourist spots, telling the tourists what they can do, and what they cannot do. Look at the following signs. Can you understand them? Now work in pairs. Tell each other if you can understand the signs.

要是你能看懂，请告诉同伴"我看得懂这个"；要是你觉得自己不能看懂，请回答"我看不懂这个"。Please say "Wǒ kàn de dǒng zhège" if you can understand, and say "Wǒ kàn bu dǒng zhège" if you cannot understand.

6 大声朗读句子，想一想这些句子的意思

Read the following sentences aloud, and think about the meaning of the sentences

(1) 还是 去看 电影 吧。
　　Háishì qù kàn diànyǐng ba.

(2) 现在 正在 上演 一部 功夫片。
　　Xiànzài zhèngzài shàngyǎn yí bù gōngfupiàn.

(3) 你的 酒量 越来越 大了。
　　Nǐ de jiǔliàng yuèláiyuè dà le.

(4) 来，为 我们 的 重逢 干 杯。
　　Lái, wèi wǒmen de chóngféng gān bēi.

(5) 可惜 他们 说 的 是 汉语，你 可能 听 不 懂。
　　Kěxī tāmen shuō de shì Hànyǔ, nǐ kěnéng tīng bu dǒng.

二、身在其中 IN THE SCENE

1 情景对话 1 Scene 1

◎（马丁跟王海商量去做什么 Martin is discussing with Wang Hai what they are going to do）

（1）听一遍对话一录音。听后回答下列问题
Look at the picture and listen to the recording once. Then answer the questions

> 王海建议马丁和他做什么？（What is Wang Hai's suggestion for Martin and him?）
> 马丁建议孩子们做什么？(What is Martin's suggestion for the kids?)

（2）听录音，判断下面的说法是否正确
Listen to the recording and judge if the following statements are correct according to Dialogue 1

① 想 喝 酒 可以 去 后海 的 酒吧。　　□
　Xiǎng hē jiǔ kěyǐ qù Hòuhǎi de jiǔbā.

② 李莉 打算 (to plan to) 带 艾玛 和 孩子们 去 逛 街。　　□
　Lǐ Lì dǎsuan dài Àimǎ hé háizimen qù guàng jiē.

③ 麦克 和 小明 都 喜欢 中国 电影。　　□
　Màikè hé Xiǎomíng dōu xǐhuan Zhōngguó diànyǐng.

（3）朗读对话一：注意发音和语气
Please read Dialogue 1 aloud, and pay attention to the pronunciation and tone

> 王海： 后海 有 很 多 酒吧，我们 到 那儿 去 坐坐。
> Wáng Hǎi: Hòuhǎi yǒu hěn duō jiǔbā, wǒmen dào nàr qù zuòzuo.
>
> 马丁： 好。孩子们 怎么办？
> Mǎdīng: Hǎo. Háizimen zěnmebàn?
>
> 王海： 李莉 要 带 艾玛 和 孩子们 去 逛 街。
> Wáng Hǎi: Lǐ Lì yào dài Àimǎ hé háizimen qù guàng jiē.
>
> 马丁： 还是 让 他们 去 看 电影 吧。现在 正在 上演 一 部
> Mǎdīng : Háishì ràng tāmen qù kān diànyǐng ba. Xiànzài zhèngzài shàngyǎn yí bù
>
> 功夫片， 麦克 一直 说 要 看。
> gōngfupiàn, Màikè yìzhí shuō yào kàn.
>
> 王海： 好 啊。小明 也 喜欢 中国 功夫。
> Wáng Hǎi: Hǎo a. Xiǎomíng yě xǐhuan Zhōngguó gōngfu.

2 情景对话 2 Scene 2

◎（马丁和王海在酒吧 Martin and Wang Hai are in the bar）

（1）听录音，判断下面的说法是否正确
Listen to the recording and judge if the following statements are correct according to Dialogue 2

① 马丁 喜欢 青岛 啤酒。 ☐
Mǎdīng xǐhuan Qīngdǎo píjiǔ.

② 两 瓶 酒 够 了。 ☐
Liǎng píng jiǔ gòu le.

③ 王 海 的 酒量 不 大。 ☐
Wáng Hǎi de jiǔliàng bú dà.

（2）听第二遍录音，一边听一边跟说。然后请根据对话内容，完成下面的句子
Listen to the recording for the second time, and repeat while listening. Then complete the following conversation according to Dialogue 2

马丁 Mǎdīng
你 的 酒量＿＿＿＿＿＿。
Nǐ de jiǔliàng ＿＿＿＿＿＿.

王海 Wáng Hǎi
酒逢知己千杯少嘛。＿＿＿＿＿＿。
Jiǔ féng zhījǐ qiān bēi shǎo ma. ＿＿＿＿＿＿.

（3）朗读对话二：注意发音和语气
Please read Dialogue 2 aloud, and pay attention to the pronunciation and tone

王海： 喝 什么 酒？
Wáng Hǎi: Hē shénme jiǔ?

马丁： 来 两 瓶 青岛 啤酒。
Mǎdīng: Lái liǎng píng Qīngdǎo píjiǔ.

王海： 两 瓶 怎么 够？咱们 十 年 没 见 了。
Wáng Hǎi: Liǎng píng zěnme gòu? Zánmen shí nián méi jiàn le.

马丁： 你 的 酒量 越来越 大 了。
Mǎdīng: Nǐ de jiǔliàng yuèláiyuè dà le.

王海： 酒 逢 知己 千杯 少 嘛。来，为 我们 的 重逢
Wáng Hǎi: Jiǔ féng zhījǐ qiān bēi shǎo ma. Lái, wèi wǒmen de chóngféng

干 杯。
gān bēi.

3 情景对话 3 Scene 3

◎（看完电影以后，麦克和小明聊这部电影 After seeing the movie, Mike and Xiaoming are talking about it）

（1）听一遍对话三录音。听后回答下列问题
Listen to the recording once. Then answer the questions

> 如果你觉得电影不错，你会怎么说？(What will you say if you think the movie is terrific?)
> 如果你觉得遗憾，可以用哪个词表示？(Which word will you use to express a regretful mood?)
> "没关系"还可以怎么说？(What is the interchangeable expression for "méi guānxi?")

（2）朗读对话三：注意发音和语气
Please read Dialogue 3 aloud, and pay attention to the pronunciation and tone

麦克：　　电影　太　棒　了。他们　的　动作　多　酷。
Màikè:　　Diànyǐng tài bàng le. Tāmen de dòngzuò duō kù.

小明：　　可惜　他们　说　得　太　快　了，你　可能　听　不　懂。
Xiǎomíng: Kěxī tāmen shuō de tài kuài le, nǐ kěnéng tīng bu dǒng.

麦克：　　没　什么。功夫片　嘛，故事　不　重要。
Màikè:　　Méi shénme. Gōngfupiàn ma, gùshi bú zhòngyào.

小明：　　你　现在　是　不　是　想　学　功夫　了？
Xiǎomíng: Nǐ xiànzài shì bu shì xiǎng xué gōngfu le?

> 提示：
> "没什么"意思是"没关系"。
> "méi shénme" means "it doesn't matter".

（3）两人一组，介绍一下上面的情景对话，可以增加感兴趣的内容
Pair work: try to transform the dialogues above into a narrative paragraph. You could add other related information into your story as much as you can

后海　有_____，王　海　和　马丁　在　那儿　找了　一　家　酒吧，
Hòuhǎi yǒu_____, Wáng Hǎi hé Mǎdīng zài nàr zhǎole yì jiā jiǔbā,

坐　下来　喝　酒　聊　天儿。他们　先_____，喝完　再要。酒　逢　知己　千　杯
zuò xialai hē jiǔ liáo tiānr. Tāmen xiān_____, hēwán zài yào. Jiǔ féng zhījǐ qiān bēi

少。王　海　的　酒量_____，老　朋友　见　面，喝　得_____。
shǎo. Wáng Hǎi de jiǔliàng_____, lǎo péngyou jiàn miàn, hē de_____.

三、发现语言现象 FINDING GRAMMAR POINTS

与同伴研究一下，下面的句子有什么特点。你还可以说出这样的句子吗？
Try to find language points in the following sentences with your partner. Could you figure out the meaning and function of the patterns by yourself? Can you make similar sentences with the points?

★ 还是……吧

这一句式用来表示经过比较和思考以后，认为某种选择更好。常用于面临多种选择进行回答的时候。The pattern is used to denote a preference after comparing and considering. It is often used when answering which is the preferable choice, meaning "had better" or "I prefer".

A: 我们 坐 地铁 还是 打 车?
Wǒmen zuò dìtiě háishi dǎ chē?

B: 还是 打 车 吧。打 车 快。
Háishi dǎ chē ba. Dǎ chē kuài.

A: 谁 去?
Shuí qù?

B: 还是 你 去 吧。你 认识 路。
Háishi nǐ qù ba. Nǐ rènshi lù.

请用"还是……吧"句式回答下面的问题 Please answer the following questions with the pattern "háishi...ba"

① 去旅行可以坐高铁也可以坐普通火车，你觉得怎么去更好？为什么？ We can go for a trip either by High Speed Railway or by Ordinary Railway. What do you prefer? Why?

_____

② 咖啡有大杯、中杯和小杯的，你喝哪种？为什么？ They have large, medium, and small cups for coffee, which one do you prefer? Why?

_____

③ 星期六去逛街，我上午去或者下午去都可以。你想什么时候去？为什么？ We will go shopping on Saturday. Morning and afternoon are both OK for me. When do you prefer? Why?

_____

★ "正在"用在动词前表示动作正在进行。句子的末尾可以加上"呢"。此外，只在句子末尾加上"呢"也可以表示动作的进行。The adverb "正在" is used before the verb to signify an action in progress. "呢" can be added at the end of the sentence. In addition, a sentence with "呢" at the end only has the meaning that something is going on right now.

句式如下 The patterns are as follows:

S　正在　+　动词（呢）
S　zhèngzài +　V. (ne)

S　+　动词　+　呢
S　+　V.　+　ne

小红　　　正在　　上　网　呢。
Xiǎohóng　zhèngzài shàng wǎng ne.

马丁　一　家　正在　　中国　旅行 呢。
Mǎdīng yì　jiā zhèngzài Zhōngguó lǚxíng ne.

外面　　下　雨　呢。
Wàimiàn xià yǔ ne.

表示否定的方式如下："没 +（在）+ V."。"没" can be placed before the verb to indicate negation.

我 没 在 睡 觉，我 听 音乐 呢。
Wǒ méi zài shuì jiào, wǒ tīng yīnyuè ne.

我 没 在　 上 网，我 学习 呢。
Wǒ méi zài shàng wǎng, wǒ xuéxí ne.

我的句子 My sentences

★ "怎么"用于反问句，强调与字面相反的意思。"怎么" is used in rhetorical questions, emphasizing the contrary meaning.

A: 去　中国　旅行 两　天　够 不　够?
　　Qù Zhōngguó lǚxíng liǎng tiān gòu bu gòu?

B: 两　天　怎么 够? 太 短 了。
　　Liǎng tiān zěnme gòu? Tài duǎn le.

A: 骑 自行车　去　吧。
　　Qí zìxíngchē qù ba.

B: 那　怎么 行? 外面　正在 下 雨 呢。
　　Nà zěnme xíng? Wàimiàn zhèngzài xià yǔ ne.

A: 写完 作业我能不能 上 会儿 网?
Xiěwán zuòyè wǒ néng bu néng shàng huìr wǎng?

B: 怎么 不 能? 当然 可以。
Zěnme bù néng? Dāngrán kěyǐ.

试用"怎么"回答下面的问题 Try to answer the following questions with "zěnme"

① 你觉得五个人三个菜够不够吃? Do you think 3 dishes for 5 people are enough to eat?

_____

② 孩子直接对奶奶说"出去",可以吗? Can children say "Get out" to grandma directly?

_____

③ 小明今年 10 岁, 我想请他喝一杯白酒, 行不行? Xiaoming is ten years old. I am going to treat him a glass of Chinese wine. Is that OK?

_____

★ 越来越 + 形容词, more and more adj.
　yuèláiyuè + adj.

年纪 越来越 大, 脑子 越来越 不 好 了。
Niánjì yuèláiyuè dà, nǎozi yuèláiyuè bù hǎo le.

天气 越来越 热 了。
Tiānqì yuèláiyuè rè le.

★ 在"越来越"的句子里,形容词前不能再使用"很、非常"等程度副词。Adverbs of degree such as "很、非常" cannot be used before the adjectives in sentences with "越来越".

下面的句子对不对? Are the following sentences correct?

① 东西 越来越 很贵了。　　　　　　　(　　)
　Dōngxi yuèláiyuè hěn guì le.

② 喜欢 功夫 的人 越来越 非常 多。　　(　　)
　Xǐhuan gōngfu de rén yuèláiyuè fēicháng duō.

★ 可能补语 Potential complement
　可能补语的常见形式是"得 + 动词 / 形容词",用在动词后。表示有能力做某事或有可能完成某事。其否定形式为"不 + 动词 / 形容词"。The complement of potential, positioned after the verb, is used to indicate ability, capability, possibility, and feasibility. The most common complement of potential is "得 + verb/adj.", which is placed right after the verb. The negative form "不 + verb/adj." does not need 得.

我 听 得 懂 老师 的 话。 I listen and can understand the teacher's words.
Wǒ tīng de dǒng lǎoshī de huà.

我 听 不 懂 老师 的 话。I listen and can't understand the teacher's words.
Wǒ tīng bu dǒng lǎoshī de huà.

A: 这么 大 的 字,您 看 得 见 吗?
　　Zhème dà de zì, nín kàn de jiàn ma?

B: 太 小 了,看 不 见。
　　Tài xiǎo le, kàn bu jiàn.

A: 30 个 饺子,你 吃 得 完 吗?
　　Sānshí ge jiǎozi, nǐ chī de wán ma?

B: 没 问题,吃 得 完。
　　Méi wèntí, chī de wán.

疑问的形式如下 The question forms are as follows:

A: 今年 春节 你 回 得 来 吗?
　　Jīnnián Chūnjié nǐ huí de lái ma?

　　(或者)今年 春节 你 回得 来 回 不来?
(or)　Jīnnián Chūnjié nǐ huí de lái huí bu lái?

B: 对不起,妈妈,我 回 不 去 了。
　　Duìbuqǐ, māma, wǒ huí bu qù le.

下面的意思用可能补语怎么说? How do you express the following meanings with potential complement?

① 你觉得点的菜太多了,不可能吃完。You think that the dishes ordered are too much to eat.

_____

② 你觉得山太高了,不可能上去。You think the hill is too high to climb up.

_____

③ 告诉别人你工作太忙了,不可能出去。Tell others that you are too busy to go out.

_____

想一想,还有什么问题? Do you have other questions?

第 16 课　为我们的重逢干杯

四、记忆、巩固和提升 MEMORIZE, CONSOLIDATE, AND UPGRADE

两人一组，先认读方框中的词语，然后互问互答
Pair work: please recognize the expressions in the box with your partner. One asks questions according to the parts underlined, and the other answers questions

1. A: 怎么办 好 呢?
   Zěnmebàn hǎo ne?

   B: 还是 <u>看 场 电影</u> 吧。
   Háishi kàn chǎng diànyǐng ba.

   > 休息一下　xiūxi yíxià
   > 九点出发　jiǔ diǎn chūfā
   > 喝点儿咖啡　hē diǎnr kāfēi

2. A: <u>两 瓶</u> 够 吗?
   Liǎng píng gòu ma?

   B: <u>两 瓶</u> 怎么 够? 有 这么 多 人 呢。
   Liǎng píng zěnme gòu? Yǒu zhème duō rén ne.

   > 十块钱　shí kuài qián
   > 两个电脑　liǎng ge diànnǎo
   > 三个菜　sān ge cài

3. A: <u>你的 酒量</u> 越来越 <u>大</u> 了。
   Nǐ de jiǔliàng yuèláiyuè dà le.

   B: 是 吗?
   Shì ma?

   > 身体　shēntǐ　　　好　hǎo
   > 东西　dōngxi　　　贵　guì
   > 经济 (economy)　jīngjì　糟糕 (bad) zāogāo

4. A: 来，为 <u>我们 的 重逢</u> 干 杯!
   Lái, wèi wǒmen de chóngféng gān bēi.

   B: 干 杯!
   Gān bēi!

   > 我们的友谊 (friendship) wǒmen de yǒuyì
   > 大家的健康 (health) dàjiā de jiànkāng
   > 公司的发展 (development) gōngsī de fāzhǎn

5. A: 你 听 得 懂 吗?
   Nǐ tīng de dǒng ma?

   B: 我 可能 听 不 懂。
   Wǒ kěnéng tīng bu dǒng.

   > 喝　hē　　完　wán
   > 记　jì　　住　zhù
   > 进　jìn　　去　qù

五、用汉语完成任务 TASKS IN CHINESE

（一）比手画脚：猜猜同学们正在做什么？想一想现在他们在哪儿？ Charades: let's guess what our classmates are doing, and where they are now

1. 四个同学一组，每个人从老师那儿分得一张写有动词的卡片。默读卡片上的动词，想想用什么动作把这个词表演出来。注意不要给别人看自己的卡片
Four students are in a group. Each student is given a card with a verb written on by the teacher. Read the word to yourself. Don't show your card to others

2. 小组内展示：四个同学之间相互做动作展示，并用下面的句式进行问答
   Group performance: do the actions in groups. Let's guess what our friends are doing now. Please try to use the following patterns

   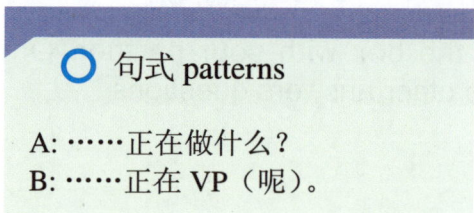
   ○ 句式 patterns

   A：……正在做什么？
   B：……正在 VP（呢）。

3. 猜猜在哪儿：四个动词都猜出来以后，根据这些动词，猜一猜你们小组现在在哪儿
   Location guessing: can you figure out where you could be according to the actions

   卡片提示

   第一组词

   | 学汉语 | 上课 |
   | 问问题 | 写汉字 |

   他们在：家

   第二组词

   | 划船 | 爬山 |
   | 走路 | 摄影 |

   他们在：家 / 宿舍 / 宾馆

   第三组词

   | 点菜 | 结账 |
   | 喝啤酒 | 吃烤鸭 |

   他们在：学校 / 教室

   第四组词

   | 点菜 | 打包 |
   | 吃面条 | 喝可乐 |

   他们在：公园

   第五组词

   | 做饭 | 煎鸡蛋 |
   | 洗澡 | 睡觉 |

   他们在：饭馆儿 / 餐厅

   第六组词

   | 吃早饭 | 喝咖啡 |
   | 看电视 | 睡觉 |

   他们在：饭馆儿 / 餐厅

第16课　为我们的重逢干杯

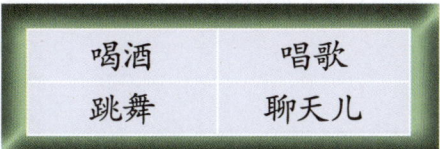

第七组词

喝酒	唱歌
跳舞	聊天儿

他们在：酒吧 / 家

第八组词

上车	下车
买票	看街景

他们在：公共汽车上

（二）小组活动：我们的周末计划 Pair work：our weekend plan

1. 在中国，你周末常常做什么？请写出三个你周末常做的娱乐活动
   What do you usually do on weekends in China? Please write down three entertainments which you prefer

   我周末常常 ①＿＿＿＿＿＿＿、②＿＿＿＿＿＿＿、③＿＿＿＿＿＿＿。

2. 这个周末你想做什么？请你制定一个一天的娱乐计划，最少要有三个项目 What are you going to do this weekend? Please make a one-day plan in which at least 3 items are included

   ＿＿＿＿（名字）星期六的计划

   1. ＿＿＿＿＿＿＿＿＿＿＿＿＿＿

   2. ＿＿＿＿＿＿＿＿＿＿＿＿＿＿

   3. ＿＿＿＿＿＿＿＿＿＿＿＿＿＿

3. 这个星期六要跟同伴一起度过，请根据各自的计划，商量出你们俩都同意的周末计划。You want to have this weekend with your partner. Now work in pairs, make a plan that you both agreed.

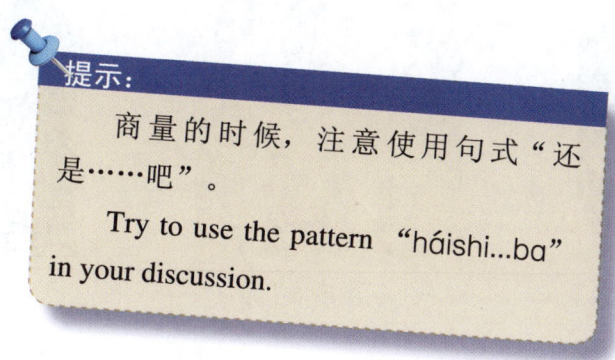

提示：

商量的时候，注意使用句式"还是……吧"。

Try to use the pattern "háishi...ba" in your discussion.

121

_____（名字）和_____（名字）星期六的计划

1. _____

2. _____

3. _____

4. 班级汇报：听一听大家的计划，看看你喜欢哪个
   Class report: let's share our plans, and find your favorite

（三）小组活动：看海报，选电影 Pair work: look at the following posters, and choose a movie

1. 猜一猜：请看下面的电影海报，猜一猜哪些电影是动作片
   Let's guess: look at the following posters, and guess which movies are action movies

A.《白雪公主》
Báixuě Gōngzhǔ

B.《功夫熊猫》
Gōngfu Xióngmāo

C.《功夫》
Gōngfu

E.《山楂树之恋》
Shānzhāshù Zhī Liàn

F.《卧虎藏龙》
Wòhǔ Cánglóng

G.《哈利波特》
Hālì Bōtè

第16课　为我们的重逢干杯

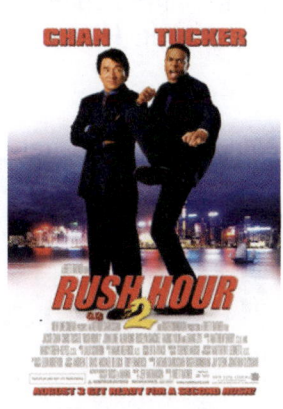
H.《尖峰时刻》
Jiānfēng Shíkè

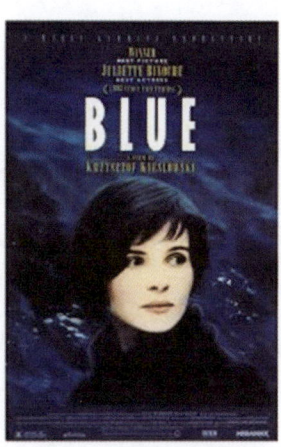
I.《蓝》
Lán

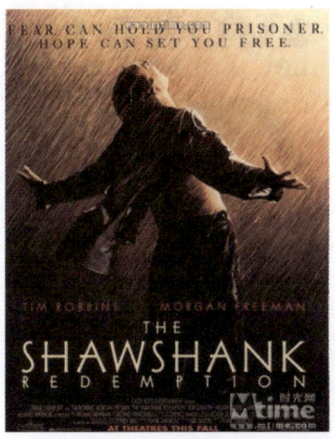
J.《肖申克的救赎》
Xiāoshēnkè de Jiùshú

K.《叶问》
Yè Wèn

L.《人在囧途》
Rén Zài Jiǒngtú

M.《中国合伙人》
Zhōngguó Héhuǒrén

2. 谈一谈：你喜欢看什么类型的电影？根据上面的电影海报，猜一猜这些电影属于什么类型
Let's talk: what type of movies do you like? Can you figure out what types the movies above are?

喜剧 comedy xǐjù	悲剧 tragedy bēijù	剧情片 drama jùqíngpiàn
恐怖片 korror kǒngbùpiàn	科幻片 science-fiction kēhuànpiàn	音乐片 musical yīnyuèpiàn
悬疑片 suspense thriller xuányípiàn	动画片 cartoon dònghuàpiàn	战争片 war film zhànzhēngpiàn
纪录片 documentary jìlùpiàn	爱情片 romance film àiqíngpiàn	犯罪片 crime film fànzuìpiàn

3. 选一选：现在你和同伴要一起去看电影，请你们从上面的电影中选一部两人都喜欢的
   Let's choose: now you are going to see a movie with your partner. Please choose one from the films above

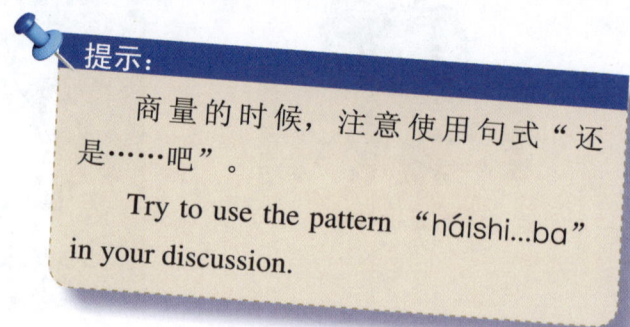

提示：
商量的时候，注意使用句式"还是……吧"。
Try to use the pattern "háishi...ba" in your discussion.

4. 班级汇报：你们俩打算去看什么电影？为什么选这部电影？
   Let's report: now tell the class which movie you choose, and why

（四）班级采访 Class interview

1. 请你先回答下面的问题，然后采访至少两个同学，最后填表
   Please answer the following questions, and then interview at least two classmates the same questions, and fill in the form with their answers

   (1) 你 爱看 什么 样 的 电影？
       Nǐ ài kàn shénme yàng de diànyǐng?

   (2) 你 喜 不 喜欢 看 功夫片？
       Nǐ xǐ bu xǐhuan kàn gōngfupiàn?

   (3) 你 看 过 的 最 棒 的 电影 是 什么？
       Nǐ kànguo de zuì bàng de diànyǐng shì shénme?

   (4) 最近 正在 上演 什么 电影？你 想 去 看 吗？
       Zuìjìn zhèngzài shàngyǎn shénme diànyǐng? Nǐ xiǎng qù kàn ma?

问题 名字	你爱看什么样的电影？	你喜不喜欢看功夫片？	你看过的最棒的电影是什么？	最近正在上演什么电影？你想去看吗？
1. 我自己 wǒ zìjǐ				
2.				
3.				

2. 请根据一位同学的回答，介绍一下他／她喜欢的电影
   Please introduce one student's hometown according to the answer

   _____爱看_____电影，他_____功夫片。他 看过 的 最 棒 的 电影
         ài kàn   diànyǐng, tā   gōngfupiàn. Tā kànguo de zuì bàng de diànyǐng

124

是_____。最近 正在 上演_____，他_____去 看。
shì　　　　　　　Zuìjìn zhèngzài shàngyǎn　　　　　tā　　　　　　qù kàn.

（五）角色扮演：为我们的重逢干杯！ Role play：Cheers! For our reunion!

1. 任务信息：两个同学一组，每组从老师处得到一张卡片，卡片上有以下信息
   Task information: work in pairs, get a card from your teacher, and find the following information on the card

   （1）你们俩的关系 The relationship between you and your partner

   （2）你们多长时间没见面了？ How long have you not seen each other?

2. 任务要求：根据上述信息做一段对话
   Requirement: make a conversation according to the information above

   > 提示：
   > 你们好长时间没见面了，现在在中国重逢了。想一想你们会说什么？会去哪儿？会做什么？ You haven't seen each other for a long time. Now you meet again in China. Think about what you will say, where you will go, and what you will do.

3. 班级表演：向老师和同学表演一下
   Perform your conversation before the class

中学最好的朋友 十年没见面了	以前的公司同事，也是好朋友 三年没见面了
以前的男朋友/女朋友 五年没见面了	爷爷和孙子/孙女 两年没见面了
奶奶和孙子/孙女 两年没见面了	你最喜欢的汉语老师 一年半没见面了

> 给老师的提示：
> 卡片上的信息教师可根据本班情况酌情修改。

六、用语言做事 REAL LIFE ACTIVITIES

（一）语言准备 Language preparation

1. 听写并朗读这些句子
   Dictation: please write down five sentences. Read aloud these sentences and memorize them

   （1）_____

   （2）_____

   （3）_____

   （4）_____

   （5）_____

2. 完成下列句子
   Complete the following sentences

   （1）电影 很 有意思，可惜_____。
   　　 Diànyǐng hěn yǒu yìsi, kěxī_____

   （2）那个 公园 很 美，可惜_____。
   　　 Nàge gōngyuán hěn měi, kěxī_____

   （3）我 去过 很 多 国家 和 城市，可惜_____。
   　　 Wǒ qùguo hěn duō guójiā hé chéngshì, kěxī_____

   （4）她 唱得 很 好，可惜_____。
   　　 Tā chàngde hěn hǎo, kěxī_____

   （5）他 非常 聪明，可惜_____。
   　　 Tā fēicháng cōngming, kěxī_____

3. 完成对话
   Complete the following dialogues

   （1）A：昨天 我 给 你 打 电话 的 时候，你 在 做 什么 呢？
   　　 　 Zuótiān wǒ gěi nǐ dǎ diànhuà de shíhou, nǐ zài zuò shénme ne?

   　　 B：_____。（正在）
   　　 　 _____. (zhèngzài)

第 16 课　为我们的重逢干杯

(2) A: 你 说 我 买 哪件 好?
　　　Nǐ shuō wǒ mǎi nǎ jiàn hǎo?

　　B: 红　 的　漂亮。_____。（还是……吧）
　　　Hóng de piàoliang. _____. (háishi ... ba)

(3) A: 喝点儿 白酒, 怎么 样?
　　　Hē diǎnr báijiǔ, zěnmeyàng?

　　B: 白酒 太 辣。_____。（还是……吧）
　　　Báijiǔ tài là. _____. (háishi ... ba)

(4) A: 买　 这么 点儿 东西 就 花了 100 块。
　　　Mǎi zhème diǎnr dōngxi jiù huāle yì bǎi kuài.

　　B: 可不是。_____。（越来越）
　　　kěbùshi, _____. (yuèláiyuè)

(5) A: 你 妈妈 身体 怎么样 了?
　　　Nǐ māma shēntǐ zěnmeyàng le?

　　B: 休息 了 一 个 星期, 现在_____。（越来越）
　　　Xiūxi le yí ge xīngqī, xiànzài _____. (yuèláiyuè)

4. 用包含可能补语的反问句完成句子
   Complete the sentences with rhetorical question containing the complement of potentiality

   例 Example: 你 说 得太 快 了, 我 怎么 听得 懂 呢?
   　　　　　　Nǐ shuō de tài kuài le, wǒ zěnme tīng de dǒng ne?

(1) A: 来 五 瓶 啤酒。
　　　Lái wǔ píng píjiǔ .

　　B: 这么 多 啤酒, _____?
　　　Zhème duō píjiǔ, _____?

(2) A: 坐 在 这儿 吧!
　　　Zuò zài zhèr ba!

　　B: 前面 的 人 太 高 了, _____?
　　　Qiánmiàn de rén tài gāo le, _____?

(3) A: 我 说, 你 记。
　　　Wǒ shuō, nǐ jì.

　　B: 你的 句子 太 长 了, _____?
　　　Nǐ de jùzi tài cháng le, _____?

127

(4) A: 汽车 开 (to drive) 进去 吧!
   Qìchē kāi jìnqu ba!

   B: 这么 窄 的 路, _____?
   Zhème zhǎi de lù, _____?

(5) A: 出去 吃 个 饭 吧!
   Chūqu chī ge fàn ba!

   B: 最近 太 忙 了, _____?
   Zuìjìn tài máng le, _____?

（二）社会扩展活动：我的中国日记 Social activities: my Chinese diary

我在中国看电影 Seeing movies in China

你看过中国电影吗？来中国以后，你在电影院看过电影吗？要是没看过，请找一个电影院看一部电影。别忘了给电影的海报拍一张照片。Have you seen Chinese movies? Did you see movies in the cinema after coming to China? If not, please find a cinema nearby to watch a movie. Remember to take a picture of the movie poster.

看完电影以后，你能否回答下面的问题？Can you answer the following questions after seeing movies?

1. 在 中国 看 电影， 多少 钱 一 张 票?
   Zài Zhōngguó kàn diànyǐng, duōshao qián yì zhāng piào?

2. 最近 有 外国 电影 上演 吗? 是 什么 电影?
   Zuìjìn yǒu wàiguó diànyǐng shàngyǎn ma? Shì shénme diànyǐng?

3. 中国 电影 的 票 跟 外国 电影 的 票, 钱 一样 多 吗?
   Zhōngguó diànyǐng de piào gēn wàiguó diànyǐng de piào, qián yíyàng duō ma?

4. 在 电影院 能 不 能 吃 东西?
   Zài diànyǐngyuàn néng bu néng chī dōngxi?

5. 你 看 的 是 哪 国 电影? 叫 什么 名字?
   Nǐ kàn de shì nǎ guó diànyǐng? Jiào shénme míngzi?

6. 他们 说 的 是 汉语 吗? 他们 说 得 快 不 快?
   Tāmen shuō de shì Hànyǔ ma? Tāmen shuō de kuài bu kuài?

   你 听 得 懂 听 不 懂?
   Nǐ tīng de dǒng tīng bu dǒng?

7. 你 觉得 这 部 电影 怎么样? 故事 有 意思 吗?
   Nǐ juéde zhè bù diànyǐng zěnmeyàng? Gùshi yǒu yìsi ma?

8. 你 看到 这 部 电影 的 海报 (poster) 了 吗?
   Nǐ kàndao zhè bù diànyǐng de hǎibào le ma?

七、词语库 WORDS AND EXPRESSIONS

（一）生词表 New words list

1.	酒吧	jiǔbā	（名）	bar (for alcohol drinks), pub
2.	孩子	háizi	（名）	child
3.	办	bàn	（动）	to do or to handle something, to deal with
4.	逛街	guàng jiē		to stroll along the street, to go window shopping
5.	电影	diànyǐng	（名）	film, movie
6.	正在	zhèngzài	（副）	in the process of, in the course of
7.	上演	shàngyǎn	（动）	(of operas, dances, movies) to put on the stage
8.	部	bù	（量）	a measure-word for books, films, machines, vehicles
9.	功夫	gōngfu	（名）	Kung Fu, also referred to by the Mandarin Chinese term Wushu, a number of fighting styles that have developed over the centuries in China
10.	功夫片	gōngfupiàn	（名）	action movie, kung fu film
11.	酒	jiǔ	（名）	any alcoholic drinks including beers, liquors, liqueurs, and wines
12.	啤酒	píjiǔ	（名）	beer
13.	够	gòu	（动）	to suffice
14.	酒量	jiǔliàng	（名）	one's capacity for liquor
15.	越来越	yuèláiyuè		more and more
16.	逢	féng	（动）	to meet, to come upon
17.	知己	zhījǐ	（名）	intimate friend
18.	千	qiān	（数）	thousand
19.	杯	bēi	（名/量）	cup
20.	为	wèi	（介）	for the purpose of, for the sake of
21.	重逢	chóngféng	（动）	to meet again, to re-encounter, to have a reunion
22.	干杯	gān bēi		to drink a toast (which calls for the emptying of the drink)
23.	棒	bàng	（形）	wonderful, excellent
24.	动作	dòngzuò	（名）	motion, action
25.	酷	kù	（形）	cool, awesome
26.	可能	kěnéng	（形）	possible
27.	听	tīng	（动）	to listen, to hear
28.	懂	dǒng	（动）	to understand, to comprehend, to know
29.	故事	gùshi	（名）	story
30.	重要	zhòngyào	（形）	important, significant

专有名词 Proper Nouns

1. 后海	Hòuhǎi	a lake and its surrounding district in central Beijing, one of the three parts of Shichahai. In recent years it has become famous for nightlife because it is home to several popular restaurants, bars, and cafes. The area is especially popular with foreign tourists visiting Beijing, but is also often visited by the younger locals.
2. 青岛	Qīngdǎo	Qingdao, a major city in eastern Shandong province, Eastern China. The character "Qing" in Chinese means "green", while the character "dao" means "island". Qingdao is a major seaport. It is also the site of the Tsingtao Brewery. In 2009, Qingdao was named China's most livable city.

（二）相关链接

查查词典，看看它们是什么意思
Look up the dictionary and find the meanings of the following words

娱乐活动 yúlè huódòng entertainment	意思 yìsi meaning	娱乐活动 yúlè huódòng entertainment	意思 yìsi meaning
听音乐 tīng yīnyuè		聚会 jùhuì	
唱京剧 chàng jīngjù		滑雪 huá xuě	
唱卡拉ok chàng kǎlā ok		旅游 lǚyóu	
看小说 kàn xiǎoshuō		泡温泉 pào wēnquán	
看动漫 kàn dòngmàn		郊外烧烤 jiāowài shāokǎo	
看球赛 kàn qiúsài		海边晒太阳 hǎibiān shài tàiyáng	

从相关链接中选出五个对你最有用的词，写一写
Please select five useful words in the *Related links* above, and write in the following blanks

1. _____ 2. _____ 3. _____ 4. _____ 5. _____

八、生活剪影 LIFE SKETCH

干 杯
Gān bēi

朋友们在一起喝酒，当然常常会说"干杯"。但是，很多时候并不是一定要把杯子里的酒都喝完，也就是"干"了，否则你马上就该喝醉了。"干杯"一般表示的意思是："来，喝一口！"离开时最后的那一句"干杯"是真正的"干杯。"

部分练习参考答案 KEY TO SOME EXERCISES

一、4. 汉语的方言 The answer of the Chinese dialect

这句话是：我不喜欢喝酒，我喜欢喝茶。

六、（一）1. "听写并朗读这些句子"答案 The answer of dictation

（1）还是去看电影吧。
（2）现在正在上演一部功夫片。
（3）你的酒量越来越大了。
（4）来，为我们的重逢干杯。
（5）可惜他们说得太快了，你可能听不懂。

第 17 课

我是来看恐龙的

一、语言热身 LET'S WARM UP!

我的词典 MY DICTIONARY

1 找到与"我的词典"中的词语相对应的图片,然后朗读词语
Please match the words in *My Dictionary* with the corresponding pictures, and read these words aloud

a. 足球 / zúqiú / soccer, association football
b. 球场 / qiúchǎng / a ground where ball games are played
c. 球门 / qiúmén / goal, football gate
d. 足球比赛 / zúqiú bǐsài / football match
e. 球队 / qiúduì / football team
f. 队员 / duìyuán / team member
g. 守门员 / shǒuményuán / goal keeper
h. 球迷 / qiúmí / (ballgame) fan

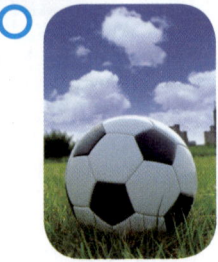

2 朗读下列足球比赛用语，然后找到这些用语相对应的图片
Read the following football match words aloud, and match them with the corresponding pictures

足球比赛用语 Football-match words
a. 踢足球 / tī zúqiú / to play football
b. 射门 / shè mén / to shoot (at the goal)
c. 守门 / shǒu mén / to keep goal
d. 进球 / jìn qiú / to score a goal
e. 赢 / yíng / to win
f. 输 / shū / to lose

3 找一找，写一写，说一说
Let's find, write, and speak

（1）找一找：在"我的词典"和"足球比赛用语"中，有两个汉字出现的次数最多，请找出来写在下面。Finding: check the words and expressions in "My Dictionary" and "Football-Match Words", find the two characters with which the most words and expressions are formed. Write the two characters below.

A. _____   B. _____

（2）写一写：由下面汉字构成的词或短语你能记住几个？请写出来，保存在记忆框里
Writing: recall the expressions with the following two characters, write in the boxes, and keep in your memory box

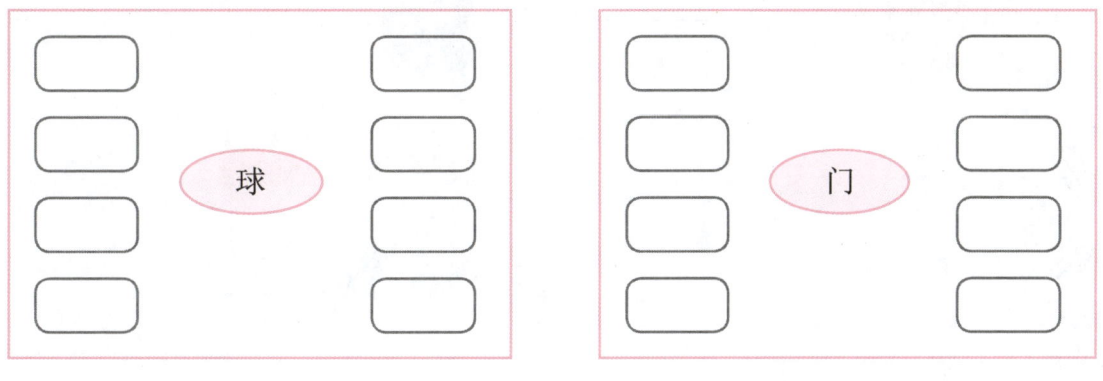

Memory A   Memory B

（3）头脑风暴：两个同学一组，轮流说出含有这两个汉字的词语或短语，看看谁记住的更多 Brain storm: now work in pairs, say words or expressions which are formed with the 2 characters by turn

4 讨论足球比赛
Let's talk about the football match

（1）看国旗，听录音，把拼音写在横线上 Look at the following national flags, listen to the recording, and write the names of countries in Pinyin on the blanks

例 Example:

准备好了吗？我们开始吧。Are you ready? Let's begin.

你们国家的国旗 Your national flag	你们国家的国名 Your country name

(2) 看图片，说一说比赛的情况 Look at the pictures and talk about the results

例 Example:
Āgēntíng 队一比二输给了 Bāxī 队

1.

2.

发现：交际汉语入门（下）

3.
4.

5 下列球类运动用汉语怎么说？请找出最后一个运动项目与其他七个项目的不同
How do you say the following ball-games in Chinese? Find the difference between the last item and the other seven

A. _____

B. _____

C. _____

D. _____

E. _____

F. _____

G. _____

H. _____

 提示：

在球类运动中，需要用手的运动，动词用"打"，如"打篮球""打网球"。想一想"足球"的动词应该用什么？
The verb "play" is translated into "打 dǎ" for ball-games by hands, e.g. dǎ lánqiú (paly basketball), dǎ wǎngqiú(paly tennis). Which verb is with football?

136

6 大声朗读句子，想一想这些句子的意思
Read the following sentences aloud, and think about the meaning of the football sentences

(1) 除了 两 三个 传统 节目外，都是新的。
　　Chúle liǎng sān ge chuántǒng jiémù wài, dōu shì xīn de.

(2) 今天 非赢 不可了。
　　Jīntiān fēi yíng bù kě le.

(3) 他们 零比三 输给了 东方队。
　　Tāmen líng bǐ sān shūgěi le Dōngfāngduì.

(4) 今年 再 输 的话，就 太 对不起 球迷 了。
　　Jīnnián zài shū dehuà, jiù tài duìbuqǐ qiúmí le.

(5) 我 是 来 看 恐龙 的。
　　Wǒ shì lái kàn kǒnglóng de.

二、身在其中 IN THE SCENE

1 情景对话 1 Scene 1

◎（艾玛在剧场大厅，准备看杂技演出 Emma is in the theater hall, waiting for the acrobatic performances）

**剧场杂技节目单

开幕式	Opening ceremony
拍球	Ball catching
软钢丝	Soft step rope balancing
绸吊	The silk rope hanging
空竹	Diabolos
台圈	Hoop diving on the table
中场休息	Interval
爬杆	Two vertical poles
单手顶	One handed handstand
跳板	Springboard
滚杯	Contortionists with glasses
车技	Bicycle skills
谢幕式	Closing ceremony

发现：交际汉语入门（下）

（1）热身活动：看图回答问题
To warm up: look at the picture and answer questions

> 这是什么？（What is this?）
> 一共有多少个节目？(How many performances are there in all?)
> 第一个节目是什么？最后一个节目呢？(What is the first performance? What is the last one?)

（2）听录音，听后回答下列问题
Listen to the recording and answer the following questions

> 这些节目都是新的吗？（Are all these performances new or original?）
> 艾玛为什么说"运气不错"？（Why did Emma say that they were "lucky"?）

（3）听第二遍录音，一边听一边跟说。然后请根据对话内容，完成下面的句子
Listen to the recording for the second time, and repeat while listening. Then complete the following conversation according to Dialogue 1

艾玛 Àimǎ
> 这个 我_____。
> Zhège wǒ_____.

剧场人员 Jùchǎng rényuán
> 这 是 我们 得奖 的 节目，非常 棒。
> Zhè shì wǒmen dé jiǎng de jiémù, fēicháng bàng.

（4）朗读对话一，注意发音和语气
Read Dialogue 1 aloud, and pay attention to the pronunciation and tone

艾玛： 有 节目单 吗?
Àimǎ: Yǒu jiémùdān ma?

剧场人员： 有。您 看看，除了 两 三 个 传统 节目 外，都
Jùchǎng rényuán: Yǒu. Nín kànkan, chúle liǎng sān ge chuántǒng jiémù wài, dōu
是 新 的。
shì xīn de.

艾玛： 这个 我 在 电视 上 看过 介绍。
Àimǎ: Zhège wǒ zài diànshì shang kànguo jièshào.

剧场人员：	这是我们得奖的节目，非常棒。
Jùchǎng rényuán:	Zhè shì wǒmen dé jiǎng de jiémù, fēicháng bàng.

艾玛：	我们的运气不错。
Àimǎ:	Wǒmen de yùnqi búcuò.

2 情景对话 2 Scene 2

◎（马丁在体育馆看足球比赛 Martin is watching a football match in the stadium）

（1）听录音，判断下面的说法是否正确
Listen to the recording and judge if the following statements are correct according to Dialogue 2

① 今天国华队队员的状态不错。
Jīntiān Guóhuáduì duìyuán de zhuàngtài búcuò. □

② 去年国华队输了。
Qùnián Guóhuáduì shū le. □

③ 今年国华队希望再赢。
Jīnnián Guóhuáduì xīwàng zài yíng. □

（2）根据对话二回答下列问题
Answer the following questions according to Dialogue 2

夸奖队员踢得好，怎么说？(How do you praise the players "well done"?)
球迷们特别生气，用夸张的口气怎么说？(How do you express that the fans are angry badly?)
想表示"今天一定要赢"可以怎么说？(Can you express "We must win today" in a different way?)

（3）朗读对话二：注意发音和语气
Please read Dialogue 2 aloud, and pay attention to the pronunciation and tone

观众：	射门。好球！
Guānzhòng:	Shè mén. Hǎo qiú!

> 这是球类运动员表现好时观众常用的欢呼语。
> Audience often use "hǎo qiú" when ball-players perform well.

马丁：	今天国华队队员的状态不错啊。
Mǎdīng:	Jīntiān Guóhuáduì duìyuán de zhuàngtài búcuò a.

观众： Guānzhòng:	是啊。去年 他们 零 比 三 输给 了 东方队， 球迷们 Shì a. Qùnián tāmen líng bǐ sān shūgěi le Dōngfāngduì, qiúmímen 都 气 坏 了。 dōu qìhuài le.
马丁： Mǎdīng:	那 他们 今天 非 赢 不可 了。 Nà tāmen jīntiān fēi yíng bù kě le.
观众： Guānzhòng:	可不是 嘛。今年 再 输 的话，就 太 对不起 球迷 了。 kěbùshi ma. Jīnnián zài shū dehuà, jiù tài duìbuqǐ qiúmí le.

3 情景对话 3 Scene 3

◎（麦克一家在自然历史博物馆 Mike and his family are in the Natural History Museum）

(1) 听录音，在图片下标出麦克买票花了多少钱
Listen to the recording, and mark the amount of money spent on tickets

(2) 听第二遍录音，一边听一边跟说。根据对话内容，完成下面的句子
Listen to the recording for the second time, and repeat while listening. Complete the following conversation according to Dialogue 1

售票员 Shòupiàoyuán
小 朋友，你 喜欢 历史？
Xiǎopéngyou, nǐ xǐhuan lìshǐ?

麦克 Màikè
不，我 听说 博物馆 里 有 恐龙，_____。
Bù, wǒ tīngshuō bówùguǎn li yǒu kǒnglóng, _____.

（3）朗读对话三，注意发音和语气
Read Dialogue 3 aloud, and pay attention to the pronunciation and tone

麦克： 阿姨，多少钱一张票？
Màikè: Āyí, duōshao qián yì zhāng piào?

售票员： 成人二十元，学生半价。
Shòupiàoyuán: Chéngrén èrshí yuán, xuéshēng bànjià.

麦克： 我买两张成人票，一张学生票。
Màikè: Wǒ mǎi liǎng zhāng chéngrén piào, yì zhāng xuéshēng piào.

售票员： 给你。小朋友，你喜欢历史？
Shòupiàoyuán: Gěi nǐ. Xiǎopéngyou, nǐ xǐhuan lìshǐ?

麦克： 不，我听说博物馆里有恐龙，我是来看恐龙的。
Màikè: Bù, wǒ tīngshuō bówùguǎn li yǒu kǒnglóng, wǒ shì lái kàn kǒnglóng de.

（4）两人一组，介绍一下上面的情景对话，可以增加感兴趣的内容
Pair work: try to transform the dialogues above into a narrative paragraph. You could add other related information into your story as much as you can

在中国，喜欢足球的人很多，不少球队都有大量的
Zài Zhōngguó, xǐhuan zúqiú de rén hěn duō, bùshǎo qiúduì dōu yǒu dàliàng de

球迷。今天是北京国华队跟上海东方队的比赛。去年
qiúmí. Jīntiān shì Běijīng Guóhuáduì gēn Shànghǎi Dōngfāngduì de bǐsài. Qùnián

国华队_____，球迷们都气坏了。今年国华队
Guóhuáduì_____, qiúmímen dōu qìhuài le. Jīnnián Guóhuáduì

主场比赛，_____，再输的话，就_____。
zhǔchǎng bǐsài, _____, zài shū dehuà, jiù_____.

三、发现语言现象 FINDING GRAMMAR POINTS

与同伴研究一下，下面的句子有什么特点。你还可以说出这样的句子吗？
Try to find language points in the following sentences with your partner. Could you figure out the meaning and function of the patterns by yourself? Can you make similar sentences with the points?

★ 1. 除了 A（以）外，……都……

　　这个句式表示不包括 A。The structure with 除了 and 都 here means with the exception of A.

除了　北海　公园　以外，北京　别的　公园　我　都　去过。
Chúle Běihǎi Gōngyuán yǐwài, Běijīng biéde gōngyuán wǒ dōu qùguo.

除了　星期天　以外，他　每　天　都　得　工作。
Chúle xīngqītiān yǐwài, tā měi tiān dōu děi gōngzuò.

2. 除了A（以）外，……还 / 也 / 只……

表示在 A 之外，还有别的。Used correlatively with 还 / 也 / 只 to mean "besides, in addition".

除了　上海、　广州　以外，我　还　去过　西安。
Chúle Shànghǎi、Guǎngzhōu yǐwài, wǒ hái qùguo xī'ān.

除了　红茶 和 绿茶　外，房间 里 也 有　花茶。
Chúle hóngchá hé lǜchá wài, fángjiān li yě yǒu huāchá.

下面的句子对不对？Are the following sentences correct?

① 除了 爸爸 以外，妈妈 都 去。　　　　　（　　）
　　Chúle bàba yǐwài, māma dōu qù.

② 除了 喝 茶，别的 我 也 不 喝。　　　　（　　）
　　Chúle hē chá, biéde wǒ yě bù hē.

★ 非…… 不可
　　fēi … bù kě

1. 表示主观意愿，一定、必须。It indicates one's wishes, "must".

五 点　以前 你 非 完成　不可。
Wǔ diǎn yǐqián nǐ fēi wánchéng bù kě.

你 说　什么 都 不 行，我 非 去 不可。
Nǐ shuō shénme dōu bù xíng, wǒ fēi qù bù kě.

2. 表示客观要求，不得不。It means objective requirement, "have to".

病 得 这么 重 (serious)， 非 住 院 (be in hospital) 不 可 了。
Bìng de zhème zhòng, fēi zhù yuàn bù kě le.

便宜 的 酒店 都 没 有 了，非 住 大 饭店 不 可 了。
Piányi de jiǔdiàn dōu méiyǒu le, fēi zhù dà fàndiàn bù kě le.

下面的意思用"非……不可"怎么说？ How do you express the following meanings with "非……不可"？

① 这 次 汉语 比赛 我 一定 参加。
　Zhè cì Hànyǔ bǐsài wǒ yídìng cānjiā.
_____

② 这 是 喜酒 (wine drunk at a wedding feast)，你 一定 得喝。
　Zhè shì xǐjiǔ, nǐ yídìng děi hē.
_____

③ 说了 就 要 做。
　Shuōle jiù yào zuò.
_____

★ （要是）…… 的话，就…… 表示假设。The structure "(yàoshi)... dehuà, jiù..." indicates hypothesis.

喜欢 的话，就 买 吧。
Xǐhuan dehuà, jiù mǎi ba.

今天 没 时间 的话，就 明天 吧。
Jīntiān méi shíjiān dehuà, jiù míngtiān ba.

要是 我 的话，就 不 那样 做。
Yàoshi wǒ dehuà jiù bú nàyàng zuò.

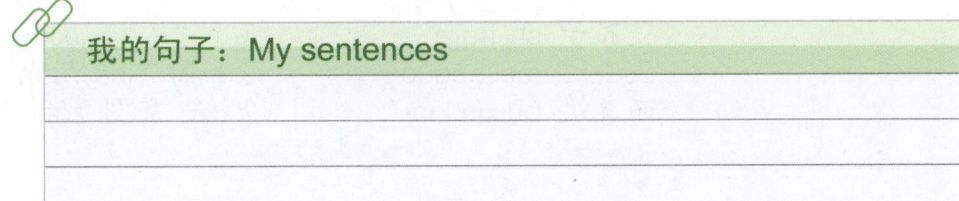

我的句子：My sentences

★ "是……的" 句 2

强调说明已经发生的动作行为的目的。 To emphasize purpose of the realized action.

我 是 来 学习 的, 不 是 来 玩儿 的。
Wǒ shì lái xuéxí de, bú shì lái wánr de.

A: 你 是 来 旅游 的 吗?
　　Nǐ shì lái lǚyóu de ma?

B: 对。
　　Duì.

想一想,还有什么问题? Do you have other questions?

四、记忆、巩固和提升 MEMORIZE, CONSOLIDATE, AND UPGRADE

两人一组,先认读方框中的词语,然后互问互答
Pair work: please recognize the expressions in the box with your partner. One asks questions according to the parts underlined, and the other answers questions

1. A: 都 <u>是新的</u> 吗?
　　　Dōu shì xīn de ma?

　 B: 对, 除了 <u>两 三 个 传统 节目</u> 外, 都 <u>是 新 的</u>。
　　　Duì, chúle liǎng sān ge chuántǒng jiémù wài, dōu shì xīn de.

> 是孩子 shì háizi　　几个老人 jǐ ge lǎorén
> 没去过 méi qùguo　　颐和园 Yíhé Yuán
> 不喜欢 bù xǐhuan　　杂技、京剧 zájì、jīngjù

2. A: 他们 一定 要 <u>赢</u> 吗?
　　　Tāmen yídìng yào yíng ma?

　 B: 对, 他们 今天 非 <u>赢</u> 不可。
　　　Duì, tāmen jīntiān fēi yíng bù kě.

> 去 qù
> 完成 wánchéng
> 参加 cānjiā

3. A: 今年 再 输 的话，就 太 对不起 球迷 了。
   Jīnnián zài shū dehuà, jiù tài duìbuqǐ qiúmí le.

   B: 说 得 对。
   Shuō de duì.

   > 天气好　　　　　出去散散步 (take a walk)
   > tiānqì hǎo　　　 chūqu sànsan bù
   > 早点儿预订　　　便宜
   > zǎodiǎnr yùdìng　piányi
   > 晚一天退房　　　得 再加 二百
   > wǎn yì tiān tuì fáng　děi zài jiā èrbǎi

4. A: 你是来做 什么 的?
   Nǐ shì lái zuò shénme de?

   B: 我 是 来 看 恐龙 的。
   Wǒ shì lái kàn kǒnglóng de.

   > 玩儿 wánr
   > 找王经理 zhǎo Wáng jīnglǐ
   > 应聘 (to apply for the job) yìngpìn

五、用汉语完成任务 TASKS IN CHINESE

（一）来中国的目的 The purpose to come to China

1. 世界各国的朋友到中国来有各种各样的目的。看图片，说说他们是来做什么的
   People all over the world come to China for all kinds of purposes. Look at the following pictures and tell why they come for

(1) A: 他们是来做什么的?

   B: 他们是来学汉语的。

(2) A: 他们是来做什么的?

   B: 他们是＿＿＿＿＿。

(3) A: 她是来做什么的?

   B: 她是＿＿＿＿＿。

发现：交际汉语入门（下）

(4) A: 他是来做什么的？

B: 他是_____。

(5) A: 他是来做什么的？

B: 他是_____。

还有别的目的吗？ Do you know other purposes?

我到中国，是来_____的。

2. 请用下面的句式介绍一下你到中国来的目的
　 Please introduce your purposes to come to China

我到中国，不是来_____的，
　　　　　也不是来_____的，
　　　　　我是来_____的。

（二）适应能力测试：要是下面这些情况发生的话，你会怎么办？ A test of adaptability: what will you do if the following situations occur to you?

1. 你将被派到国外工作一年。公司想了解你对不同环境的适应能力。请回答，如果下面这些情况发生的话，你会怎么办？
You will be assigned to work abroad for one year. The company is going to test your adaptability to different circumstances. Please answer what will you do if the following situations occur to you?

(1) 要是 没有 手机 的话，你会 怎么办？
Yàoshi méiyǒu shǒujī dehuà, nǐ huì zěnmebàn?

(2) 要是 你住的 地方 不能 上 网 的话，你会 怎么办？
Yàoshi nǐ zhù de dìfang bù néng shàng wǎng dehuà, nǐ huì zěnmebàn?

(3) 要是 你的 办公室(office) 没有 电脑 的话，你会 怎么办？
Yàoshi nǐ de bàngōngshì méiyǒu diànnǎo dehuà, nǐ huì zěnmebàn?

(4) 要是 在你 工作 的地方，没有 人 会 说 你的 语言(language)，你会 怎么办？
Yàoshi zài nǐ gōngzuò de dìfang, méiyǒu rén huì shuō nǐ de yǔyán, nǐ huì zěnmebàn?

146

(5) 要是 那儿 没有 你们 国家 的 饭馆儿 的话，你 会 怎么办？
　　Yàoshi nàr méiyǒu nǐmen guójiā de fànguǎnr dehuà, nǐ huì zěnmebàn?

(6) 要是 走 错 路 的话， 你会 怎么办？
　　Yàoshi zǒucuò lù dehuà, nǐ huì zěnmebàn?

(7) 在酒吧， 要是 有 不 认识 (to know) 的人 想 跟你一起喝酒,你会 怎么办？
　　Zài jiǔbā, yàoshi yǒu bú rènshi de rén xiǎng gēn nǐ yìqǐ hē jiǔ, nǐ huì zěnmebàn?

(8) 要是 你的 手机 没有 了,你会 怎么办？
　　Yàoshi nǐ de shǒujī méiyǒu le, nǐ huì zěnmebàn?

(9) 要是 你的 钱 没有 了,你会 怎么办？
　　Yàoshi nǐ de qián méiyǒu le, nǐ huì zěnmebàn?

(10) 要 是 你的 护照 (passport) 没有 了， 你会 怎么办？
　　Yàoshi nǐ de hùzhào méiyǒu le, nǐ huì zěnmebàn?

2. 小组活动：三四个同学一起，一个人是考官，从上面问题中选五个提问，其他人回答问题。每位成员都要注意听其他人的答案。测试完以后，一起挑选出适应能力最强的人，并列举出原因
   Group activity: three or four students a group, one works as the examiner, to raise five questions above, and others answer by turn. Each member should listen carefully because every group will recommend the one who is the most adaptable one, and list the reasons

3. 班级汇报：考官向大家介绍本组谁最适合被派到国外工作，并说明为什么
   Class report: the examiners will introduce who will be recommended to be assigned to work abroad, and explain the reasons

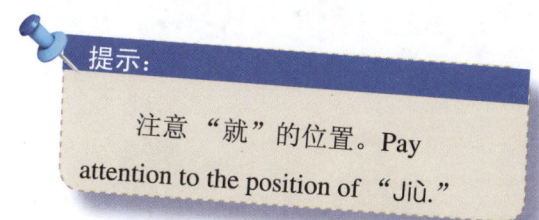

提示：
注意"就"的位置。Pay attention to the position of "Jiù."

（三）我的旅游 (lǚyóu) 攻略 (gōnglüè) My travel strategy: the highlights I recommend

1. 你的朋友要来中国旅游，请你推荐好玩儿的地方、好吃的东西等。请你根据自己在中国的经历列一个推荐的单子
   You friends are going to travel in China. They ask you to recommend some fun places, delicious food, etc. Make a recommendation list according to your experiences

2. 小组活动：跟同伴交流看法，挑选出你们都认可的项目，注意使用"非……不可"句式。
   Pair work: share your list with your partner, and choose the items that both of you like. Try to use the pattern "fēi...bù kě."

   例 Example:
   　　要是来北京旅游的话,长城非去不可,烤鸭非吃不可。

3. 请制作你们的旅游攻略
   Make the travel strategy of your own

   我的_____（城市，city）旅游攻略

   要是来_____旅游的话，_____非去不可，_____非吃不可，非坐不可，_____非逛不可，_____非看不可，_____非玩儿不可。

（四）角色扮演：我的要求 Role play: give a strong demand

请根据不同的身份，提出不同的要求
Please give different demands by your different identities

例 Example：

孩子：这个玩具我非要不可，要是<u>不给我买</u>的话，我就不走了。

老板：今天的工作非_____不可，要是_____的话，（　）就_____。

老师：这个作业非_____不可，要是<u>做完了</u>的话，（　）就_____；要是<u>做不完</u>的话，（　）就_____。

妈妈：_____非_____不可，要是_____的话，（　）就_____。

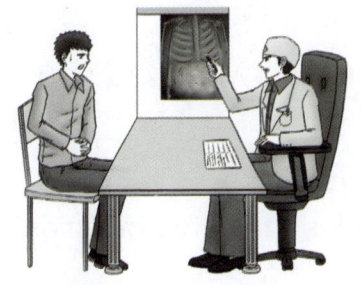

医生：你的病很重，非_____不可，要是_____的话，（　）就_____。

妻子 (qīzi)：_____非_____不可，要是_____的话，（　）就_____。

（五）小组活动：我们互相了解一下 Group Activity: let's get to know each other

1. 每个同学有一张采访单（见 156 页）。四位同学一组，分别是 A、B、C、D。请在采访单"小组成员"一栏写下每个人的名字
   Please find your interview sheet in p.156. Four students are in one group, and will be A, B, C, and D. Write your names on the blanks of Group Members

2. 这个采访有"家人""爱好"和"在中国的生活" 三个主题，一共 12 个问题。小组成员轮流提问，大家回答问题，并在"回答"一栏标注每个人的答案
   Three subjects are included in this interview, "FAMILY" "INTERESTS" and "LIFE IN CHINA." There are 12 questions for you. The questions are raised by turn. Every member should answer questions, and mark the answers in the column of FRIENDS' ANSWERS

例 Example：

主题 THEME	问题 QUESTION	朋友的回答 FRIENDS' ANSWER			
		A	B	C	D
爱好 INTERESTS	你喜欢上网吗？	√	√	×	√

149

3. 采访结束以后，总结一下你们小组成员的情况，注意句式 "除了……外, (S) 都……" 的用法。After all the questions are answered, sum up the information of your group. Try to use the pattern "chúle... wài, (S)dōu...."

例 Example：

除了 C 外，我们都喜欢上网。

（六）班级采访：你是什么时候来到中国的？Class interview: when did you get to China?

1. 回答下面的问题，然后再采访至少两个同学，根据他们的回答填表
   Answer the following questions, then ask two classmates the same questions, and fill in the form with their answers

   (1) 你 是 什么 时候 到 中国 的?
       Nǐ shì shénme shíhou dào Zhōngguó de?

   (2) 你 是 一个 人 来 的，还是 跟 朋友 一起 来 的?
       Nǐ shì yí ge rén lái de, háishi gēn péngyou yìqǐ lái de?

   (3) 你 是 怎么 来 的？是 坐 飞机 来 的 吗?
       Nǐ shì zěnme lái de? Shì zuò fēijī lái de ma?

   (4) 你 到 中国，是 来 做 什么 的?
       Nǐ dào Zhōngguó, shì lái zuò shénme de?

   (5) 到 中国 以后，除了 学 汉语 外，你 还 做 什么 了?
       Dào Zhōngguó yǐhòu, chúle xué Hànyǔ wài, nǐ hái zuò shénme le?

问题 名字	你是什么时候到中国的？	你是一个人来的，还是跟朋友一起来的？	你是怎么来的？是坐飞机来的吗？	你到中国，是来做什么的？	到中国以后，除了学汉语外，你还做什么了？
1. 我的名字					
2.					
3.					

2. 请根据一位同学的回答，介绍一下他 / 她来中国的经历
   Please sum up and introduce one friend's experience of coming to China

   _____是_____来 到 中国 的。他 是_____来 的。他们
   _____shì_____lái dào Zhōngguó de. Tā shì_____lái de. Tāmen

   国家 离 中国_____，他 是 坐_____来 的。他 到 中国 是 来
   guójiā lí Zhōngguó_____, tā shì zuò_____lái de. Tā dào Zhōngguó shì lái

_____的。 到 中国 以后,除了 学 汉语 外,他 还_____。
_____de. Dào Zhōngguó yǐhòu, chúle xué Hànyǔ wài, tā hái_____.

六、用语言做事 REAL LIFE ACTIVITIES

（一）语言准备 Language preparation

1. 听写并朗读这些句子
   Dictation: write down five sentences. Read aloud and memorize them

   （1）_____。

   （2）_____。

   （3）_____。

   （4）_____。

   （5）_____。

2. 把下列词语组成合适的句子
   Make appropriate sentences with the following words

   （1）这 个 电视 我 节目 在 上 看过
   　　 Zhè ge diànshì wǒ jiémù zài shang kànguo

   （2）商量 正在 去 他们 哪儿 星期天 玩儿
   　　 shāngliang zhèngzài qù tāmen nǎr xīngqītiān wánr

   （3）我们 队 输给 他们 零 一 比 了
   　　 wǒmen duì shūgěi tāmen líng yī bǐ le

   （4）已经 听说 个 城市 有 两千 年 这 历史 的 了
   　　 yǐjīng tīngshuō ge chéngshì yǒu liǎngqiān nián zhè lìshǐ de le

3. 根据情景完成下列句子
   Complete the following sentences according to the contexts

   （1）汉语 课 很难,要是 你 经常 不 上 课 的话,就_____。
   　　 Hànyǔ kè hěn nán, yàoshi nǐ jīngcháng bú shàng kè dehuà, jiù_____.

   （2）我 喜欢 跟 中国人 聊 天儿,可是 他们 得 说 得很慢。要是 他们
   　　 Wǒ xǐhuan gēn Zhōngguórén liáo tiānr, kěshì tāmen děi shuō de hěn màn. Yàoshi tāmen

   　　说 得太 快 的话,我就_____。
   　　 shuō de tài kuài dehuà, wǒ jiù_____.

(3) 现在 我们 说 汉语 说得 不错，可是 回 国 以后，要是 没有 机会 用
Xiànzài wǒmen shuō Hànyǔ shuō de búcuò, kěshì huí guó yǐhòu, yàoshi méiyǒu jīhuì yòng
汉语 的话， 就_____。
Hànyǔ dehuà, jiù_____.

(4) 我 是一个 功夫迷,要是 有 功夫 电影 的话,就_____。
Wǒ shì yí ge gōngfumí, yàoshì yǒu gōngfu diànyǐng dehuà, jiù_____.

(5) 你喜欢 现代 建筑 还是老 建筑？要是 喜欢老 建筑 的话,就_____。
Nǐ xǐhuan xiàndài jiànzhù háishi lǎo jiànzhù? Yàoshi xǐhuan lǎo jiànzhù dehuà, jiù_____

(6) 你 早上 得吃 早饭，要是_____,上 课的 状态 就不好。
Nǐ zǎishang děi chī zǎofàn, yàoshi_____, shàng kè de zhuàngtài jiù bù hǎo.

(7) 麦克 特别 喜欢 足球,要是_____,就跟 朋友 们 去 踢球。
Màikè tèbié xǐhuan zúqiú, yàoshi_____, jiù gēn péngyou men qù tī qiú.

(8) 走了 半天 了,要是_____,就休息一下 吧。
Zǒule bàntiān le, yàoshi_____, jiù xiūxi yíxià ba.

(9) 很多 中国人 喜欢 喝 热水， 要是_____,就 觉得不 舒服。
Hěnduō Zhōngguórén xǐhuan hē rèshuǐ, yàoshi_____, jiù juéde bù shūfu.

4. 用给出的结构完成下面的对话
Complete the following dialogues in the contexts with the structures given

(1) A: _____, _____。（除了……外）
(chúle ...wài)

B: 我们 的运气 太 好 了。
Wǒmen de yùnqi tài hǎo le.

(2) A: 小 王 的 老板 这 次 真 生 气 了。
Xiǎo Wáng de lǎobǎn zhè cì zhēn shēng qì le.

B: _____。（非……不可）
(fēi ...bù kě)

(3) A: 比赛 结果 怎么样？
Bǐsài jiéguǒ zěnmeyàng?

B: _____。（输给）
(shūgěi)

(4) A: 多少 钱一 张 票?
Duōshao qián yì zhāng piào?

B: _____。（半价）
(bànjià)

(5) A: 你 是 来 旅游 的 吗?
　　　Nǐ shì lái lǚyóu de ma?

B: 不，_____。（是……的）
　 Bù　　　　　　　　（shì …de）

（二）社会扩展活动：我的中国日记 Social activities: my Chinese diary

我在中国的娱乐生活 My entertainment life in China

1. 你看过中国的戏剧或演出吗？请上网查一查最近有什么表演，比如京剧、话剧、音乐剧、音乐会、功夫表演等。去看一场有中国特点的演出，跟海报一起拍张照片 Have you watched any Chinese plays or performances? Check online and find what are putting on recently, such as Beijing Opera, stage plays, musical plays, concerts, Kung Fu shows, etc. Watch a play or performance with Chinese characteristics, and take photos with the poster

2. 查一查你所在的城市有哪些博物馆，找一个最感兴趣的去逛逛。看一看，拍一拍，然后给老师和同学们介绍一下 Look up what museums are in your Chinese city, and try to find the one that you are interested. Please go to see the expositions there, take photos if allowed, and make a light presentation in class

七、词语库 WORDS AND EXPRESSIONS

（一）生词表 New words list

1.	节目单	jiémùdān	（名）	playbill
2.	剧场	jùchǎng	（名）	theatre
3.	人员	rényuán	（名）	personnel, crew
4.	除了……外	chúle…wài		besides, in addition to
5.	传统	chuántǒng	（形）	traditional
6.	节目	jiémù	（名）	program
7.	新	xīn	（形）	new, up-to-date
8.	得奖	dé jiǎng		to win a prize, to be awarded a prize
9.	运气	yùnqi	（名）	luck
10.	观众	guānzhòng	（名）	audience
11.	射门	shè mén		to shoot a ball at the goal, to have a shoot at the goal
12.	好球	hǎo qiú		a good shoot

13. 队员	duìyuán	（名）	team members
14. 状态	zhuàngtài	（名）	state, condition
15. 去年	qùnián	（名）	last year
16. 输	shū	（动）	to lose, to be defeated
17. 球迷	qiúmí	（名）	(ball game) fan
18. 气	qì	（动）	get angry
19. 坏了	huàile		(a complement of degree, used after an adjective or a verb) very, terribly
20. 非……不可	fēi...bù kě		must, to have no choice but to
21. 赢	yíng	（动）	to win
22. 的话	dehuà	（助）	if
23. 对不起	duìbuqǐ	（动）	to let somebody down, to be unworthy of
24. 阿姨	āyí	（名）	aunt; form of the address for a woman of one's parents' generation but not related to one's family
25. 成人	chéngrén	（名）	adult, grown-up
26. 学生	xuésheng	（名）	student
27. 半价	bànjià	（名）	half price
28. 恐龙	kǒnglóng	（名）	dinosaur

专有名词 Proper Noun

东方队	Dōngfāngduì	a name of a football team

（二）相关链接 Related Links：

查查词典，看看它们是什么意思
Look up the dictionary and find the meanings of the following words

体育比赛用语 tǐyù bǐsài yòngyǔ sports contest expressions	意思 yìsi meaning	情绪和心理 qíngxù hé xīnlǐ emotion and sentiment	意思 yìsi meaning
奥运会 Àoyùnhuì		兴奋 xīngfèn	
世界杯 shìjièbēi		开心 kāixīn	
金牌 jīnpái		激动 jīdòng	
冠军 guànjūn		难过 nánguò	
银牌 yínpái		生气 shēng qì	
亚军 yàjūn		遗憾 yíhàn	
铜牌 tóngpái		倒霉 dǎo méi	
季军 jìjūn		无所谓 wúsuǒwèi	

从相关链接中选出五个对你最有用的词，写一写
Please select five useful words for you in the *Related Links* above, and write in the following blanks

1. _____ 2. _____ 3._____ 4. _____ 5._____

八、生活剪影 LIFE SKETCH

娱乐　活动
Yúlè　huódòng

除了 看　电影、 看 电视、 唱歌、 跳舞, 还有 哪些 受　年轻人　欢迎
Chúle kàn diànyǐng, kàn diànshì, chàng gē, tiào wǔ, háiyǒu nǎxiē shòu niánqīngrén huānyíng

的 娱乐 活动? 听　明星　的　演唱会 可能　算是 一种　最 热闹的　活动
de yúlè huódòng? Tīng míngxīng de yǎnchànghuì kěnéng suàn shì yì zhǒng zuì rènao de huódòng

了。跟着 台 上　自己　喜欢 的 明星　一起 唱 一起 跳, 尽情　表达 自己 的 感情,
le. Gēnzhe tái shang zìjǐ xǐhuan de míngxīng yìqǐ chàng yìqǐ tiào, jìnqíng biǎodá zìjǐ de gǎnqíng,

身体 和 精神　都 得到 了 放松。　台上 的　明星　叫"偶像", 台下 的　观众
shēntǐ hé jīngshén dōu dédào le fàngsōng. Tái shang de míngxīng jiào "ǒuxiàng", tái xià de guānzhòng

就 叫"粉丝"。
jiù jiào "fěnsī".

部分练习参考答案 KEY TO SOME EXERCISES

五、(五) 小组活动: 我们互相了解一下 Group activity: let's get to know each other

小组成员 Group Members: A._____ ; B._____ ; C._____ ; D._____ 。

主题 SUBJECTS	问题 QUESTIONS	朋友的回答 FRIENDS' ANSWERS			
		A	B	C	D
家人 FAMILY	1. 你有没有兄弟姐妹?				
	2. 你长得像妈妈还是像爸爸?				
爱好 INTERESTS	3. 你喜欢爬山吗? 你喜欢做什么?				
	4. 你喜欢现代的建筑还是老建筑?				
	5. 你爱喝酒吗? 你的酒量大不大?				
	6. 你喝过豆浆吗? 吃过烤鸭吗?				
	7. 你坐过中国的高铁吗?				
在中国的生活 LIFE IN CHINA	8. 来中国以后, 你胖了、苗条了, 还是一点儿都没变?				
	9. 你学习紧张不紧张?				
	10. 你说汉语说得清楚不清楚?				
	11. 你写汉字写得快不快?				
	12. 你说汉语中国人听得懂吗?				

156

六、（一）1. "听写并朗读这些句子"答案 The answer of dictation

(1) 除了两三个传统节目外，都是新的。
(2) 今天非赢不可了。
(3) 他们零比三输给了东方队。
(4) 今年再输的话，就太对不起球迷了。
(5) 我是来看恐龙的。

第 18 课

 便宜一点儿行不行？

一、语言热身 LET'S WARM UP!

我的词典 MY DICTIONARY

1 头脑风暴：看图片，说生词
Brain storm: look at the pictures and speak the corresponding words

1. 食物 (shíwù)　FOOD

A. ＿＿＿＿＿

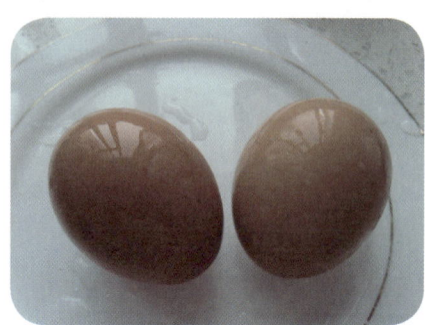
B. ＿＿＿＿＿

C. ＿＿＿＿＿

D. ＿＿＿＿＿

E. ＿＿＿＿＿

F. ＿＿＿＿＿

2. 酒水饮料 (jiǔshuǐ yǐnliào)　DRINKS &. BEVERAGE

A. _____　　B. _____　　C. _____　　D. _____

E. _____　　F. _____　　G. _____　　H. _____

3. 电子产品 (diànzǐ chǎnpǐn)　ELECTRONIC PRODUCTS

   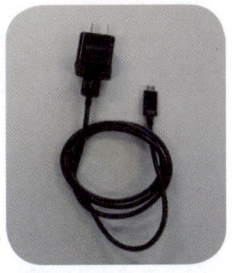

A. _____　　B. _____　　C. _____　　D. _____

E. _____　　F. _____　　G. _____　　H. _____

2 请找到与"我的词典"中的名词相对应的图片，然后朗读词语
Please match the nouns in *My Dictionary* with the corresponding pictures, and read these words aloud

我的词典 MY DICTIONARY

a. 香蕉 / xiāngjiāo / banana
b. 苹果 / píngguǒ / apple
c. 草莓 / cǎoméi / strawbery
d. 梨 / lí / pear
e. 西瓜 / xīguā / water melon
f. 橙子 / chéngzi / orange
g. 桃子 / táozi / peach
h. 葡萄 / pútao / grape

3 看下列图片，说说他们正在做什么；从"我的词典"中找到他们需要的用品，填到图片旁边的方框中
Look at the following pictures, and discuss what they are doing. Try to find the right stuff they need in *My Dictionary*, and fill in the blanks

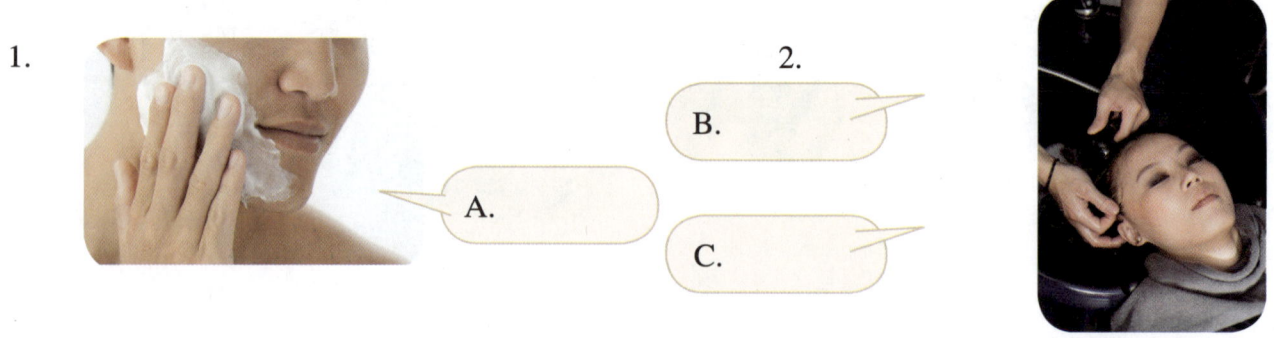

1.

A.

2.

B.

C.

第 18 课 便宜一点儿行不行？

3.

D.

F.

E.

4.
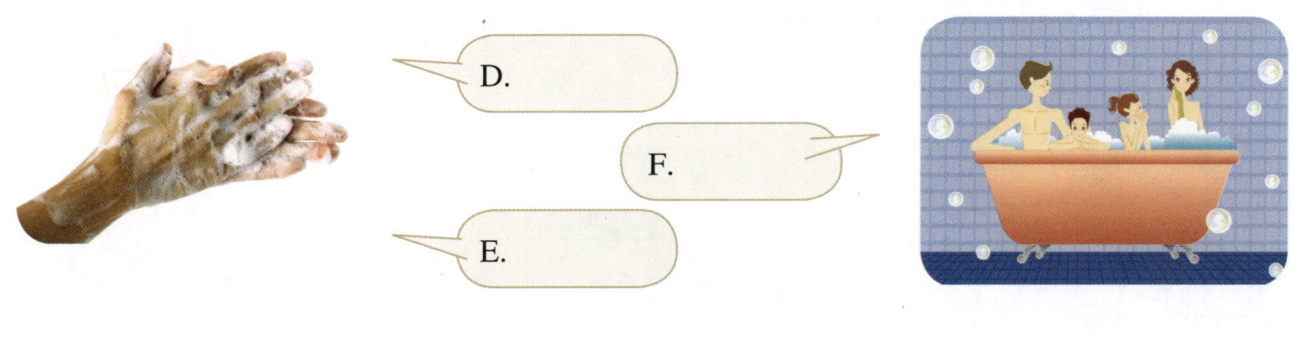

5.

G.

H.

6.

洗发水 xǐfàshuǐ shampoo	洗面奶 xǐmiànnǎi facial cleasner	洗手液 xǐshǒuyè liquid soap	香皂 xiāngzào soap
护发素 hùfàsù hair conditioner	剃须膏 tìxūgāo shaving cream	牙膏 yágāo tooth paste	沐浴露 mùyùlù shower gel

4 量词复习：看图片，说名词，并找到可与之搭配的量词
Measure words review: look at the pictures, match the corresponding nouns with the right measure words

5 小组活动：食物大冒险
Pair work: adventure on food

在吃东西方面你是一个喜欢冒险的人吗？下面这些食物你能吃吗？两个同学一组，看图片，用所给句式问答。Are you an adventurer on food? Can you eat the following food? Look at the pictures, and ask each other with the patterns given below.

句式 Patterns:
A: ＿＿＿＿你能吃吗？
B: ＿＿＿＿我能吃。
　　＿＿＿＿我吃不了(liǎo)。

例 Example:
A: 生鱼片（shēngyúpiàn, raw fish）你能吃吗？
B: 生鱼片我能吃。
　　生鱼片我吃不了。

榴莲 liúlián durian

臭豆腐 chòudòufu stinky tofu

麻辣烫 málàtàng spicy and hot

四川菜 Sìchuāncài

剁椒鱼头 duòjiāo yútóu steamed fish head with diced hot red peppers

章鱼刺身 zhāngyú cìshēn octopus sashimi

给老师的提示：
此类可能补语的常用形式为否定式"V不了"，口语的肯定式常用的是"能V"，也存在"V得了"的形式。

发现：交际汉语入门（下）

6 大声朗读句子，想一想这些句子的意思
Read the following sentences aloud, and think about the meaning of the sentences

(1) 多少　钱 一 斤?
Duōshao qián yì jīn?

(2) 是 挺 甜。
Shì tǐng tián.

(3) 贵 就 贵 点儿 吧, 来一斤。
Guì jiù guì diǎnr ba, lái yì jīn.

(4) 那儿 挂着 一 个 牌子。
Nàr guàzhe yí ge páizi.

(5) 会 不 会 就 在 那儿?
Huì bu huì jiù zài nàr?

二、身在其中 IN THE SCENE

1 情景对话 1 Scene 1

◎（艾玛在挑选草莓 Emma is choosing strawberries）

164

第18课 便宜一点儿行不行？

（1）听录音，听后回答下列问题
Listen to the recording and answer the following questions

> 艾玛想买什么？多少钱一斤？（What does Emma want to buy? How does it cost one Jin?)
> 艾玛觉得价钱怎么样？（What does Emma think of the price?)
> 草莓为什么这么贵？（Why are the strawberries so expensive?)
> 艾玛买了没有？她买了多少？（Did Emma buy it? How much did she buy?)
> 她还要别的吗？（Did she buy anything else?)

（2）听第二遍录音，一边听一边跟说。然后请根据对话内容，完成下面的句子
Listen to the recording for the second time, and repeat while listening. Then complete the following conversation according to Dialogue 1

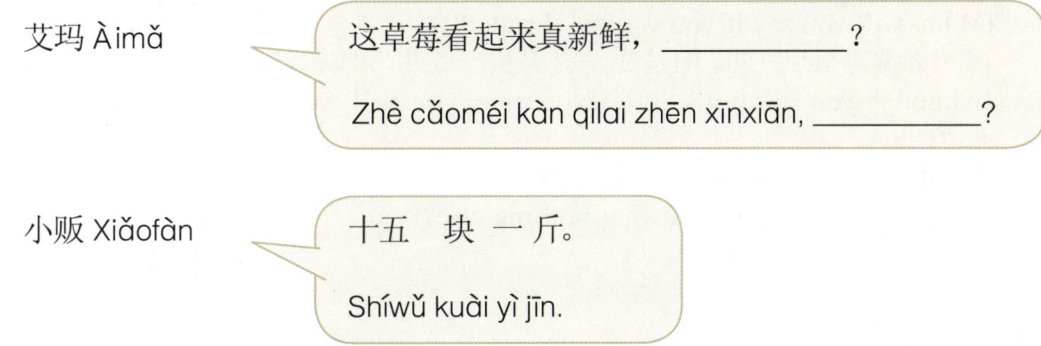

艾玛 Àimǎ： 这草莓看起来真新鲜，_____？
Zhè cǎoméi kàn qilai zhēn xīnxiān, _____?

小贩 Xiǎofàn： 十五 块 一 斤。
Shíwǔ kuài yì jīn.

（3）朗读对话一，注意发音和语气
Read Dialogue 1 aloud, and pay attention to the pronunciation and tone

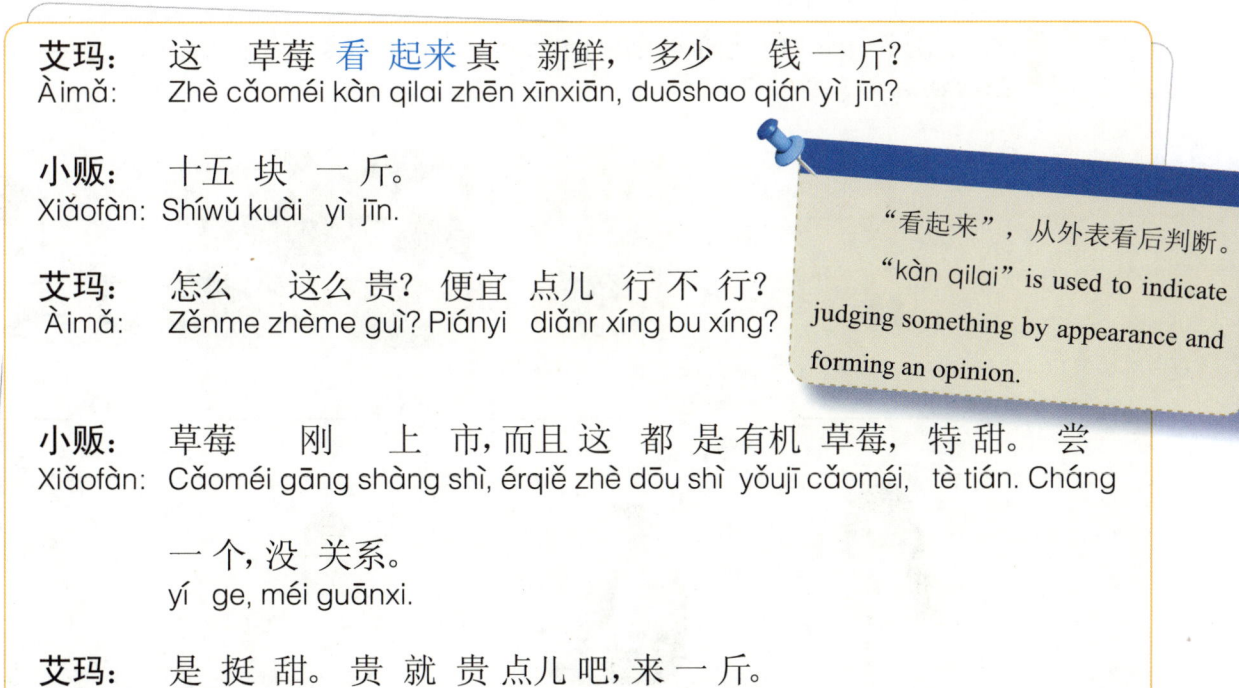

艾玛： 这 草莓 看起来 真 新鲜，多少 钱一斤？
Àimǎ： Zhè cǎoméi kàn qilai zhēn xīnxiān, duōshao qián yì jīn?

小贩： 十五 块 一 斤。
Xiǎofàn： Shíwǔ kuài yì jīn.

艾玛： 怎么 这么 贵？便宜 点儿 行 不 行？
Àimǎ： Zěnme zhème guì? Piányi diǎnr xíng bu xíng?

小贩： 草莓 刚 上 市，而且 这 都 是 有机 草莓，特 甜。尝
Xiǎofàn： Cǎoméi gāng shàng shì, érqiě zhè dōu shì yǒujī cǎoméi, tè tián. Cháng

一个，没 关系。
yí ge, méi guānxi.

艾玛： 是 挺 甜。贵 就 贵 点儿 吧，来 一 斤。
Àimǎ： Shì tǐng tián. Guì jiù guì diǎnr ba, lái yì jīn.

"看起来"，从外表看后判断。
"kàn qilai" is used to indicate judging something by appearance and forming an opinion.

小贩: 还要 别的 吗?
Xiǎofàn: Hái yào biéde ma?

艾玛: 不 要 了。
Àimǎ: Bú yào le.

(4) 购物用语：下面的情境应该说什么
Shopping expressions : What will you say in these contexts?

要是你想问价格,可以怎么说?
(What will you say if you want to ask for price?)
要是你希望价钱便宜一点儿,可以怎么说?
(What will you say if you want it cheaper?)
虽然你觉得有点儿贵,但是还是打算买一点儿,可以怎么说?
(Although you think it a little expensive, you still want to buy some. What will you say?)
要是你不想买别的了,可以怎么说?
(What will you say if you want nothing else?)

2 情景对话 2 Scene 2

◎（艾玛有点儿不舒服,她去医院看病 Emma feels uncomfortable, and goes to hospital）

(1) 热身活动：看图说话
To warm up: Describe the following pictures with the expressions of *My Dictionary*

A. _____

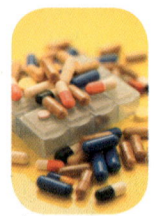
B. _____

C. _____

D. _____

E. _____

F. _____

G. _____

H. _____

第 18 课　便宜一点儿行不行？

大夫	感冒	咳嗽	嗓子疼
dàifu	gǎnmào	késou	sǎngzi téng
doctor	to catch a cold	to cough	to have a sore throat
吃药	中药	西药	开药
chī yào	zhōngyào	xīyào	Kāi yào
to have medicine	Chinese medicine	western medicine	to prescribe medicine

（2）听录音，判断下面的说法是否正确
Listen the recording and judge if the following statements are correct according to Dialogue 2

① 艾玛 咳嗽，嗓子 疼。
　 Àimǎ késou, sǎngzi téng.　　□

② 大夫 开了 一盒 感冒 冲剂。
　 Dàifu kāile yì hé gǎnmào chōngjì.　　□

③ 艾玛 想 吃 一点儿 中药。
　 Àimǎ xiǎng chī yìdiǎnr zhōngyào.　　□

（3）听第二遍录音，一边听一边跟说。根据对话的内容，完成下面的句子
Listen to the recording for the second time, and repeat while listening. Then complete the following conversation according to Dialogue 2

大夫 Dàifu　　_____？
　　　　　　　_____？

艾玛 Àimǎ　　我 咳嗽，_____。
　　　　　　　Wǒ késou, _____.

167

发现：交际汉语入门（下）

（4）朗读对话二，注意发音和语气
Read Dialogue 2 aloud, and pay attention to the pronunciation and tone

大夫： 你 怎么 了？
Dàifu: Nǐ zěnme le?

艾玛： 我 咳嗽，嗓子 很 不 舒服。
Àimǎ: Wǒ késou, sǎngzi hěn bù shūfu.

大夫： 可能 感冒 了。喝 点儿 感冒 冲剂 吧。
Dàifu: Kěnéng gǎnmào le. Hē diǎnr gǎnmào chōngjì ba.

艾玛： 有 没 有 西药？ 中药 我 吃 不 了。
Àimǎ: Yǒu méi yǒu xīyào? Zhōngyào wǒ chī bu liǎo.

大夫： 有，我 给 你 开 一 盒。这 几 天 空气 干燥，要 多 喝 水。
Dàifu: Yǒu, Wǒ gěi nǐ kāi yì hé. Zhè jǐ tiān kōngqì gānzào, yào duō hē shuǐ.

艾玛： 谢谢 大夫。
Àimǎ: Xièxie dàifu.

3 情景对话 3 Scene 3

◎（麦克一家在超市 Mike's family is in a supermarket）

（1）听录音，标出马丁要买的东西
Listen to the recording, and mark what Martin is going to buy

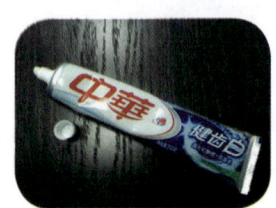
A. _____

B. _____

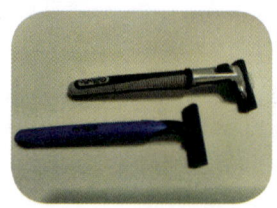
C. _____

D. _____

（2）听录音，判断下面的说法是否正确
Listne to the recording and judge if the following statements are correct according to Dialogue 3

❶ 这 家 超市 很 大。
Zhè jiā chāoshì hěn dà.

第18课　便宜一点儿行不行？

② 艾玛 觉得在 超市 很 难 找到 剃须膏。
　　Àimǎ juéde zài chāoshì hěn nán zhǎodào tìxūgāo.　　☐

③ 马丁 也 找 不 到 要 买 的 东西。
　　Mǎdīng yě zhǎo bú dào yào mǎi de dōngxi.　　☐

（3）朗读对话三，注意发音和语气
Read Dialogue 3 aloud, and pay attention to the pronunciation and tone

马丁： 我 的 剃须膏 用 完 了，得 买 一 瓶 了。
Mǎdīng： Wǒ de tìxūgāo yòngwán le, děi mǎi yì píng le.

艾玛： 这么 大 的 超市， 怎么 找 啊？
Àimǎ： Zhème dà de chāoshì, zěnme zhǎo a?

马丁： 你 看，那儿 挂着 一 个 牌子：美容 用品。会 不 会 就 在 那儿？
Mǎdīng： Nǐ kàn, nàr guàzhe yí ge páizi: měiróng yòngpǐn. Huì bu huì jiù zài nàr?

艾玛： 还是 你 眼 尖。
Àimǎ： Háishi nǐ yǎn jiān.

（4）两人一组，介绍一下上面的情景对话，可以增加感兴趣的内容
Pair work: try to transform the dialogues above into a narrative paragraph. You could add other related information into your story as much as you can

市场 里 的 水果 非常 丰富 (abundant)，有 香蕉、 苹果、 菠萝
Shìchǎng li de shuǐguǒ fēicháng fēngfù, yǒu xiāngjiāo, píngguǒ, bōluó

(pineapple)……草莓_____，价钱 也 比较 贵。这 个 摊 上 的 草莓 是
　　　　　　cǎoméi_____, jiàqián yě bǐjiào guì. Zhège tān shang de cǎoméi shì

_____，很 安全，也_____，艾玛 尝 了 一 个。艾玛 想， 东西 好，
_____, hěn ānquán, yě_____, Àimǎ chángle yí ge. Àimǎ xiǎng, dōngxi hǎo,

____就_____，她 买 了 一 斤。
____jiù_____, tā mǎile yì jīn.

三、发现语言现象 FINDING GRAMMAR POINTS

与同伴研究一下，下面的句子有什么特点。你还可以说出这样的句子吗？
Try to find language points in the following sentences with your partner. Could you figure out the meaning and function of the patterns by yourself? Can you make similar sentences with the points?

★ 表示强调的"是" The emphatic "shì"

汉语中"是"可以用在动词和形容词之前，表示对句中的主要信息加以强调或确认。在这一用法里，"是"更多地是在起副词的功能，而不是系动词。"是"所强调的信息并不是新信息，需要重读来强调在前面的话语中已经提到过的某种信息。In Chinese, 是 shì can be placed before the verb and the predicate adjective, to emphasize or affirm what is stated in the sentence. In such cases, 是 shì more plays the role of an adverb than a linking verb. The emphatic 是 shì is not about new information. It is usually articulated in response to something already mentioned in the discourse.

A: 今天 挺 冷 的。
　　Jīntiān tǐng lěng de.

B: 是 挺 冷，只 有 3 度。
　　Shì tǐng lěng, zhǐ yǒu sān dù.

A: 怎么 回来 这么 晚?
　　Zěnme huílai zhème wǎn?

B: 是 不 早。一直 堵车。
　　Shì bù zǎo. Yìzhí dǔ chē.

下面的意思用表示强调的"是"怎么说? How do you express the following meanings with the emphatic shì

① A: 这么 大 的 超市，东西 真 不 容易 (easy) 找。
　　Zhème dà de chāoshì, dōngxi zhēn bù róngyi zhǎo.

　 B: _____

② A: 坐 公共 汽车 太 麻烦 了。
　　Zuò gōnggòng qìchē tài máfan le.

　 B: _____

★ ……就……（吧）
　 ... jiù ... (ba)

"就"用在两个相同成分间，表示让步或容忍。"Jiù" is used between two identical elements to express compromise or resignation.

星期一 就 星期一 吧。不 能 再 晚 了。
Xīngqīyī jiù xīngqīyī ba. Bù néng zài wǎn le.

远 就 远 点儿 吧，我们 坐 地铁 去。
Yuǎn jiù yuǎn diǎnr ba, wǒmen zuò dìtiě qù.

丢了 就 丢了 吧，旧 的 不 去，新 的 不 来。
Diūle jiù diūle ba, jiù de bú qù, xīn de bù lái.

下面的意思用"……就……"怎么说? How do you express the following meanings with "……就……"?

① 要是没有黑的,红的也行。
_____

② 这盒茶叶很好,一百块也行,给她吧。
_____

③ 要是没有钱的话,不买也可以,我用旧的。
_____

★ 可能补语 II: Complements of Potential II

动词 / 形容词　　+ 得 / 不 + 了
V./adj.　　　　+ de/bù + liǎo

"得 + 了"用在动词后,表示可能,用于口语。"了"在这儿读作"liǎo"。"得 + 了" is a form of the complement of potential. "了" (pronounced "liǎo") is a verb here. The pattern means to be able to, and it is used in spoken language.

"不 + 了"是否定形式,否定式比肯定式更为常用。很多动词和一些形容词都可以带"不 + 了"做可能补语。"不 + 了" is the negative form of "得 + 了". The negative form is more often used than the affirmative form. Many verbs and some adjectives can take "不 + 了" as complement.

A: 下 周六 我 家 有 晚会, 你 来 得 了 吗?
　　Xià zhōuliù wǒ jiā yǒu wǎnhuì, nǐ lái de liǎo ma?

B: 来 不 了,我 得 去 上海 工作。
　　lái bu liǎo, wǒ děi qù Shànghǎi gōngzuò.

现在 年纪 大 了,爬 不 了 山 了。
Xiànzài niánjì dà le, pá bu liǎo shān le.

"了"还可以表示"完了"的意思。"liǎo" can also mean "used up".

A: 吃 得 了 吗? 这么 多 饭。
　　Chī de liǎo ma? Zhème duō fàn.

B: 当然 吃 不 了。
　　Dāngrán chī bu liǎo.

那儿 不 太 远, 打车 用 不 了 二十 分钟。
Nàr bú tài yuǎn, dǎ chē yòng bu liǎo èrshí fēnzhōng.

选择以下合适的词组完成句子 Choose the right phrase to complete the following sentences

喝不了	去不了	用不了	买不了	学不了	说不了
hē bu liǎo	qù bu liǎo	yòng bu liǎo	mǎi bu liǎo	xué bu liǎo	shuō bu liǎo

① 明天 我 要 去 医院，_____。
　Míngtiān wǒ yào qù yīyuàn, _____.

② 这 是 刚 上 市 的 冰箱，比较 贵，_____。
　Zhè shì gāng shàng shì de bīngxiāng, bǐjiào guì, _____.

③ 太极拳 的 动作 很 复杂，_____。
　Tàijíquán de dòngzuò hěn fùzá, _____.

★ 动词 ＋ 着
　Verb ＋ zhe

1. "着" 紧跟着动词，表示动作的进行或状态的持续。"着" is used after the verb, refers to an action that continues or lasts during some length of time. It presents a state in which something continues or persists.

他们 说着 话 呢。
Tāmen shuōzhe huà ne.

小红 穿着 一 条 红 裙子。
Xiǎohóng chuānzhe yì tiáo hóng qúnzi.

小猫 在 窗台 上 趴着。
Xiǎomāo zài chuāngtái shang pāzhe.

别 站着，坐下 吧。
Bié zhànzhe, zuòxia ba.

★ 地方 ＋ 动词 ＋ 着 ＋ 人 / 物

在地方（处所词）后面，"动词＋着" 表示人或物以某种状态存在于某处。"动词＋着" follows the place word, indicating someone or something exists in some place with some state.

大厅 里 摆着 很 多 花。
Dàtīng li bǎizhe hěn duō huā.

墙 上 贴着 大大 的 "囍" 字。
Qiáng shang tiēzhe dà dà de "xǐ" zì.

门 外 站着 一 个 人。
Mén wài zhànzhe yí ge rén.

第 18 课　便宜一点儿行不行？

根据图片，判断下面的句子对不对？ Are the following sentences correct according to the following pictures?

① 老师　站着。　同学们　坐着。　（　）
Lǎoshī zhànzhe. Tóngxuémen zuòzhe.

② 她　正在　穿 衣服。　（　）
Tā zhèngzài chuān yīfu.

③ 外面　下着 雨。　（　）
Wàimiàn xiàzhe yǔ.

④ 桌子　上　放 一 本 书。　（　）
Zhuōzi shang fàng yì běn shū.

想一想，还有什么问题？ Do you have other questions?

发现：交际汉语入门（下）

四、记忆、巩固和提升 MEMORIZE, CONSOLIDATE, AND UPGRADE

两人一组，先认读方框中的词语，然后互问互答
Pair work: please recognize the expressions in the box with your partner. One asks questions according to the parts underlined, and the other answers questions

1. A: <u>草莓</u> 挺甜。
   <u>Cǎoméi</u> tǐng tián.

   B: 是 挺甜。
   Shì tǐng tián.

   > 今天 jīntiān　　很凉快 (cool) hěn liángkuai
   > 小妹 xiǎomèi　　很可爱 hěn kě'ài
   > 他 tā　　不想去 bù xiǎng qù

2. A: <u>挺贵的</u>。
   <u>Tǐng guì de</u>.

   B: 贵 就 贵 点儿 吧。
   Guì jiù guì diǎnr ba.

   > 挺麻烦的 Tǐng máfan　　　　　　　麻烦 máfan
   > 他走了 Tā zǒule　　　　　　　　走 zǒu
   > 老板批评 (criticize) 了 Lǎobǎn pīpíng le　批评 pīpíng

3. A: <u>中药</u> 你 能 吃 吗?
   <u>Zhōngyào</u> nǐ néng chī ma?

   B: 中药 我 吃 不 了。
   Zhōngyào wǒ chī bu liǎo.

   > 头等舱 (first-class cabin) tóuděngcāng　　坐 zuò
   > 九百八十块钱 jiǔbǎi bāshí kuài　　　　买 mǎi
   > 星期五 xīngqīwǔ　　　　　　　　　　去 qù

4. A: <u>那儿</u> 挂着 什么?
   <u>Nàr</u> guàzhe shénme?

   B: 那儿 挂着 一个牌子。
   Nàr guàzhe yí ge páizi.

   > 墙上　　挂　几　　张　　照片
   > qiáng shang　guà　jǐ　zhāng zhàopiàn
   > 门口　　放　三　　双　　鞋
   > ménkǒu　fàng　sān　shuāng xié
   > 牌子上　写 "请勿拍照" 四个字
   > páizi shang　xiě "qǐngwù pāi zhào" sì ge zì

5. A: 会不会 <u>就在那儿</u>?
   Huì bu huì <u>jiù zài nàr</u>?

   B: 有 可能。
   Yǒu kěnéng.

   > 是王经理 shì Wáng jīnglǐ
   > 爸爸拿走了 bàba názǒu le
   > 忘了 wàng le

五、用汉语完成任务 TASKS IN CHINESE

（一）用汉语完成任务 Tasks in Chinese

1. 小组活动: 看图说话
   Pair work: look at the following pictures and describe with the pattern given

第18课 便宜一点儿行不行?

> 句式 Pattern
> PLACE + V-着 + somebody/something

例 Example:

> 桌子　上　放着　几本　书　和一杯 咖啡。
> Zhuōzi shang fàngzhe jǐ běn shū hé yì bēi kāfēi.

补充词 Supplementary words

桌子 zhuōzi	table	墙 qiáng	wall
椅子 yǐzi	chair	放 fàng	to put
书架 shūjià	bookshelf	摆 bǎi	to place in order, to display
画儿 huàr	painting, picture	贴 tiē	to stick
窗户 chuānghu	window	双 shuāng	(measure word) pair

1.

_____放着_____。

2.

_____挂着_____。

3.

书架上_____。

4.

_____摆着_____。

175

5.

窗户上_____一个"福"字。

6.

_____一个茶几。

7.

描述左边这张图得说几个句子？
How many sentences do you have to make to describe the picture?
_____
_____
_____
_____

（二）小组活动：最好的设计师 Pair work: the best office decorators

两个同学一组，一起设计布置一个办公室。要求如下：Work in pairs, decorate an office with your partner. Requirements:

1. 你们打算在这个办公室里放哪些东西？注意想好门和窗户的位置。
   What are you going to place in the office? Pay attention to the positions of the doors and windows.

2. 你们想怎么布置？如何摆放？在下面方框中画出设计图。
   How will you decorate? Where are the furniture and items? Draw your design in the following box.

3. 完成后，跟另一个小组交流，要用"PLACE + V- 着 + something"句式介绍设计图。对比一下两个设计方案的优点和缺点，然后做出一个最佳方案。
   Exchange your design with another group. The pattern "PLACE + V-zhe + something" is necessary while introducing. Compare the two designs and find the advantages and disadvantages. and make a better plan.

（三）角色扮演：看大夫 Role play: seeing a doctor

1. 活动准备 Preparation for the activity

（1） 补充词 Supplementary words

头疼 tóu téng	to have a headache	鼻子不通 bízi bù tōng	to have a stuffy nose
肚子疼 dùzi téng	stomachache	发烧 fā shāo	to have a fever
发冷 fā lěng	to feel chilly	呕吐 ǒutù	to throw up, to vomit
打喷嚏 dǎ pēnti	to sneeze	打针 dǎ zhēn	to have an injection
流鼻涕 liú bíti	to have a runny nose	病人 bìngrén	patient

（2） 听录音，跟说下面的句子，判断这些句子是大夫还是病人说的 Listen to the recording of the following sentences and repeat after the speaker, try to tell who said the sentences, doctors or patients

A. 你怎么了？　　　　　　　　　　　　　　　　大夫☐　　病人☐
B. 你哪儿不舒服？　　　　　　　　　　　　　　大夫☐　　病人☐
C. 我咳嗽，嗓子有点儿不舒服。　　　　　　　　大夫☐　　病人☐
D. 还有哪儿不舒服？　　　　　　　　　　　　　大夫☐　　病人☐
E. 头疼，有点儿发冷。　　　　　　　　　　　　大夫☐　　病人☐
F. 我看看，嗯，是发烧了。　　　　　　　　　　大夫☐　　病人☐
G. 鼻子不通，嗓子疼。　　　　　　　　　　　　大夫☐　　病人☐
H. 我看看，嗯，嗓子红了。　　　　　　　　　　大夫☐　　病人☐
I. 你感冒了，我给你开点儿中药。　　　　　　　大夫☐　　病人☐
J. 请问，有没有西药？中药我吃不了。　　　　　大夫☐　　病人☐

K. 吃西药也可以，我给你开一盒。　　　　大夫□　　病人□

L. 大夫，要不要打针？　　　　　　　　　大夫□　　病人□

M. 不用打针，吃点儿药就可以了。　　　　大夫□　　病人□

N. 你发烧了，得休息两天，上不了课了。　大夫□　　病人□

O. 这几天空气干燥，要多喝水，注意休息。大夫□　　病人□

2. 小组活动：**看医生** Pair work: seeing a doctor

（1）角色分配：一位大夫和一个病人 Roles: a doctor and a patient

（2）任务前准备 Preparation before the task
① 病人的症状 The patient's symptoms
② 病人觉得可能是什么原因 Possible reasons
③ 大夫怎么检查 The way of checking
④ 大夫的诊断和建议 The doctor's prescription and advice

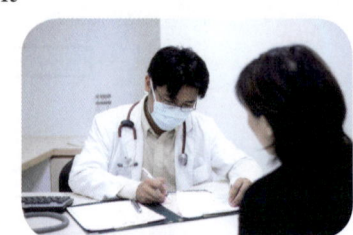

（3）活动任务：一个病人身体不舒服，去看大夫。大夫检查以后，给出诊断和建议。根据这一情景，请你们一起做一段对话。The task: a patient feels uncomfortable, and goes to see a doctor. After asking the patient the symptoms and checking, the doctor gives a prescription and advice. Make a conversation in this context.

（4）班级表演：小组多次彩排以后，在班里表演。看看哪位大夫最职业。Class performance: after rehearsals, show your conversation in class. Let's choose the most professional doctor.

> 给老师的提示：
> 复习对话一，总结购物环节和购物用语；老师还可根据学生水平适当增加购物常用语。

（四）班级活动：**买东西** Class activity: go shopping

1. 活动准备 Preparation for the activity

（1）购物环节 Shopping steps

问价 Ask prices　→　讲价 Bargain　→　决定购买数量 Decide the amount　→　付钱 Pay bill

（2）看图片，问价格 Look at the pictures and ask the prices

① 老师准备下列物品的图片，并在背面标注该物品在当地的大概价钱 Prepare the pictures with the following items and mark the proper price for each

草莓	西瓜	葡萄	香蕉
桃子	苹果	鸡蛋	饺子
烤鸭	烤肠	汉堡包	包子

| 水 | 牛奶 | 可乐 | 啤酒 |
| 咖啡 | 耳机 | 手机充电器 | 电影票 |

② 展示图片，学生看图片说生词，并说出相应量词和问价的句子 Look at the pictures and speak the corresponding words, measure words, and the sentences of asking prices

例 Example: 草莓 → 一斤草莓 / 一个草莓 → 草莓多少钱一斤？

③ 再次展示图片，让学生猜这些物品在当地的价格，然后展示背面的价格

> 例 Example: 草莓
> A: 草莓多少钱一斤？
> B: 我猜可能……钱一斤。

2. 班级活动：我们的自由 (zìyóu) 市场 Class activity: our free-market

（1） 全班同学平均分成两个大组，一组同学是买东西的，一组同学是卖东西的。All the students are evenly divided into 2 groups. The students in one group are the buyers, and those in another are the sellers.

（2） 卖东西的同学站成一大圈，每人得到1—2张上面表格中物品的图片，自己在图片上定价，也可以拿出一样自己的东西。The sellers stand in a big circle. Each seller gets 1—2 pictures of the items above, and marks your own prices on the pictures. You could also bring one of your things to sell.

（3） 买东西的同学看看对什么感兴趣，然后问价、讲价，如果最后价钱合适就买下来。5分钟时间，看看你买到了哪些东西。The buyers should look around, and see what you are interested. Ask the price, bargain, and buy if you think the price is ok. You will be given 5 minutes. Let's see what you will buy.

（4） 班级汇报 Class report

买东西的同学：① 你买了哪些东西？
② 你是多少钱买的？
③ 一共花 (huā, to spend) 了多少钱？

提示：
如果你什么都没买，应该怎么说？What will you say if you buy nothing?

卖东西的同学：① 你卖了多少东西？
② 你是多少钱卖的？
③ 一共卖了多少钱？

提示：
如果你什么都没卖，应该怎么说？What will you say if you sell nothing?

发现：交际汉语入门（下）

（五）班级采访：留学生消费调查 Class interview: investigation on the consumption of international students in China

1. 回答下面的问题，然后再采访至少两个同学，根据他们的回答填表
   Answer the following questions, then ask two classmates the same questions, and fill in the form with their answers

   (1) 你是从哪儿来的？你是哪国人？
   Nǐ shì cóng nǎr lái de? Nǐ shì nǎ guó rén?

   (2) 在中国，你常常去哪儿买东西？超市、大商场还是自由市场？
   Zài Zhōngguó, nǐ chángcháng qù nǎr mǎi dōngxi? Chāoshì, dàshāngchǎng, háishi zìyóu shìchǎng?

   (3) 在中国买东西，哪儿可以讲价？在你们国家呢？
   Zài Zhōngguó mǎi dōngxi, nǎr kěyǐ jiǎng jià? Zài nǐmen guójiā ne?

   (4) 你觉得中国的东西贵不贵？请举一个例子。
   Nǐ juéde Zhōngguó de dōngxi guì bu guì? Qǐng jǔ yí ge lìzi. (Please make an example)

   (5) 在中国什么比较贵？比你们国家贵吗？
   Zài Zhōngguó shénme bǐjiào guì? Bǐ nǐmen guójiā guì ma?

   (6) 在中国什么比较便宜？比你们国家便宜吗？
   Zài Zhōngguó shénme bǐjiào piányi? Bǐ nǐmen guójiā piányi ma?

问题 QUESTIONS	你的回答 YOUR ANSWERS	朋友一 Friend 1	朋友二 Friend 2
你是从哪儿来的？是哪国人？			
在中国，你常常去哪儿买东西？超市、大商场还是自由市场？			
在中国买东西，哪儿可以讲价？在你们国家呢？			
你觉得中国的东西贵不贵？请举一个例子。			
在中国什么比较贵？比你们国家贵吗？			
在中国什么比较便宜？比你们国家便宜吗？			

2. 请根据一位同学的回答，介绍一下他／她来中国的经历
   Please sum up and introduce one friend's experience of coming to China

   _____是 从_____来 的，他 是_____人。在 中国， 他 常常 去
   _____shì cóng_____lái de, tā shì_____rén. Zài Zhōngguó, tā chángcháng qù

   _____买 东西。 要是 去_____买 东西 的话，可以 讲价。在 他们 国家， 在
   _____mǎi dōngxi. Yàoshi qù_____mǎi dōngxi dehuà, kěyǐ jiǎng jià. Zài tāmen guójiā, zài

   _____买 东西_____可以 讲价。他 觉得 中国 的 东西_____，比如_____。
   _____mǎi dōngxi_____kěyǐ jiǎng jià. Tā juéde Zhōngguó de dōngxi_____, bǐrú_____.

   他 觉得 中国 的_____比较 贵，_____比较 便宜。
   Tā juéde Zhōngguó de_____bǐjiào guì, _____bǐjiào piányi.

六、用语言做事 REAL LIFE ACTIVITIES

（一）语言准备 Language preparation

1. 听写并朗读这些句子
   Dictation: write down five sentences. Read aloud and memorize them

   （1）_____。

   （2）_____。

   （3）_____。

   （4）_____。

   （5）_____。

2. 根据情景，用"动词＋不了"结构完成下列句子
   Complete the following sentences with the structure VERB-bù liǎo according to the contexts

   例 Example：今天 下 雨，我们 去 不了 长城 了。
   Jīntiān xià yǔ, wǒmen qù bu liǎo Chángchéng le.

   （1）今天 是 星期一，博物馆 不 开门， 我们_____。
   　　 Jīntiān shì xīngqīyī, bówùguǎn bù kāi mén, wǒmen_____.

   （2）这儿 没有 Wi-fi，我 的 手机_____。
   　　 Zhèr méiyǒu Wi-fi, wǒ de shǒujī_____.

   （3）怎么 没有 电 了？电视 都_____了。
   　　 Zěnme méiyǒu diàn le? Diànshì dōu_____le.

(4) 这 个 球队的 状态 不 太好，今天 恐怕_____。
Zhège qiúduì de zhuàngtài bú tài hǎo, jīntiān kǒngpà_____.

(5) 我 想 洗一个澡, 可是 没有 热水 了, 现在_____。
Wǒ xiǎng xǐ yí ge zǎo, kěshì méiyǒu rèshuǐ le, xiànzài_____.

(6) 这个 工作 在 中国，而且要 跟 中国 同事 (workmate) 一起 工作，
Zhège gōngzuò zài Zhōngguó, érqiě yào gēn Zhōngguó tóngshì yìqǐ gōngzuò,

我 汉语 说 得不太好，我觉得_____这个 工作。
Wǒ Hànyǔ shuō de bú tài hǎo, wǒ juéde_____zhège gōngzuò.

(7) 小心，这 茶水 很 烫，现在_____, 等一会儿再 喝吧。
Xiǎoxīn, zhè cháshuǐ hěn tàng, xiànzài_____, děng yíhuìr zài hē ba.

(8) 累死了! 你们 先 走 吧，我_____, 得休息一下儿。
Lèisǐ le! Nǐmen xiān zǒu ba, wǒ_____, děi xiūxi yíxiàr.

(9) 那 家 饭馆儿 附近 没有 停车场 (parking lot)，_____, 我们 别 开 车 去了。
Nà jiā fànguǎnr fùjìn méiyǒu tíngchēchǎng,_____, wǒmen bié kāi chē qù le.

3. 根据情景，用 "……就……吧" 结构应答上句
   Respond to what A said with the structure ...+ jiù ... ba

例 Example:

A: 全聚德 的 烤鸭 有点儿 贵, 我们 去 别的 饭馆儿 吧。
Quánjùdé de kǎoyā yǒudiǎnr guì, wǒmen qù biéde fànguǎnr ba.

B: 那儿的 烤鸭 最 好吃， 贵就 贵吧。
Nàr de kǎoyā zuì hǎochī, guì jiù guì ba.

(1) A: 这 个 房间 有点儿 小，要 不要 换 个 房间?
Zhège fángjiān yǒudiǎnr xiǎo, yào bu yào huàn ge fángjiān?

B: 没 关系，这个 房间 又 干净 (clean) 又 舒服，小_____。
Méi guānxi, zhège fángjiān yòu gānjìng yòu shūfu, xiǎo_____.

(2) A: 这 家 餐厅的 菜特别 好吃, 但是人太 多了。我们 要 不要 换 一家?
Zhè jiā cāntīng de cài tèbié hǎochī, dànshì rén tài duō le. Wǒmen yào bu yào huàn yì jiā?

B: 没 关系，_____, 我 想 尝尝 他们 的 菜。
Méi guānxi,_____, wǒ xiǎng chángchang tāmen de cài.

(3) A: 我 最近比 以前 胖 了, 以后 得 注意, 少 吃 东西。
Wǒ zuìjìn bǐ yǐqián pàng le, yǐhòu děi zhùyì, shǎo chī dōngxi.

B: 不用， 出 门 旅行 (travel) 嘛, 当然 要 吃 好吃 的，_____。
Búyòng, chū mén lǚxíng ma, dāngrán yào chī hǎochī de,_____.

(4) A: 这 个 工作 挺累 的, 你做 得 了 吗?
Zhège gōngzuò tǐng lèi de, nǐ zuò de liǎo ma?

B: _____, 我 喜欢 这个 工作。
_____, wǒ xǐhuan zhège gōngzuò.

(5) A: 我 听说 长城 离这儿很 远, 坐车 要 两个 多 小时 呢。
Wǒ tīngshuō Chángchéng lí zhèr hěn yuǎn, zuò chē yào liǎng ge duō xiǎoshí ne.

B: 那也得去啊，长城是非去不可的，远＿＿＿＿＿。
Nà yě děi qù a, Chángchéng shì fēi qù bù kě de, yuǎn＿＿＿＿＿.

(6) A: 艾玛，王海和马丁又去酒吧喝酒了。
Àimǎ, Wáng Hǎi hé Mǎdīng yòu qù jiǔbā hē jiǔ le.

B: 他们好久不见了，应该多聊聊，＿＿＿＿＿。
Tāmen hǎojiǔ bú jiàn le, yīnggāi duō liáoliao,＿＿＿＿＿.

(7) A: 妈妈，这家宾馆早饭没有麦片。
Māma, zhè jiā bīnguǎn zǎofàn méiyǒu màipiàn.

B: 没有＿＿＿＿＿，我们尝尝八宝粥吧。
Méiyǒu＿＿＿＿＿, wǒmen chángchang bābǎozhōu ba.

(8) A: 这部功夫片不错,可是他们说汉语,你可能听不懂。
Zhè bù gōngfupiān búcuò, kěshì tāmen shuō Hànyǔ, nǐ kěnéng tīng bu dǒng.

B: 没关系，功夫片嘛，故事不重要，听不懂就＿＿＿＿＿。
Méi guānxi, gōngfupiān ma, gùshi bú zhòngyào, tīng bu dǒng jiù＿＿＿＿＿.

4. 把下列词语组成合适的句子
Make appropriate sentences with the following words

(1) 照片　着　上　放　两张　书架
　　Zhàopiàn　zhe　shang　fàng　liǎngzhāng　shūjià

(2) 着　一个　摆　茶几　里　房间
　　zhe　yí ge　bǎi　chájī　li　fángjiān

(3) 牌子　着　门　一个　挂　上
　　páizi　zhe　mén　yí ge　guà　shang

(4) "洗手间"　着　牌子　写　上
　　"xǐshǒujiān"　zhe　páizi　xiě　shang

5. 根据上下文情景完成下面的对话
Complete the following dialogues according to the contexts

(1) A: ＿＿＿＿＿＿＿＿＿＿？

B: 12块一斤。
　　Shí'èr kuài yì jīn.

(2) A: 吃点儿中药吧。
　　Chī diǎnr zhōngyào ba.

B: ＿＿＿＿就＿＿＿＿。吃中药可能好得快。
　　＿＿＿＿ jiù ＿＿＿＿. Chī zhōngyào kěnéng hǎo de kuài.

(3) A: _____？

　　B: 不要了。
　　　 Bú yào le.

(4) A: 五瓶啤酒够不够？
　　　 Wǔ píng píjiǔ gòu bu gòu?

　　B: 太多了，_____。
　　　 Tài duō le, _____.

(5) A: 外面有人唱歌 (to sing songs)。
　　　 Wàimiàn yǒu rén chàng gē.

　　B: 会不会_____？
　　　 Huì bu huì _____?

（二）社会扩展活动：我的中国日记 Social activities: my Chinese diary

_____城市物价调查 My Investigation on the Prices in _____

你住在中国的哪个城市？这个城市的物价水平怎么样？请你调查一下。Which city do you live in China? What is the price level of the city? Please make an investigation on the price level.

调查办法 Methods for investigation

1. 去一家超市，拍下超市里的日常物品的价格，比如食品价格、饮料价格、办公用品价格、美容美发用品价格等 Go to a supermarket, and take photos of the prices for daily supplies, such as the prices of food, drinks, stationery, and the beauty and hair products, etc

2. 去一个水果摊儿买水果，问问各种水果的价格，请把你和小贩的对话录下来 Go for a fruit stand to buy some fruits, and ask the prices. Record the conversation between you and the vendor

3. 去一家饭馆儿或咖啡厅，拍下菜单上的价格，并保留发票 Go to a restaurant or a café, take photos while ordering, and keep the receipt

调查报告 Investigation report

根据你的调查，请介绍一下这个城市的物价情况 Give a report of the price level in this city based on your investigation

第18课　便宜一点儿行不行？

七、词语库 WORDS AND EXPRESSIONS

（一）生词表 New words list

1.	草莓	cǎoméi	（名）	strawberry
2.	看起来	kàn qilai		to look, seem
3.	新鲜	xīnxiān	（形）	(of experience, food, etc.) fresh
4.	斤	jīn	（量）	a unit of weight equal to 1/2 kilogram
5.	小贩	xiǎofàn	（名）	peddler, vendor, hawker
6.	便宜	piányi	（形）	inexpensive, cheap
7.	上市	shàng shì		to enter the market, to be available in the market
8.	甜	tián	（形）	sweet
9.	挺	tǐng	（副）	very, rather, quite
10.	还	hái	（副）	still, yet
11.	咳嗽	késou	（动）	to cough
12.	嗓子	sǎngzi	（名）	throat
13.	大夫	dàifu	（名）	doctor, physician, surgeon
14.	感冒	gǎnmào	（名/动）	the cold, flu; to catch a cold
15.	西药	xīyào	（名）	Western medicine
16.	中药	zhōngyào	（名）	traditional Chinese medicine
17.	了	liǎo	（动）	a potential complement indicating the possibility of used with "得" "不" after an verb or an adjective to indicate possibility
18.	开	kāi	（动）	to open
19.	盒	hé	（名/量）	box, case
20.	空气	kōngqì	（名）	air
21.	干燥	gānzào	（形）	dry, arid
22.	剃须膏	tìxūgāo	（名）	shaving cream, shaving foam
23.	超市	chāoshì	（名）	supermarket
24.	找	zhǎo	（动）	to look for
25.	挂	guà	（动）	to hang up, to suspend
26.	着	zhe	（助）	an aspect particle attaching to a verb indicating the continuation of an action or state
27.	牌子	páizi	（名）	plate, sign, tag
28.	美容	měiróng	（动）	cosmetology, beauty treatment for the face
29.	用品	yòngpǐn	（名）	articles for use
30.	眼尖	yǎn jiān		to be sharp-eyed

发现：交际汉语入门（下）

（二）相关链接 Related Links

查查词典，看看它们是什么意思
Look up the dictionary and find the meanings of the following words

量词 liàngcí measure words	意思 yìsi meaning	例子 lìzi example	症状 zhèngzhuàng symptom	意思 yìsi meaning
瓶 píng		一瓶水 yì píng shuǐ	头疼 tóu téng	
本 běn		一本书 yì běn shū	牙疼 yá téng	
张 zhāng		一张画儿 yì zhāng huàr	胃疼 wèi téng	
只 zhī		一只烤鸭 yì zhī kǎoyā	嗓子疼 sǎngzi téng	
朵 duǒ		一朵花 yì duǒ huā	拉肚子 lā dùzi	
件 jiàn		一件衣服 yí jiàn yīfu	发烧 fā shāo	
条 tiáo		一条裙子 yì tiáo qúnzi	恶心 ěxin	
把 bǎ		一把钥匙 yì bǎ yàoshi	过敏 guòmǐn	

从相关链接中选出五个对你最有用的词，写一写 Please select five useful words for you in the *Related Links* above, and write in the following blanks

1. _____ 2. _____ 3. _____ 4. _____ 5. _____

八、生活剪影 LIFE SKETCH

中药 和 西药
Zhōngyào hé xīyào

几乎 每个 中国 家庭 的 药箱 里 既有 中药 也有 西药。一般 认为，
Jīhū měi ge Zhōngguó jiātíng de yàoxiāng li jì yǒu zhōngyào yě yǒu xīyào. Yìbān rènwéi,
西药 见效 比较 快，但是 副作用 也 大 一些，中药 比较 温和，这 意味 着
xīyào jiàn xiào bǐjiào kuài, dànshì fùzuòyòng yě dà yìxiē, zhōngyào bǐjiào wēnhé, zhè yìwèi zhe

见效 较 慢, 但是 副作用 小。 其实, 这 种 看法 不 一定 准确。有了 病,
jiàn xiào jiào màn, dànshì fùzuòyòng xiǎo. Qíshí zhè zhǒng kànfǎ bù yídìng zhǔnquè. Yǒule bìng,
最好 还是 听 大夫 的。我们 可以 决定 的 是:去 看 中医 还是 去 看 西医。
zuìhǎo háishi tīng dàifu de. Wǒmen kěyǐ juédìng de shì: qù kàn zhōngyī háishi qù kàn xīyī.

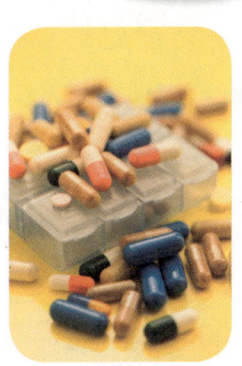

部分练习参考答案 KEY TO SOME EXERWSES

六（一）1."听写并朗读这些句子" 答案 The answer of dictation

（1）多少钱一斤?
（2）是挺甜。
（3）贵就贵点儿吧。
（4）那儿挂着一个牌子。
（5）会不会就在那儿?

187

第 19 课

 购物

我要那件有龙的

一、语言热身 LET'S WARM UP!

我的词典 MY DICTIONARY

1 找到与"我的词典"中的词语相对应的图片，然后朗读词语
Please match the words in *My Dictionary* with the corresponding pictures, and read these words aloud

（1）你喜欢什么样的纪念品 What kind of souvenirs do you like?

a. 茶叶 / cháyè / tea leaf
b. 瓷器 / cíqì / Chinaware
c. 冰箱贴 / bīngxiāngtiē / fridge magnet
d. 筷子 / kuàizi / chopsticks
e. 剪纸 / jiǎnzhǐ / papercut
f. 明信片 / míngxìnpiàn / postcard
g. 扇子 / shànzi / hand fan
h. 丝巾 / sījīn / silk scarf

（2） 你喜欢什么样的茶？ What kind of tea do you like?

a. 绿茶 / lǜchá / green tea
b. 乌龙茶 / wūlóngchá / oolong tea
c. 红茶 / hóngchá / black tea
d. 黑茶 / hēichá / dark tea
e. 茉莉花茶 / mòlìhuāchá / jasmine tea
f. 菊花茶 / júhuāchá / chrysanthemum tea

（3） 中国文化中象征美好的动物
Fortune animals in Chinese culture

a. 鹤 / hè / crane
b. 鹿 / lù / deer
c. 龙 / lóng / dragon
d. 鱼 / yú / fish
e. 蝙蝠 / biānfú / bat
f. 凤凰 / fènghuang / phoenix
g. 麒麟 / qílín / kylin
h. 狮子 / shīzi / lion
i. 鸳鸯 / yuānyang / mandarin duck

发现：交际汉语入门（下）

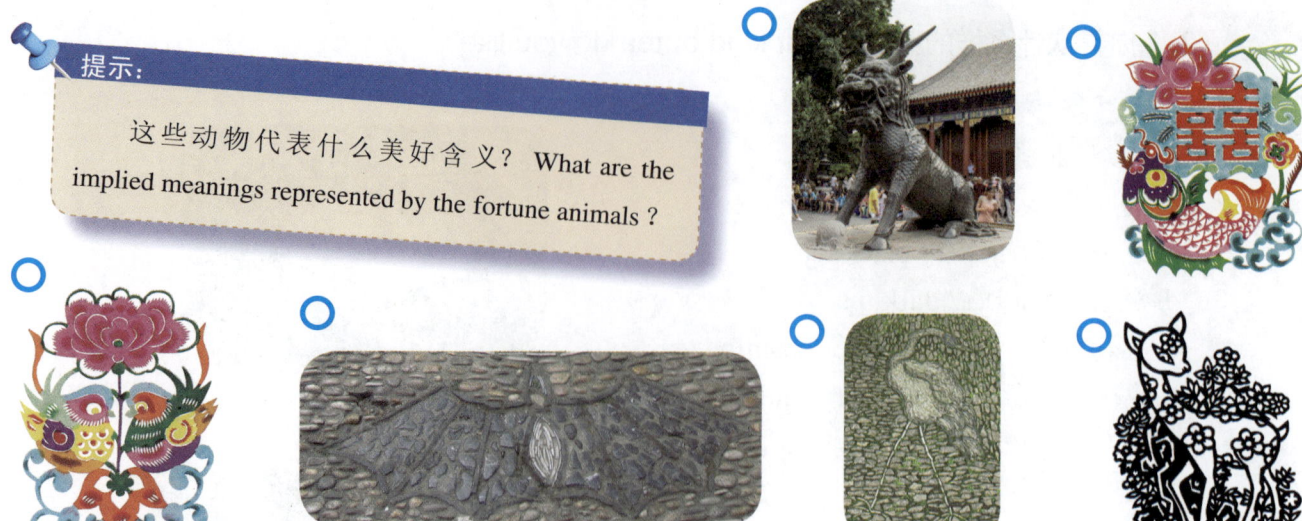

提示：
这些动物代表什么美好含义？ What are the implied meanings represented by the fortune animals?

2 逛商店，买T恤
Go shopping, buy T-shirts

（1）请用所给句式描述下面这些T恤衫
Describe the following T-shirts with the given pattern

> 句式 Pattern
> PLACE + V-着 + somebody/something

例 Example:

这 件 T恤 不错， 上面 印着 很 多 汉字。
Zhè jiàn T xù búcuò, shàngmiàn yìn zhe hěn duō Hànzì.

1.

2.

（2）小组活动：跟同伴一起交流，从上面这些T恤中给家人朋友和自己挑几件
Pair work: work with your partner, and choose a few T-shirts for your family, friends and yourself

例 Examples:

A: 你 喜欢 什么 样 的？/ 你喜欢 哪件？
Nǐ xǐhuan shénme yàng de? / Nǐ xǐhuan nǎ jiàn?
B: 我 喜欢 那件 有 熊猫 的。
Wǒ xǐhuan nà jiàn yǒu xióngmāo de.

A: 你要 送 给谁?
Nǐ yào sònggěi shéi?

B: 我 答应 妹妹 给 她 带 个 礼物。
Wǒ dāying mèimei gěi tā dài ge lǐwù.

3 小组活动：两人一组，用所给句式和方框中的名词问答
Pair work: ask questions with the given pattern and nouns

句式 Pattern
你喜欢什么样的……?

A. 礼物 lǐwù   B. 纪念品 jìniànpǐn   C. 手机 shǒujī   D. 电脑 diànnǎo
E. 电影 diànyǐng F. 茶 chá   G. 酒吧 jiǔbā   H. 餐厅 cāntīng
I. 建筑 jiànzhù   J. 工作 gōngzuò   K. 早餐 zǎocān   L. 啤酒 píjiǔ

4 看图说话：用所给句式介绍下面这些产品的功能
Talk about the following pictures: please introduce the functions of these products with the pattern given

句式 Pattern

S 既可以 VP1，又可以 VP2。

例 Example:

电饭锅   既可以 做 粥 和 米饭，
Diànfànguō jì kěyǐ zuò zhōu hé mǐfàn,
又 可以 做 蛋糕。
yòu kěyǐ zuò dàngāo.

1.

2.

3.

4.

5 专家咨询：有好处还是没有好处
Advisor：good or not good

小组活动：你和同伴是健康专家，说一说下面方框中的生活习惯对身体有没有好处 Pair work: you two are health advisors. Please give opinions whether the habits in the following box are good for health

- A. 喝茶
- B. 喝酒
- C. 喝咖啡
- D. 吃黑巧克力 (hēiqiǎokèlì, black chocolate)
- E. 吃水果
- F. 不吃肉 (ròu, meat)
- G. 晚睡
- H. 早睡早起 (zǎo shuì zǎo qǐ)
- I. 运动 (yùndòng, sports)
- J. 经常跟朋友聊天儿
- K. 睡觉的时候不关手机
- L. 唱歌 (chàng gē, to sing songs)

_____对身体有没有好处？

6 大声朗读句子，想一想这些句子的意思
Read the following sentences aloud, and think about the meaning of the sentences

(1) 既 可以 寄给 朋友，也 可以 留着 作 纪念。
    Jì kěyǐ jìgěi péngyou, yě kěyǐ liúzhe zuò jìniàn.

(2) 你 喜欢 什么 样儿 的?
    Nǐ xǐhuan shénme yàngr de?

(3) 一 样 来 一 张 吧。
    Yí yàng lái yí zhāng ba.

(4) 喝 茶 对 老人 的 身体 有 好处。
    Hē chá duì lǎorén de shēntǐ yǒu hǎochù.

(5) 到底 买 什么 好 呢?
    Dàodǐ mǎi shénme hǎo ne?

二、身在其中 IN THE SCENE

1 情景对话 1 Scene 1

◎（马丁在挑选明信片 Martin is choosing postcards）

（1）听录音，听后回答下列问题
Listen to the recording and answer the following questions

> 马丁想买什么样的明信片？(What kind of postcards does Martin want to buy?)
> 他要买多少？(How many is he going to buy?)

（2）听第二遍录音，一边听一边跟说。然后请根据对话内容，完成下面的句子
Listen to the recording for the second time, and repeat while listening. Then complete the following conversation according to Dialogue 1

售货员：＿＿＿＿＿＿＿？
Shòuhuòyuán: ＿＿＿＿＿＿＿？

马 丁： 看看 名胜 古迹 的 吧，比如
Mǎdīng: Kànkan míngshèng gǔjì de ba, bǐrú

长城、 故宫， 天坛 什么的。
Chángchéng, Gùgōng, Tiān Tán shénmede.

售货员: _____?
Shòuhuòyuán: _____?

马丁: 不错。一样来一张 吧。
Mǎdīng: Búcuò. Yí yàng lái yì zhāng ba.

(3) 朗读对话一，注意发音和语气
Read Dialogue 1 aloud, and pay attention to the pronunciation and tone

售货员: 买 几 张 明信片 吧，既 可以 寄给 朋友， 又 可以
Shòuhuòyuán: Mǎi jǐ zhāng míngxìnpiàn ba, jì kěyǐ jìgěi péngyou, yòu kěyǐ

留着 作 纪念。
liúzhe zuò jìniàn.

马丁: 说 得 对。我们 选 几 张。
Mǎdīng: Shuō de duì. Wǒmen xuǎn jǐ zhāng.

售货员: 你 喜欢 什么 样儿 的?
shòuhuòyuán: Nǐ xǐhuan shénme yàngr de?

马丁: 看看 名胜 古迹 的 吧，比如 长城、 故宫、
Mǎdīng: Kànkan míngshèng gǔjì de ba, bǐrú Chángchéng, Gùgōng,

天坛 什么的。
Tiāntán shénmede.

售货员: 这 几 张 怎么样?
shòuhuòyuán: Zhè jǐ zhāng zěnmeyàng?

马丁: 不错。一样 来 一 张 吧。
Mǎdīng: búcuò. Yí yàng lái yì zhāng ba.

2 情景对话 2 Scene 2

◎ （他们在茶城 They are in the Tea City）

(1) 听录音，判断下面的说法是否正确
Listen to the recording and judge if the following statements are correct according to Dialogue 2

① 茶叶 是 很 好 的 礼物。
　Cháyè shì hěn hǎo de lǐwù.

发现：交际汉语入门（下）

❷ 马丁 想 买 绿茶、红茶 和 乌龙茶。　　　　　　　☐
　　Mǎdīng xiǎng mǎi lǜchá, hóngchá hé wūlóngchá.

❸ 马丁 是 茶叶 专家。　　　　　　　　　　　　　☐
　　Mǎdīng shì cháyè zhuānjiā.

（2）听第二遍录音，一边听一边跟说。根据对话的内容，完成下面的句子
Listen to the recording for the second time, and repeat while listening. Then complete the following conversation according to Dialogue 2

艾玛 Àimǎ　　　我们_____给 父母？
　　　　　　　Wǒmen_____gěi fùmǔ?

马丁 Mǎdīng　　买 点儿 茶叶 吧。喝 茶_____。
　　　　　　　Mǎi diǎnr cháyè ba. Hē chá_____.

（3）朗读对话二，注意发音和语气
Read Dialogue 2 aloud, and pay attention to the pronunciation and tone

艾玛：　我们 带点儿 什么 给 父母？
Àimǎ：　Wǒmen dài diǎnr shénme gěi fùmǔ?

马丁：　买 点儿 茶叶 吧。喝 茶 对 老人 的 身体 有 好处。
Mǎdīng：　Mǎi diǎnr cháyè ba. Hē chá duì lǎorén de shēntǐ yǒu hǎochù.

艾玛：　茶 的 种类 太 多 了，什么 红茶、绿茶、乌龙茶。到底 买
Àimǎ：　Chá de zhǒnglèi tài duō le, shénme hóngchá, lǜchá, wūlóngchá. Dàodǐ mǎi

　　　　什么 好 呢？
　　　　shénme hǎo ne?

马丁：　不如 每 样 都 买 一点儿。
Mǎdīng：　Bùrú měi yàng dōu mǎi yìdiǎnr.

艾玛：　好。喝完 所有 的 茶，你们 就 是 茶叶 专家 了。
Àimǎ：　Hǎo. Hēwán suǒyǒu de chá, nǐmen jiù shì cháyè zhuānjiā le.

3 情景对话 3 Scene 3

◎ （他们在挑选 T 恤 They are choosing T-shirts）

（1）听录音，马丁要买什么，在图片下边标出来
Listen to the recording, and mark what Martin is going to buy

A. _____   B. _____   C. _____   D. _____

（2）听录音，听后回答下列问题
Listen to the recording and answer the following questions

> 艾玛和麦克在买什么？（What are Emma and Mike buying?）
> 麦克说"我要那件有龙的"，是什么意思？他想要什么？
> What does Mike mean by saying "Wǒ yào nà jiàn yǒu lóng de"?
> What does he want?
> 他们买了几件 T 恤？什么样的 T 恤？
> (How many T-shirts did they buy? What kinds of T-shirts?)

（3）朗读对话三，注意发音和语气
Read Dialogue 3 aloud, and pay attention to the pronunciation and tone

---

麦克： 这件 T 恤真别致，上面印着那么多汉字。
Màikè: Zhè jiàn T xù zhēn biézhì, shàngmiàn yìnzhe nàme duō Hànzì.

艾玛： 麦克，我们快回国了，买几件 T 恤回去吧。
Àimǎ: Màikè, wǒmen kuài huí guó le, mǎi jǐ jiàn T xù huíqu ba.

麦克： 要这件有熊猫的吧，我答应托马斯给他带个礼物。
Màikè: yào zhè jiàn yǒu xióngmāo de ba, wǒ dāying Tuōmǎsī gěi tā dài ge lǐwù.

艾玛： 那你自己呢？
Àimǎ: Nà nǐ zìjǐ ne?

麦克： 我要那件有龙的。
Màikè: Wǒ yào nà jiàn yǒu lóng de.

发现：交际汉语入门（下）

(4) 两人一组，介绍一下上面的情景对话，可以增加感兴趣的内容
Pair work: try to transform the dialogues above into a narrative paragraph. You could add other related information into your story as much as you can

这 家 店 的 T 恤 种类 很 多， 有的 上面 印着_____，有的 (some)
Zhè jiā diàn de T xù zhǒnglèi hěn duō, yǒude shàngmiàn yìnzhe_____, yǒude

印着_____，有的 印着_____。麦克 给 托马斯 和 自己 都 买 了 一件。
yìnzhe_____, yǒude yìnzhe_____. Màikè gěi Tuōmǎsī hé zìjǐ dōu mǎile yí jiàn.

他 喜欢 上面 有 熊猫 和 龙 的，所以 一样_____。
Tā xǐhuan shàngmiàn yǒu xióngmāo he lóng de, suǒyǐ yíyàng_____.

三、发现语言现象 FINDING GRAMMAR POINTS

与同伴研究一下，下面的句子有什么特点。你还可以说出这样的句子吗？
Try to find language points in the following sentences with your partner. Could you figure out the meaning and function of the patterns by yourself? Can you make similar sentences with the points?

★ 既……，又…… Both...and...

表示同时具有两个方面的性质或情况。既 Jì here is used correlatively with 也 yě to indicate both situations are available. It can be translated into "both ...and..., or as well as"

这个 咖啡馆儿 既 漂亮 又 干净。
zhège kāfēiguǎnr jì piàoliang yòu gānjìng.

马丁 既 懂 英语，又 懂 法语。
Mǎdīng jì dǒng Yīngyǔ, yòu dǒng Fǎyǔ.

小马 既 会画画儿，又 会 设计 服装。
Xiǎo Mǎ jì huì huà huàr, yě huì shèjì fúzhuāng.

我的句子：My sentences

★ 到底

副词"到底"用在问句里，表示强调。The adverb "到底"(dàodǐ) is used in a question for emphasis, meaning after all.

你 到底 去 不 去，快 说 呀!
Nǐ dàodǐ qù bu qù, kuài shuō ya!

到底 选 哪个 呢? 都 挺 好 的。
Dàodǐ xuǎn nǎge ne? Dōu tǐng hǎo de.

注意：带"吗"的问句，不能用"到底"。Note: "到底" can not be used in "吗" questions.

下面的意思用"到底"怎么说？How do you use "dàodǐ" to ask what the truth or exact answer is in the following situations?

① 哥哥说明天回来，又说后天回来。你问：

_____

② 这个电脑小王已经去商店看了三次，还没决定买不买。你问：

_____

③ 吵架（chǎo jià）以后，小红问小刚爱不爱她：

_____

★ A ＋ 不如 ＋ B
　 A ＋ bùrú ＋ B

　　"不如"用在比较句中，跟"没有"一样，是"比"的否定形式，意思是"比不上"。通常用来连接两个语法成分相同的结构。"不如 bùrú" is used in comparative sentences, and means not be compared to or not as good as, denoting that A is inferior to B. It is also a negative form of "比" sentences as "没有", it is often used to connect two identical grammatical structures.

天津 不如 北京。
Tiānjīn bùrú Běijīng.
小红 不如 小丽。
Xiǎohóng bùrú Xiǎolì.
请 别人 帮助 不如 自己 做。
Qǐng biérén bāngzhù bùrú zìjǐ zuò.
百 闻 不如 一 见。
Bǎi wén bùrú yí jiàn.

也可以直接说明"不如"的方面。It can directly illustrate the aspects of "不如".

A ＋ 不如 ＋ B ＋ 形容词
A ＋ bùrú ＋ B ＋ xíngróngcí

天津　不如　北京　大。
Tiānjīn　bùrú Běijīng dà.

小红　　不如　小丽　勤快。
Xiǎohóng bùrú　Xiǎolì qínkuai.

下面的意思用"不如"怎么说？How do you express it with "不如"?

① 红的好，黑的不好。
　_____

② 小王比小张认真（rènzhēn）。
　_____

③ 中国的西部（xībù）没有东部（dōngbù）发展（fāzhǎn）快。
　_____

想一想，还有什么问题？Do you have other questions?

四、记忆、巩固和提升 MEMORIZE, CONSOLIDATE, AND UPGRADE

两人一组，先认读方框中的词语，然后互问互答
Pair work: please recognize the expressions in the box with your partner. One asks questions according to the parts underlined, and the other answers questions

1. A: <u>这些 明信片</u> 有 什么 用？
　　　<u>Zhèxiē míngxìnpiàn</u> yǒu shénme yòng?

　B: 既 可以 <u>寄给 朋友</u>，又 可以 <u>留着 作 纪念</u>。
　　　Jì kěyǐ　jìgěi péngyou, yòu kěyǐ liúzhe zuò jìniàn.

手机　　　　　　　　　上网　　　　　　拍照
shǒujī　　　　　　　　shàng wǎng　　　pāi zhào
这 个 店 的 会员卡　　打折　　　　　　积分 (accumulate points)
zhège diàn de huìyuánkǎ　dǎ zhé　　　jīfēn
香木扇 (sandalwood fan)　自己用　　　　送人
xiāngmùshàn　　　　　　zìjǐ yòng　　　sòng rén

2. A: 您这儿有 风景 的 明信片 吗?
   Nín zhèr yǒu fēngjǐng de míngxìnpiàn ma?

   B: 很 多, 比如 长城、 故宫、天坛 什么的。
   Hěn duō, bǐrú Chángchéng, Gùgōng, Tiān Tán shénmede.

   > 他 有 爱好 看 电影、爬 山、读 历史书
   > Tā yǒu àihào kàn diànyǐng pá shān, dú lìshǐ shū
   > 小王 去过很多 地方 上海、 杭州、 西安
   > Xiǎo Wáng qùguo hěn duō dìfang Shànghǎi, Hángzhōu, Xī'ān

3. A: 要 哪个?
   Yào nǎge?

   B: 一样 来 一张 吧。
   Yí yàng lái yì zhāng ba.

   > 要 yào   两斤 liǎng jīn
   > 尝 cháng 一个 yí ge

4. A: 到底 买 什么 好 呢?
   Dàodǐ mǎi shénme hǎo ne?

   B: 你 决定 吧。
   Nǐ juédìng ba.

   > 选哪个地方 xuǎn nǎge dìfang
   > 怎么走 zěnme zǒu

5. A: 我们 怎么 办?
   Wǒmen zěnme bàn?

   B: 不如 每 样 都 买 一点儿。
   Bùrú měi yàng dōu mǎi yìdiǎnr.

   > 今天就走 jīntiān jiù zǒu
   > 就在这儿等 jiù zài zhèr děng

6. A: 你 答应 托马斯 什么?
   Nǐ dāying Tuōmǎsī shénme?

   B: 我 答应 托马斯给他 带件 礼物。
   Wǒ dāying Tuōmǎsī gěi tā dài jiàn lǐwù.

   > 父母 一定 要 考上 北京 大学
   > fùmǔ yídìng yào kǎoshang Běijīng Dàxué
   > 妻子 好好儿 在 家 休息
   > qīzǐ hǎohāor zài jiā xiūxi

五、用汉语完成任务 TASKS IN CHINESE

（一）小组活动：我需要你的建议 Pair work: I need your advice

1. 你在中国生活了一段时间了。你的朋友刚来这儿学习，需要你的建议。请用"不如"表达自己的意见
   You have been lived in China for some time. One of your friends just came to study Chinese, and need your advice. Please try to answer his questions with "bùrú"

例 Example:

你觉得,住学校里边好,还是住学校外边好?

我觉得,住学校外边不如住学校里边,学校里边更方便。

(1) 你觉得,应该去图书馆 (túshūguǎn, library) 学习,还是在房间里学习?

我觉得,

(2) 你觉得,在这儿买一个手机好,还是用自己带来的手机?

我觉得,

(3) 你觉得,平时 (píngshí, usually) 跟朋友联系 (liánxì, contact),打电话好还是发短信好?

我觉得,

(4) 你觉得,平时 (píngshí, usually) 来上课,走路方便 (fāngbiàn, usually),还是骑 (qí, usually) 自行车 (zìxíngchē, usually) 方便?

我觉得,

(5) 午饭应该在学校食堂吃,还是去学校外边的饭馆儿吃?

我觉得,

(6) 要是去外边的话,坐地铁、公共汽车,还是打车?

我觉得,

2. 我喜欢一个女孩子，想跟她约会。但是很多事情不知道应该怎么办好。你是个爱情专家，请用"不如"提一些建议
   I like a girl, and I am going to make an appointment with her. But I don't know how to do it . You are a love expert. Please give advices with "bùrú"

例 Example:

> 你觉得，我们应该去吃饭、看电影还是去酒吧？

> 我觉得，你们不如先去看电影，然后去吃饭。

(1) 你觉得，我们去吃中餐好，还是去吃西餐好？

> 我觉得，

(2) 你觉得，我们应该一起去餐厅，还是在餐厅见面？

> 我觉得，

(3) 你觉得，要不要带一个礼物？送花好还是送巧克力好？

> 我觉得，

(4) 要是她不点菜，让我点菜，我应该多点还是少点？

> 我觉得，

(5) 吃饭的时候，我应该多说话，还是少说多听？

> 我觉得，

(6) 结账的时候，应该我付钱，还是每人付一半？

> 我觉得，

（二）学习报告：我和中国的故事 Presentation: the story of me and China

1. 回答下面的问题。如果是选择问句，而且你的回答有"都"的意思的话，请尽量用"既……又……"回答
   Answer the following questions. Please try to answer with "jì... yòu..." if your

answer is "both" or "neither"

例 Example:

> A: 你喜欢北京还是上海 (Shànghǎi)?
> B: 我既喜欢北京, 又喜欢上海。 → I like both Beijing and Shanghai.
> 　 我既不喜欢北京, 又不喜欢上海。 → I like neither Beijing or Shanghai.

个人背景 personal story

(1) 你是哪国人?

(2) 你懂英语吗? 懂汉语吗?

(3) 你有中文名字吗? 有英文名字吗? 叫什么名字?

(4) 你长得像爸爸还是像妈妈?

(5) 你有哥哥姐姐吗? 有没有弟弟妹妹?

(6) 你为什么来中国? 是想学习汉语, 还是要在中国旅行 (lǚxíng, travel)?

(7) 你有没有旅行的钱? 有没有旅行的时间 (shíjiān, time)?

(8) 你喜欢吃中餐还是西餐?

(9) 你喜欢喝咖啡还是茶?

我在中国的经历 My experience in China

(1) 你现在在中国吗? 你在哪个城市 (chéngshì, city)?

(2) 这个城市有现代的建筑吗? 有以前的老建筑吗?

(3) 你觉得汉语好学 (hǎoxué, easy to learn) 吗? 有意思 (yǒu yìsi, interesting) 吗?

(4) 你们的学习紧张不紧张? 兴奋 (xīngfèn, exciting) 吗?

(5) 你的同学怎么样? 聪明 (cōngming, smart) 吗? 漂亮吗?

(6) 你的同学说汉语说得怎么样? 清楚吗? 流利 (liúlì, fluent) 吗?

(7) 你在这儿吃中餐还是吃西餐?

(8) 这儿的中餐怎么样? 好吃吗? 好看吗?

(9) 这儿的水果多不多? 新鲜不新鲜? 贵不贵? 好吃不好吃?

(10) 你觉得中国是一个什么样的国家? 古老 (gǔlǎo, old) 的国家还是现代的国家?

2. 请把你的回答串起来,写成一段话。数一数有多少个句子用到了"既……又……"的结构
   Put your answers together, and try to make a paragraph. Write your story down, and count how many "jì... yòu..." structures used

(三) **角色扮演:审讯国际骗子 Role-play: to interrogate an international big fat liar**

1. 小组内讨论:你和同伴都在国际刑警组织工作。你们要审讯一名超级国际骗子。请用"到底"调查他的个人信息,看看你们能提出多少问题
   Pair work: you and your partner work in the International Criminal Police Organization. You will interrogate an international big fat liar. Please interview him about his personal information with "dàodǐ". Try to figure out as many questions as you can

   例 Example:

   > 你到底是哪国人?　　　　　　　　……到底 (dàodǐ) + V./adj. + question-words ……?
   > 你到底叫什么名字?
   > 你到底是男的还是女的?　　　　　……到底 (dàodǐ) + Affirmative-negative question ?

2. 小组间讨论:跟另一个小组一起交流,一起整理出一个审讯单,最少包括 10 个问题
   Discussion between groups: discuss with another group, and work out a question list, 10 questions included at least

3. 审讯调查:合作的四个人中抽调出一个,作为嫌疑人到其他组接受审讯,余下的三个人作为审讯官,调查其他组来的嫌疑人;调查结束后,审讯官整理调查报告交给老师
   Interviewing the suspect: choose one at random from four students working together, to be the suspect to take the interrogation in any other group. And the other three work as interrogators to interview the suspects from other group. An investigation report is required after the interrogation

（四）班级采访：回国的礼物买什么 Class interview: what shall I buy as gifts

1. 回答下面的问题，然后再采访至少两个同学，根据他们的回答填表
Answer the following questions, then ask two classmates the same questions, and fill in the form with their answers

(1) 你 回国 的 时候，要 给 哪些 人 带 礼物？
Nǐ huí guó de shíhou, yào gěi nǎxiē rén dài lǐwù?

(2) 你 觉得 最 有 中国 特色 的 礼物 是 什么？
Nǐ juéde zuì yǒu Zhōngguó tèsè de lǐwù shì shénme?

(3) 你 觉得 送 父母 什么 礼物 比较 好？为 什么 呢？
Nǐ juéde sòng fùmǔ shénme lǐwù bǐjiào hǎo? Wèi shénme ne?

(4) 你 想 送 最好的 朋友 什么 礼物？
Nǐ xiǎng sòng zuì hǎo de péngyou shénme lǐwù?

名字 \ 问题	你回国的时候，要给哪些人带礼物？	你觉得最有中国特色的礼物是什么？	你觉得送父母什么礼物比较好？	你想送最好的朋友什么礼物？
1.				
2.				
3.				

2. 请根据一位同学的回答，介绍一下他／她回国以前打算买什么样的礼物
Please sum up and introduce one friend's plan of buying gifts before leaving China

_____回国 的 时候 要 给_____带礼物，所以 回国 以前，他 得
_____huí guó de shíhou yào gěi_____dài lǐwù, suǒyǐ huí guó yǐqián, tā děi

买 一些 礼物。他 觉得 最 有 中国 特色 的 礼物 是_____。他 想 给 父母
mǎi yìxiē lǐwù. Tā juéde zuì yǒu Zhōngguó tèsè de lǐwù shì_____.Tā xiǎng gěi fùmǔ

带_____, 因为_____。他 想 送 最好 的 朋友_____。
dài_____, yīnwèi_____. Tā xiǎng sòng zuì hǎo de péngyou_____.

六、用语言做事 REAL LIFE ACTIVITIES

（一）语言准备 Language preparation

1. 听写并朗读这些句子
Dictation: write down five sentences. Read aloud these sentences and memorize them

(1) _____。

（2）_____。

（3）_____。

（4）_____。

（5）_____。

2. 用下面方框中所给的词语填空
   Fill in the blanks with the words given in the box

比如	不如	留着	到底	所有的	每	有好处	答应
bǐrú	bùrú	liúzhe	dàodǐ	suǒyǒude	měi	yǒu hǎochù	dāying

   （1）我 妈妈 做饭 做得 特别 好吃，饭馆儿 的 菜都_____她做的 菜好吃。
   Wǒ māma zuò fàn zuò de tèbié hǎochī, fànguǎnr de cài dōu_____tā zuò de cài hǎochī.

   （2）中国 茶叶的 种类 很 多，_____绿茶、红茶、花茶，还有 乌龙茶。
   Zhōngguó cháyè de zhǒnglèi hěn duō,_____lǜchá, hóngchá, huāchá, háiyǒu wūlóngchá.

   （3）很 多人 喜欢 这家 咖啡馆儿，你看，差不多_____座位 上 都 有人。
   Hěn duō rén xǐhuan zhè jiā kāifēiguǎnr, nǐ kàn, chàbuduō_____zuòwèi shang dōu yǒu rén.

   （4）A：你学过 的 中文 书要 带回 国 吗?
   Nǐ xuéguo de Zhōngwén shū yào dài huí guó ma?

   B：是啊，我 想_____作 纪念。
   Shì a, wǒ xiǎng_____zuò jìniàn.

   （5）你 说了 要跟 我们 一起去，可是 又 说 不去，你_____去 不 去?
   Nǐ shuōle yào gēn wǒmen yìqǐ qù, kěshì yòu shuō bú qù, nǐ_____qù bu qù?

   （6）老师_____我们，要是_____个 学生 都 考 90 分，就 请 大家吃 饺子。
   Lǎoshī_____wǒmen, yàoshi_____ge xuésheng dōu kǎo jiǔshí fēn, jiù qǐng dàjiā chī jiǎozi.

   （7）听说 看 中文 电影 对 学习汉语 很_____。
   Tīngshuō kàn Zhōngwén diànyǐng duì xuéxí Hànyǔ hěn_____.

3. 把下列词语组成合适的句子
   Make appropriate sentences with the following words

   （1）想 几 风景 我 明信片 买 张 的
   xiǎng jǐ fēngjǐng wǒ míngxìnpiàn mǎi zhāng de

   （2）人 对 抽 烟 的 不 身体 好
   rén duì chōu yān de bù shēntǐ hǎo

   （3）晚上 我 妈妈 答应 8点 回家 以前
   wǎnshang wǒ māma dāying bā diǎn huí jiā yǐqián

(4) 我 有 要 那 熊猫 的 件 T恤
    wǒ yǒu yào nà xióngmāo de jiàn T xù

(5) 礼物 他 给 每 都 了 朋友 个 买
    lǐwù tā gěi měi dōu le péngyou ge mǎi

(6) 博物馆 都 不 星期一 吗 所有 的 开门
    bówùguǎn dōu bù xīngxīyī ma suǒyǒu de kāi mén

4. 根据上下文情景完成下面的对话
   Complete the following dialogues according to the contexts

(1) A: 我 再 喝 点儿 酒。
       Wǒ zài hē diǎnr jiǔ

    B: 别 喝 了，_____ 对 _____ 不 好。
       Bié hē le,   duì   bù hǎo.

(2) A: 晚饭 去 饭馆儿 吃，怎么样？
       Wǎnfàn qù fànguǎnr chī, zěnmeyàng?

    B: 不如_____。
       Bùrú

(3) A: 你 做 饭 做 得 怎么样？
       Nǐ zuò fàn zuò de zěnmeyàng?

    B: 不如_____。
       Bùrú

(4) A: 那 个 小伙子 (young fellow) 怎么样？
       Nàge xiǎohuǒzi zěnmeyàng?

    B: 他 既_____，又_____。
       Tā jì   yòu

(5) A: 你们 国家 的 年轻人 怎么 过 周末？
       Nǐmen guójiā de niánqīngrén zěnme guò zhōumò?

    B: 他们 的 娱乐 (entertainment) 可 多 了，比如_____，_____。
       Tāmen de yúlè   kě duō le, bǐrú

（二）社会扩展活动：我的中国日记 Social activities: my Chinese diary

我在中国买的礼物和纪念品 The souvenirs and gifts I bought in China

来中国以后你买纪念品了吗？给家人和朋友买礼物了吗？请挑出三样东西拍成照片。

试着用汉语介绍一下这三样东西，介绍时要包含以下内容：Have you bought any souvenirs

after you come to China? Did you get any gifts for your family and friends? Please choose 3 items you bought and take photos of them. Try to introduce in Chinese. The following parts should be included in your introduction:

1. 这 三样 东西 用 汉语 怎么 说?
   Zhè sānyàng dōngxi yòng Hànyǔ zěnme shuō?

2. 这些 东西 是 在哪儿买 的?
   Zhèxiē dōngxi shì zài nǎr mǎi de?

3. 这些 东西你 想 自己留着 还是 送 人?
   Zhèxiē dōngxi nǐ xiǎng zìjǐ liúzhe háishi sòng rén?

4. 如果 是礼物, 你 想 送给 谁? 为什么 想 送 他 这个 礼物?
   Rúguǒ shì lǐwù, nǐ xiǎng sònggěi shéi? Wèishénme xiǎng sòng tā zhège lǐwù?

七、词语库 WORDS AND EXPRESSIONS

（一）生词表 New words list

1.	售货员	shòuhuòyuán	（名）	shop assistant, salesclerk
2.	明信片	míngxìnpiàn	（名）	postcard
3.	既……又……	jì...yòu...		both...and..., as well as
4.	寄	jì	（动）	to post, to mail
5.	留	liú	（动）	to remain, to reserve, to keep
6.	纪念	jìniàn	（动/名）	to commemorate; souvenir
7.	选	xuǎn	（动）	to choose, to select, to pick
8.	样儿	yàngr	（名）	shape of appearance
9.	名胜古迹	míngshèng gǔjì		places of historic interest and scenic
10.	比如	bǐrú	（动）	for example, for instance, such as
11.	什么的	shénmede	（助）	etc.
12.	父母	fùmǔ	（名）	parents
13.	茶叶	cháyè	（名）	tea, tea-leaves
14.	好处	hǎochu	（名）	benefits, advantages, good points
15.	种类	zhǒnglèi	（名）	kind, type, variety
16.	绿茶	lǜchá	（名）	green tea
17.	乌龙茶	wūlóngchá	（名）	oolong tea including the Red Robe and Ti Kuan Yin
18.	到底	dàodǐ	（副）	(used in questions for emphasis and roughly equal to) what on earth
19.	不如	bùrú	（动）	inferior to, not as good as

#	汉字	Pinyin	词性	English
20.	每	měi	（代）	every, each
21.	所有	suǒyǒu	（形）	all (before nouns)
22.	专家	zhuānjiā	（名）	expert, specialist
23.	件	jiàn	（量）	measure word used for tops, such as shirts, coats, jackets, etc.
24.	T恤	T xù	（名）	T-shirts
25.	别致	biézhì	（形）	unique, pleasingly unconventional or unusual
26.	印	yìn	（动）	to print
27.	汉字	Hànzì	（名）	Chinese characters
28.	熊猫	xióngmāo	（名）	panda
29.	答应	dāying	（动）	to promise, to agree
30.	自己	zìjǐ	（代）	oneself, one's own
31.	龙	lóng	（名）	dragon (although this mythical Chinese animal is not at all similar to the dragon of the West). In contrast to European dragons, which are considered evil, Chinese dragons traditionally symbolize potent and auspicious powers, particularly control over water, rainfall, hurricane, and floods. The dragon is also a symbol of power, strength, and good luck. With this, the Emperor of China usually use the dragon as a symbol of his imperial power.

专有名词 Proper Nouns

#	汉字	Pinyin	English
1.	故宫	Gùgōng	the Imperial Palace in Beijing, the Forbidden City, which was the Chinese imperial palace from the Ming Dynasty to the end of the Qing Dynasty. It is located in the middle of Beijing, and now the Palace Museum. For almost five hundred years, it served as the home of emperors and their householders, as well as the ceremonial and political center of Chinese government. The palace complex exemplifiers traditional Chinese palatial architecture, and has influenced cultural and architectural developments in East Asia and elsewhere.
2.	天坛	Tiān Tán	Temple of Heaven, literally the Altar of Heaven. A complex of Taoist buildings situated in the southeastern part of central Beijing. The complex was visited by the Emperors of the Ming and Qing dynasties for annual ceremonies of prayer to Heaven for good harvest.
3.	托马斯	Tuōmǎsī	Thomas

（二）相关链接 Related Links

查查词典，看看它们是什么意思
Look up the dictionary and find the meanings of the following words

纪念品 jìniànpǐn souvenir	意思 yìsi meaning	纪念品 jìniànpǐn souvenir	意思 yìsi meaning
唐三彩 tángsāncǎi		古董 gǔdǒng	
刺绣 cìxiù		丝绸睡衣 sīchóu shuìyī	
青花瓷 qīnghuācí		旗袍 qípáo	
茶具 chájù		剪纸 jiǎnzhǐ	
景泰蓝 Jǐngtàilán		泥人 nírén	

从相关链接中选出五个对你最有用的词，写一写 Please select five useful words for you in the *Related Links* above, and write in the following blanks

1. _____ 2. _____ 3._____ 4. _____ 5._____

八、生活剪影 LIFE SKETCH

中国人 喜欢 茶
Zhōngguórén xǐhuan chá

中国人 喜欢 茶，生活 中 大概 一 天 都 离 不了 茶。早上 喝，
Zhōngguórén xǐhuan chá, shēnghuó zhōng dàgài yì tiān dōu lí bu liǎo chá. Zǎoshang hē,
晚上 喝；自己 喝，招待 客人 喝；是 日常 用品，也 是 礼品；便宜 的 有 人 喝，
wǎnshang hē; Zìjǐ hē, zhāodài kèrén hē; shì rìcháng yòngpǐn, yě shì lǐpǐn; piányi de yǒu rén hē,
贵 的 也 有 人 喝；南方、 北方、东部、西部，什么 地方 都 喝。因此，可以 把
guì de yě yǒu rén hē; Nánfāng, Běifāng, Dōngbù, Xībù, shénme dìfang dōu hē. Yīncǐ, kěyǐ bǎ
茶 叫作 中国 的"国饮"。
chá jiàozuò Zhōngguó de "guóyǐn".

部分练习参考答案 KEY TO SOME EXERCISES

六(一)1."听写并朗读这些句子"答案 The answer of dictation

(1) 既可以寄给朋友,又可以留着作纪念。
(2) 你喜欢什么样儿的?
(3) 一样来一张吧。
(4) 喝茶对老人的身体有好处。
(5) 到底买什么好呢?

第 20 课

 把筷子放在我这儿吧

一、语言热身 LET'S WARM UP!

我的词典 MY DICTIONARY

1 找到与"我的词典"中的词语相对应的图片，然后朗读词语
Please match the words in *My Dictionary* with the corresponding pictures, and read these words aloud

a. 行李 / xíngli / luggage, baggage
b. 旅行包 / lǚxíngbāo / travelling bag
c. 双肩背 / shuāngjiānbēi / backpack
d. 托运的行李 / tuōyùn de xíngli / baggage checked
e. 旅行箱 / lǚxíngxiāng / suit-case
f. 拉杆箱 / lāgānxiāng / trolley case

213

2 找到与"我的词典"中的动词短语相对应的图片，并按照顺序排列
Please match the verb phrases in *My Dictionary* with the corresponding pictures, and number the pictures

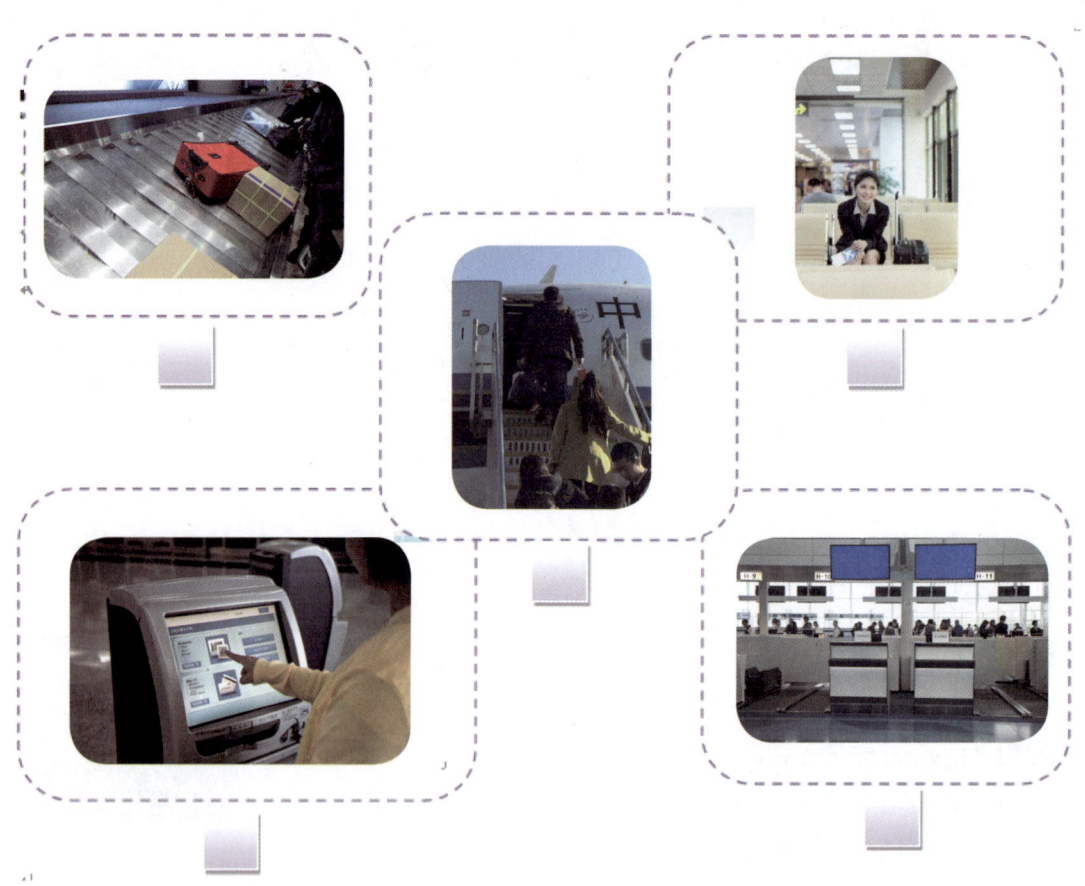

a. 托运行李	b. 候机	c. 登机
tuōyùn xíngli	hòu jī	dēng jī
check baggage	to wait for departure	to get aboard

d. 办登机牌　　　　e. 过安全检查
bàn dēngjīpái　　　guò ānquán jiǎnchá
to get boarding passes　to go through the security check

正确的顺序是 The order is

1. ▶　2. ▶　3. ▶　4. ▶　5. ▶

3 小组活动：说说你的行李
Pair work: talk about your luggage

例 Example:

问：他们有几个箱子？
答：三个，一大一小，外加一个双肩背。

（1）

问：她有几个箱子？

（2）

问：他们有多少行李？

（3） 你来的时候的行李：

（4） 你走的时候的行李：

4 小组活动：看图说话
Pair work: talk about the following pictures

1. 看图片，说出指定物品的方位，总结句式结构
   Look at the following pictures, talk about the location of items circled, and find the pattern

例 Example:

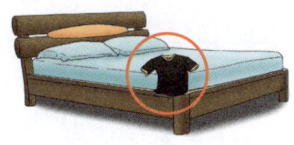

问：T恤在哪儿？
答：T恤在床上。

给老师的提示：
先复习已学过的方位词和介宾短语。

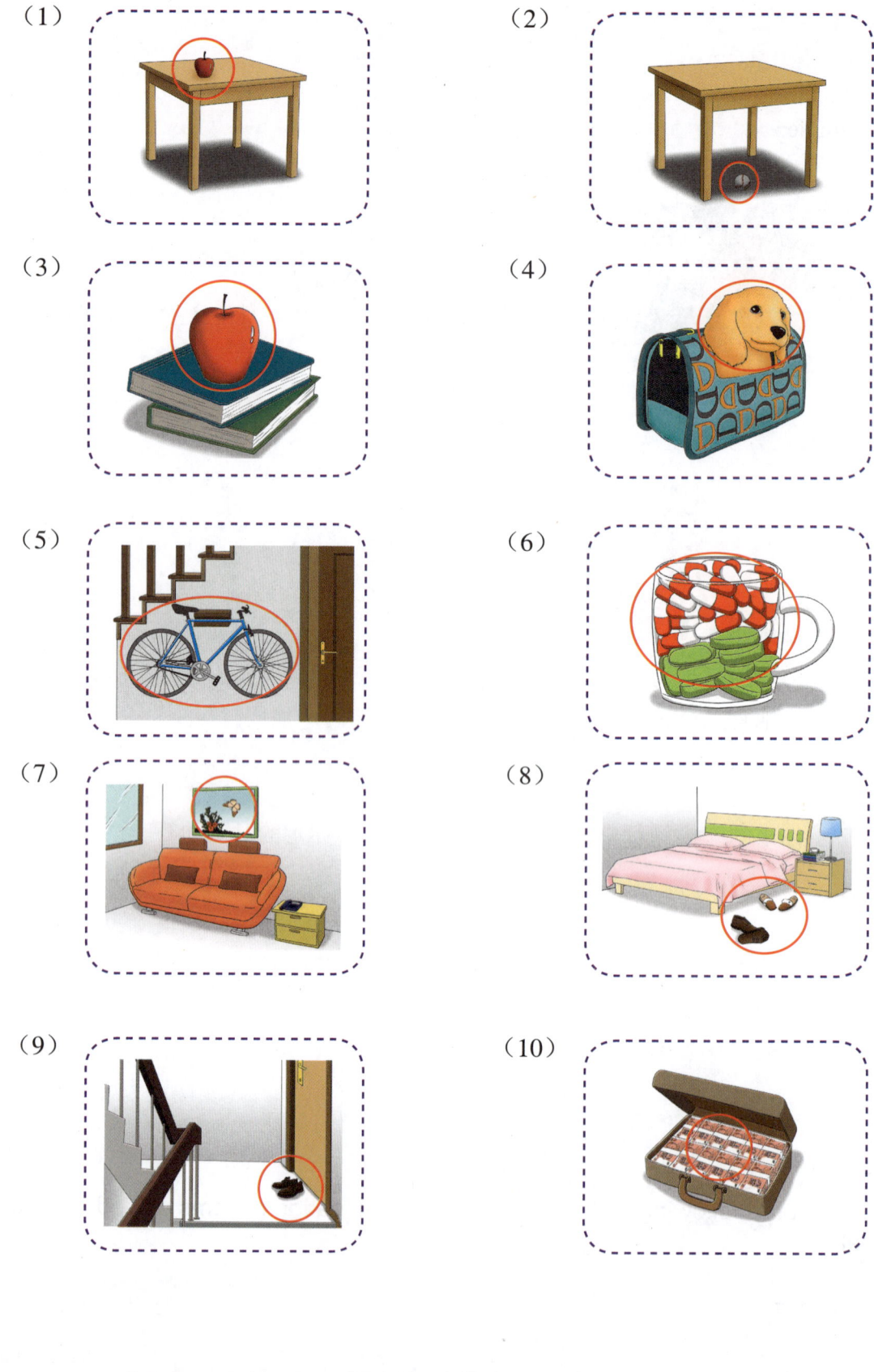

句式 Pattern

Something 在＿＿＿＿＿＿＿＿＿＿＿＿＿＿＿＿＿＿＿＿

2. 看以上十张图，从下面挑选合适的动词，放在介词"在"的前面，并总结句式结构
   Look at the 10 pictures above, choose the right verbs below, put the verbs before the preposition "zài", and summarize the pattern

   例 Example:

   问：T 恤放在哪儿了？
   答：T 恤放在床上了。

   可选动词 Verbs for selecting

放 fàng	to put	挂 guà	to hang
摆 bǎi	to place in order, to display	贴 tiē	to stick

   句式 Pattern
   Something……在_____

3. 帮妈妈找东西：上面那些东西都是妈妈放的，可是她忘了把东西放在哪儿了。请你帮妈妈找一找
   Helping mom find things: all the things circled in the pictures above are placed or hung by mom. However, she forgot where she put the things. Please help her to find the items

   咦 (Yí)，我把 T 恤放在哪儿了？

   妈，你把 T 恤放在床上了。

   句式 Pattern
   Somebody 把 Something V. 在 Someplace

5 小组活动：找出前后两张图之间的联系和差异，学习如何用汉语表达，并总结句式

Pair work: find the connection and difference between the two pictures, get to learn the right way to express, and summarize the pattern

例 Example:

A. 收拾行李 → 收拾好行李了 → B. 行李收拾好了

1.

A. → → B.

2.

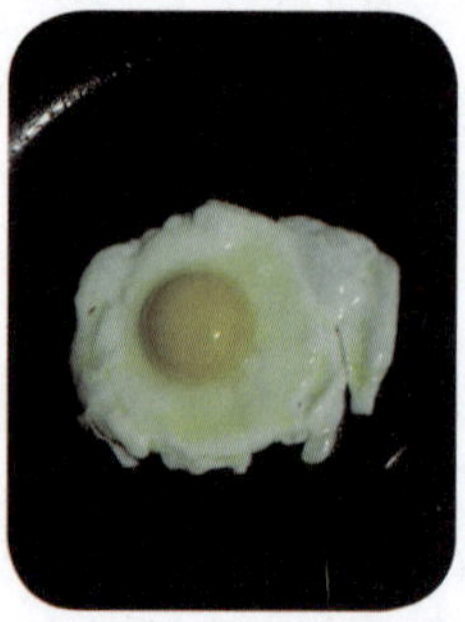

A. → → B.

第 20 课　把筷子放在我这儿吧

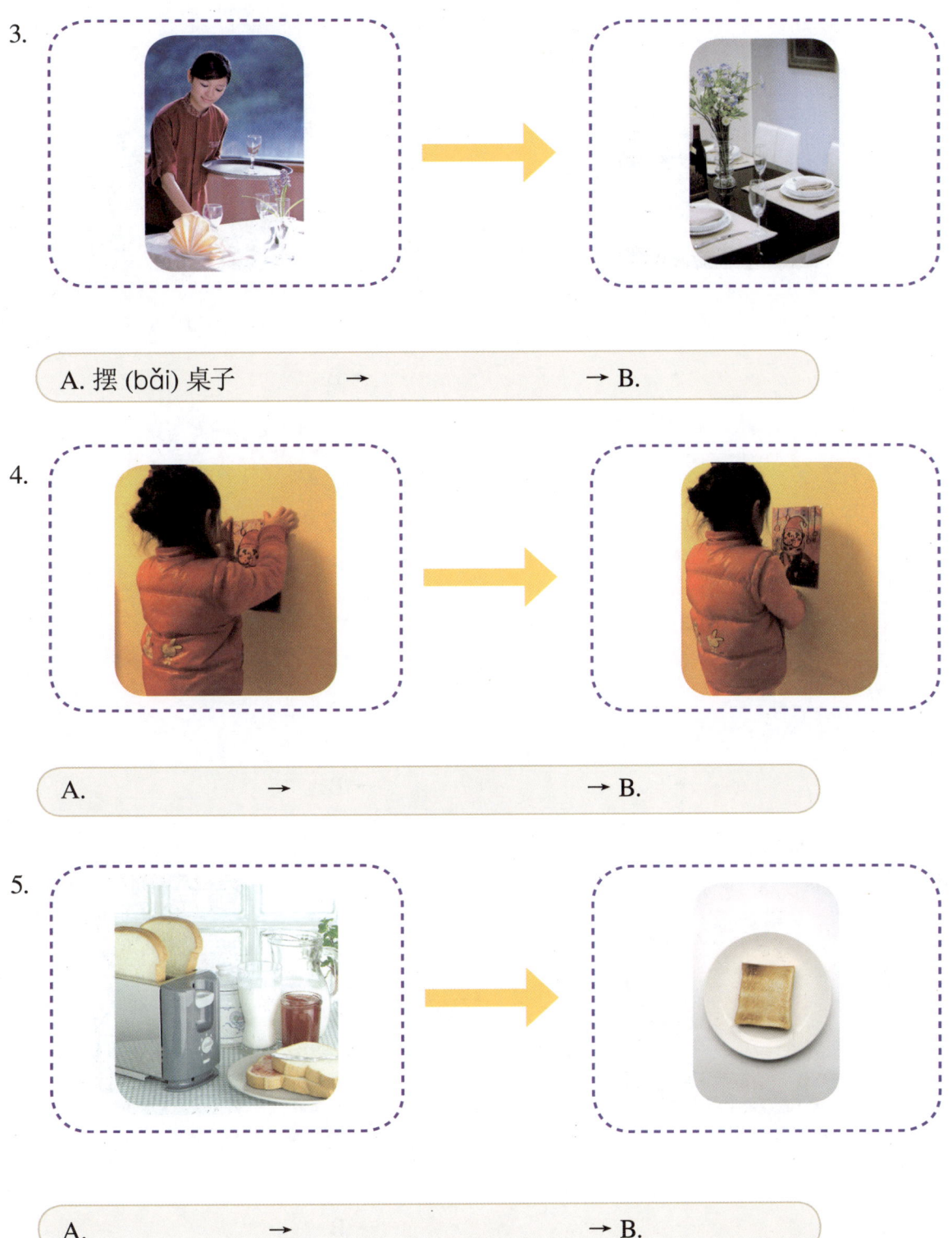

3. A. 摆 (bǎi) 桌子　→　→ B.

4. A.　→　→ B.

5. A.　→　→ B.

发现：交际汉语入门（下）

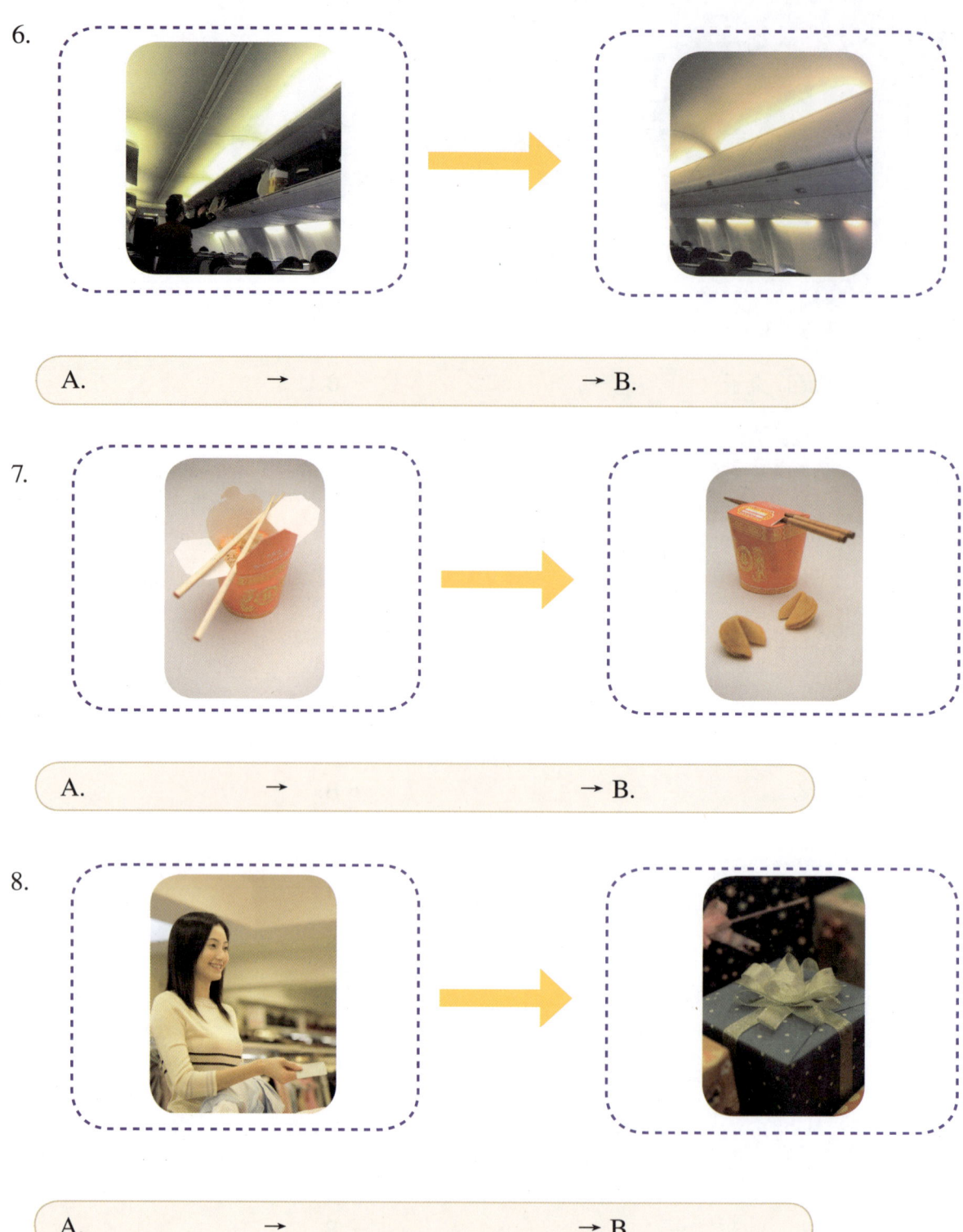

6. A. → → B.

7. A. → → B.

8. A. → → B.

220

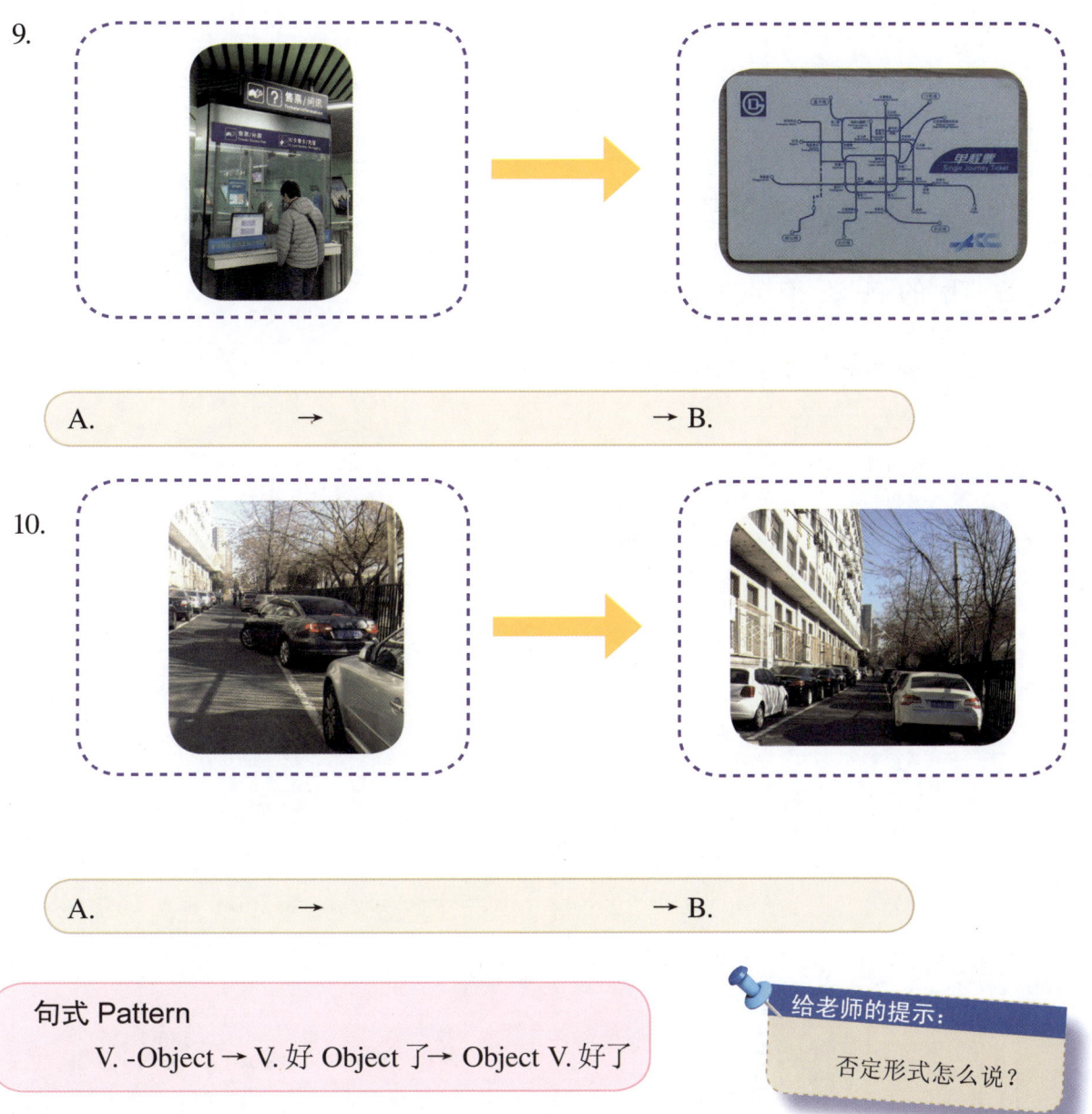

句式 Pattern

V. -Object → V. 好 Object 了 → Object V. 好了

给老师的提示：

否定形式怎么说？

6 小组活动：比比谁的包大

Pair work: let's compare whose bag is bigger

两个同学一组，用所给句式互问互答，看看你们的包里能不能放下方框里的东西
Work in pairs, ask and answer questions with the pattern given, and try your bags to see if it can accomodate the items in the right box

句式 Pattern

Q：你的包放得下……吗？
A：放得下 / 放不下。

中文书、笔记本电脑 (bǐjìběndiànnǎo, laptop)、ipad、词典 (cídiǎn)、充电器、杯子、一瓶水、一个足球、四个包子、一个碗、一瓶牛奶、一只小狗 (gǒu)

7 大声朗读句子，想一想这些句子的意思
Read the following sentences aloud, and think about the meaning of the sentences

(1) 东西 收拾 好 了 吗？
Dōngxi shōushi hǎo le ma?

(2) 我 的 包 还 有点儿 地儿。
Wǒ de bāo hái yǒudiǎnr dìr.

(3) 把 筷子 放 在 我 这儿 吧。
Bǎ kuàizi fàng zài wǒ zhèr ba.

(4) 一 大 两 小，外加 两 个 双肩背。
Yí dà liǎng xiǎo, wàijiā liǎng ge shuāngjiānbēi.

(5) 怎么 弄了 这么 多 东西？
Zěnme nòngle zhème duō dōngxi?

二、身在其中 IN THE SCENE

1 情景对话 1 Scene 1

◎（马丁一家在房间收拾东西 Martin's family are packing in the room）

第 20 课　把筷子放在我这儿吧

（1）听录音，听后回答下列问题
　　Listen to the recording and answer the following questions

> 马丁一家正在做什么？（What is Martin's family doing now?）
> "放不下"是什么意思？什么东西"放不下"？（What does "fàng bú xià" mean? What stuff can not be accommodated?）
> 他们买的筷子是给自己用的吗？（Are the chopsticks they bought for their own use?）
> 这些筷子放在哪儿了？（Where do they put the chopsticks?）
> 什么地方还可以放东西？"还可以放东西"还可以怎么说？（Where can they put stuffs? What is the other expression for "hái kěyǐ fàng dōngxi"?）

（2）听第二遍录音，一边听一边跟说。然后请根据对话内容，完成下面的句子
　　Listen to the recording for the second time, and repeat while listening. Then complete the following conversation according to Dialogue 1

艾玛 Àimǎ
> 马丁，东西 收拾 好了吗?
> Mǎdīng, dōngxi shōushi hǎo le ma?

马丁 Mǎdīng
> 快 好了，就是 还 有_____。
> Kuài hǎo le, jiùshì hái yǒu_____.

（3）朗读对话一，注意发音和语气
　　Read Dialogue 1 aloud, and pay attention to the pronunciation and tone

艾玛： 马丁，东西 收拾 好了吗?
Àimǎ: Mǎdīng, dōngxi shōushi hǎo le ma?

马丁： 快 好了，就是 还有 一些 礼物 放 不下。
Mǎdīng: Kuài hǎo le, jiùshì hái yǒu yìxiē lǐwù fàng bú xià.

麦克： 爸爸，我的 包 还 有点儿 地儿，把 筷子 放 在 我 这儿 吧。
Màikè: Bàba, wǒ de bāo hái yǒudiǎnr dìr, bǎ kuàizi fàng zài wǒ zhèr ba.

马丁： 谢谢 麦克。
Mǎdīng: Xièxie Màikè.

"地儿"这里的意思是"地方""空间"。
"Dìr" here means "place" "space".

2 情景对话 2 Scene 2

◎（东西收拾好了，马丁和艾玛在数箱子 All things have been packed up. Martin and Emma are counting suitcases）

（1）听录音，判断下面的说法是否正确
Listen to the recording and judge if the following statements are correct according to Dialogue 2

① 他们 要 托运 的 行李 一共 有 五 件。
　 Tāmen yào tuōyùn de xíngli yígòng yǒu wǔ jiàn. ☐

② 艾玛 买了 很 多 东西。
　 Àimǎ mǎile hěn duō dōngxi. ☐

③ 因为 东西 太 多，所以 有的 不 要 了。
　 Yīnwèi dōngxi tài duō, suǒyǐ yǒude bú yào le. ☐

（2）听第二遍录音，一边听一边跟说。根据对话的内容，完成下面的句子
Listen to the recording for the second time, and repeat while listening. Then complete the following conversation according to Dialogue 2

艾玛 Àimǎ： 托运 的 箱子 有 几 个?
　　　　　 Tuōyùn de xiāngzi yǒu jǐ ge?

马丁 Mǎdīng： _____、_____，外加 两个_____。
　　　　　　　 _____, _____, wài jiā liǎng ge_____.

（3）朗读对话二，注意发音和语气
Read Dialogue 2 aloud, and pay attention to the pronunciation and tone

艾玛： 托运 的 箱子 有 几 个?
Àimǎ： Tuōyùn de xiāngzi yǒu jǐ ge?

马丁： 一 大、两 小，外加 两个 双肩背。
Mǎdīng： Yí dà、liǎng xiǎo, wàijiā liǎng ge shuāngjiānbēi.

艾玛： 怎么 弄了 这么 多 东西?
Àimǎ： Zěnme nòngle zhème duō dōngxi?

马丁： 谁 知道 呢。我 只 看见 你 连 饭店 旁边 的 小
Mǎdīng： Shuí zhīdào ne. Wǒ zhǐ kànjiàn nǐ lián fàndiàn pángbiān de xiǎo

市场　都　逛　了。
shìchǎng dōu guàng le.

艾玛： 不管　怎样，先　拿到　机场　再说。
Àimǎ: Bùguǎn zěnyàng, xiān nádào jīchǎng zàishuō.

3 情景对话 3 Scene 3

◎（房间的电话响了，是前台服务员打来的 The telephone rings. It's the reception desk）

(1) 听录音，判断下面的说法是否正确
Listen to the recording and judge if the following statements are correct

① 他们　要　坐　出租车　去　机场。
　 Tāmen yào zuò chūzūchē qù jīchǎng. ☐

② 他们　的　房间　不在　一层。
　 Tāmen de fángjiān bú zài yī céng. ☐

③ "不虚 此 行" 在 这里 的 意思 是 买了 很 多 喜欢 的 东西。
　 "Bù xū cǐ xíng" zài zhèlǐ de yìsi shì mǎile hěn duō xǐhuan de dōngxi. ☐

(2) 听第二遍录音，一边听一边跟说。根据对话的内容，完成下面的句子
Listen to the recording for the second time, and repeat while listening. Then complete the following conversation according to Dialogue 3

服务员 Fúwùyuán　　先生，　　您　要　的　车　来　了。

　　　　　　　　　　Xiānsheng, nín yào de chē lái le.

马丁 Mǎdīng　　　好。请　帮　我＿＿＿＿＿＿。

　　　　　　　　　Hǎo. Qǐng bāng wǒ＿＿＿＿＿＿.

(3) 朗读对话三，注意发音和语气
Read Dialogue 3 aloud, and pay attention to the pronunciation and tone

服务员： 先生，　您　要　的　车　来　了。
Fúwùyuán: Xiānsheng, nín yào de chē lái le.

马丁：	好。请 帮 我 把 箱子 拿到 车 上。
Mǎdīng:	Hǎo. Qǐng bāng wǒ bǎ xiāngzi nádào chē shang.
艾玛：	麦克，拿好 东西，我们 下 楼 了。
Àimǎ:	Màikè, náhǎo dōngxi, wǒmen xià lóu le.
麦克：	来 了。
Màikè:	Lái le.
马丁：	这 一 趟，我们 真 是 不 虚 此 行 啊。
Mǎdīng:	Zhè yí tàng, wǒmen zhēn shì bù xū cǐ xíng a.

（4）两人一组，介绍一下上面的情景对话，可以增加感兴趣的内容
Pair work: try to transform the dialogues above into a narrative paragraph. You could add other related information into your story as much as you can

今天，马丁一家就要回国了。他们 乘坐 的飞机 16 点 40
Jīntiān, Mǎdīng yì jiā jiù yào huí guó le. Tāmen chéngzuò de fēijī shíliù diǎn sìshí

从 首都 机场 起飞。他们 的 行李 很 多，_____，_____，三个_____，
cóng Shǒudū Jīchǎng qǐfēi. Tāmen de xíngli hěn duō, _____, _____, sān ge _____,

外 加_____。虽然 箱子 很 多，可是 还有 一些 礼物 放 不 下。麦克 的
wàijiā_____. Suīrán xiāngzi hěn duō, kěshì háiyǒu yìxiē lǐwù fàng bú xià. Màikè de

箱子 还 有点儿 地儿，马丁 把 筷子_____。这 一 趟，他们 觉得_____。
xiāngzi hái yǒudiǎnr dìr, Mǎdīng bǎ kuàizi_____. Zhè yí tàng, tāmen juéde_____.

三、发现语言现象 FINDING GRAMMAR POINTS

与同伴研究一下，下面的句子有什么特点。你还可以说出这样的句子吗？
Try to find language points in the following sentences with your partner. Could you figure out the meaning and function of the patterns by yourself? Can you make similar sentences with the points?

★ 意义上的被动句：当不需要强调动作的施事者时，动词所支配的对象往往是关注的中心，因此放在动词前。例如：
Notional passive sentences: The object which is dominated by the verb is put before the verb. For example:

饭 吃完 了。
Fàn chīwán le.

衣服 洗 干净 了。
Yīfu xǐ gānjìng le.

东西 拿回来 了。
Dōngxi ná huílai le.

下面的意思用"意义上的被动句"怎么说？How do you express the following meanings with "notional passive sentence"?

① 你和朋友要坐火车去旅行。朋友去买票回来以后，你问他什么？
You are going to have a trip with a friend. Your friend went to buy tickets. What will you ask him after he come back?

_____

② 上午你的女儿说钥匙不见了。晚上你看到她，会问她什么？
Your daughter said her key was missing in the morning. What will you ask when you see her in the evening?

_____

③ 马丁要给家里打电话，但是艾玛没有看到他打电话。晚上艾玛提醒他什么？
Martin wants to call home, but Emma hasn't seen him calling. In the evening, what Emma will remind him?

_____

我的句子 My sentences

★ ……, 就是…… ..., jiùshì...

比较下面的句子 Compare the following sentences

贵 是 贵，不过 很 好吃。✓
Guì shì guì, búguò hěn hǎochī.

好吃 是 好吃，不过 比较 贵。✓
Hǎochī shì hǎochī, búguò bǐjiào guì.

贵 是 贵，就是 很 好吃。✗
Guì shì guì, jiùshì hěn hǎochī.

好吃 是 好吃，就是 比较 贵。✓
Hǎochī shì hǎochī, jiùshì bǐjiào guì.

有点儿 矮，不过 人 很 帅。✓
Yǒudiǎnr ǎi, búguò rén hěn shuài.

人 挺 帅 的, 不过 有点儿 矮。 ✓
Rén tǐng shuài de, búguò yǒudiǎnr ǎi.

有点儿 矮, 就是 人 很 帅。 ✗
Yǒudiǎnr ǎi, jiùshì rén hěn shuài.

人 挺 帅 的, 就是 有点儿 矮。 ✓
Rén tǐng shuài de, jiùshì yǒudiǎnr ǎi.

思考一下，这个句式是什么意思？"就是"的后面常常是什么特点的语言？Think about the meaning of this pattern. What characteristics of the language following "就是"?

_____

下面的句子对不对？Are the following sentences correct?

① 饭店 不错， 就是离市区 比较 远。 （　）
   Fàndiàn búcuò, jiùshì lí shìqū bǐjiào yuǎn.

② 饭店 不错，就是 电梯 太 小。 （　）
   Fàndiàn búcuò, jiùshì diàntī tài xiǎo.

③ 饭店 不错， 就是 早餐 很 丰富。 （　）
   Fàndiàn búcuò, jiùshì zǎocān hěn fēngfù.

★ "把"字句 The sentence of "bǎ"

介词"把"与介词宾语放在及物动词之前，表示对宾语所表示的人或事物的一种处置，如改变位置，或施加影响，会发生某种变化。"把"字句说的可以是已经发生的事，也可以是要求或建议。The preposition "把" and prepositional phrase are put before the transitive verb, indicating the disposition of the object, e.g. changing a position, exerting influence or happening changes. "把" sentence can indicate the happened things, requirements or suggestions.

把 + 宾语 + 动词 + 在 / 到 / 给 + ……
bǎ + bīnyǔ + dòngcí + zài /dào /gěi + ……

把 筷子 放在 我 的 箱子 里 吧。
Bǎ kuàizi fàngzài wǒ de xiāngzi li ba.

把 箱子 拿到 车 上 去。
Bǎ xiāngzi nádào chē shang qù.

把 钥匙 交给 服务台。
Bǎ yàoshi jiāogěi fúwùtái.

注意："把"的宾语一般是确定的。动词后边需要有其他成分，如"了"、表示结果或趋向的补语、动词重叠式等。The object of "把" is generally definite. Other elements are required after the verb, such as "了", the complement of result or direction and reduplicated verbs, etc.

例 Examples:

我 把 筷子 放 进 箱子 里 了。
Wǒ bǎ kuàizi fàng jìn xiāngzi li le.

把 礼物 拿 出来。
Bǎ lǐwù ná chulai.

你 把 这 件 事 说 一 说。
Nǐ bǎ zhè jiàn shì shuō yi shuō.

下面的意思用"把字句"怎么说？Try to express the following actions with the sentence of "把 bǎ".

★ 连……都/也…… 表示强调的意义
The sentence of "lián...dōu/yě..." is used to express emphasis.

爸爸 很 忙, 连 春节 都 不 能 休息。
Bàba hěn máng, lián Chūnjié dōu bù néng xiūxi.

好莱坞 的 动画片 连 大人 都 爱 看。
Hǎoláiwù de dònghuàpiàn lián dàrén dōu ài kàn.

观众 很 多, 连 最 后面 的 座位 都 卖完 了。
Guānzhòng hěn duō, lián zuì hòumiàn de zuòwèi dōu màiwán le.

下面的句子对不对？Are the following sentences correct?

① 这 是 秘密, 连 妈妈 都 不 能 告诉。　　（　）
　 Zhè shì mìmì, lián māma dōu bù néng gàosu.

② 这样 的 问题, 连 老师 都 知道。　　（　）
　 Zhèyàng de wèntí, lián lǎoshī dōu zhīdào.

③ 雨 很 大, 连 前面 的 路 都 看 不 清楚。　（　）
　 Yǔ hěn dà, lián qiánmiàn de lù dōu kàn bu qīngchu.

★ 不管…… regardless of, no matter how(what,who,etc.)

发现：交际汉语入门（下）

多用在含有疑问词的句子前，表示在任何情况下，结果都不会改变。Used before the sentence with an interrogative pronoun, ect. indicating the result stays unchanged under any circumstances.

那么 便宜， 不管 怎样， 先 买了 再说。
Nàme piányi, bùguǎn zěnyàng, xiān mǎile zàishuō.

不管 结果 怎样， 回来 马上 告诉 我。
Bùguǎn jiéguǒ zěnyàng, huílai mǎshàng gàosu wǒ.

不管……，都…… no matter...

不管 去 哪儿，他 都 带 一 把 雨伞。
Bùguǎn qù nǎr, tā dōu dài yì bǎ yǔsǎn.

不管 坐 什么 车，今天 晚上 都 到 不 了。
Bùguǎn zuò shénme chē, jīntiān wǎnshang dōu dào bu liǎo.

不管 远 不 远，我们 都 要 去。
Bùguǎn yuǎn bu yuǎn, wǒmen dōu yào qù.

下面的句子对不对？Are the following sentences correct?

① 不管 价钱 贵，我 都 要 买。　　　　　　　（　）
　　Bùguǎn jiàqián guì, wǒ dōu yào mǎi.

② 不管 天气 热，她 都 不 穿 裙子。　　　　　（　）
　　Bùguǎn tiānqì rè, tā dōu bù chuān qúnzi.

③ 不管 懂 不 懂，他都 微笑 点 头。　　　　　（　）
　　Bùguǎn dǒng bu dǒng, tā dōu wēixiào diǎn tóu.

想一想，还有什么问题？Do you have other questions?

四、记忆、巩固和提升 MEMORIZE, CONSOLIDATE, AND UPGRADE

两人一组，先认读方框中的词语，然后互问互答
Pair work: please recognize the expressions in the box with your partner. One asks questions according to the parts underlined, and the other answers questions

1. A: <u>东西</u> <u>收拾 好 了</u> 吗?
　　　Dōngxi shōushi hǎo le ma?

　 B: 差不多 了。/ 收拾 好 了。/ 还 没 呢。
　　　Chàbuduō le. / Shōushi hǎo le. / Há méi ne.

礼物　lǐwù　　　　买好　mǎihǎo
箱子　xiāngzi　　　拿到楼下　nádào lóu xià
护照　hùzhào　　　拿出来　ná chulai

2. A: 怎么 样?
   Zěnme yàng?

   B: 快 收拾 好 了, 就是 还有 一些 礼物 放 不下。
   Kuài shōushi hǎo le, jiùshì hái yǒu yìxiē lǐwù fàng bú xià.

   > 挺 好看 的　　　　　有点儿 小
   > tǐng hǎokàn de　　　yǒudiǎnr xiǎo
   > 满意 (satisfied) 是 满意　　现在 没那么 多钱 买
   > mǎnyì　　　shì mǎnyì　　xiànzài méi nàme duō qián mǎi

3. 放 不下。
   Fàng bú xià.

   > 吃 chī　喝 hē　坐 zuò

4. A: 把 筷子 放在 哪儿?
   Bǎ kuàizi fàngzài nǎr?

   B: 把 筷子 放在 我 这儿 吧。
   Bǎ kuàizi fàngzài wǒ zhèr ba.

   > 包 bāo　挂在 guàzài　　　　门后边 mén hòubian
   > 花 huā　插 (insert) 在 chāzài　花瓶里 huāpíng li
   > 茶 chá　端 (hold, bring) 到 duāndào　客厅 kètīng

5. A: 连 饭店 门口 的 小 市场 都 逛 了 吧?
   Lián fàndiàn ménkǒu de xiǎo shìchǎng dōu guàng le ma?

   B: 是啊, 连 饭店 门口 的 小 市场 都 逛 了。
   Shì a, lián fàndiàn ménkǒu de xiǎo shìchǎng dōu guàng le.

   > 总统 (president) zǒngtǒng　　　来了 lái le
   > 床下边 chuáng xiàbian　　　　找 zhǎo
   > 周末的晚上 zhōumò de wǎnshang　没空儿 méi kòngr

6. A: 怎么 办 呢?
   Zěnme bàn ne?

   B: 不管 怎样, 先 拿到 机场 再说。
   Bùguǎn zěnyàng, xiān nádào jīchǎng zàishuō.

   > 今天得六点回家 jīntiān děi liù diǎn huí jiā
   > 我得把你送回家 wǒ děi bǎ nǐ sòng huí jiā

五、用汉语完成任务 TASKS IN CHINESE

（一）看图说话：他们要把这些东西放到哪儿 Speak according to the following pictures: where will they put it?

例 Example:

A: 她要把画儿挂到哪儿?
   Tā yào bǎ huàr guàdào nǎr?
B: 她要把画儿挂到墙上。
   Tā yào bǎ huàr guàdào qiáng shang.

（1）

（2）

（3）

（4）

（5）

（6）

(7)

(8)

(9)

(10)

> 句式 Pattern
>
> Somebody （要 / 想 / 得 / 应该）把 Something V. 到 / 在 Someplace

（二）小组活动：我说你做 Pair work: I am the commander

1. 两个同学一组，每人拿出 5 样东西放到桌子上，比如笔、手机等
   Work in pairs, and each person takes out five things on the table, for example, a pen, your cell phone, etc

2. 每个人都是指挥官，可以要求对方把桌上的物品放到其他地方。每人说 5 个 "把" 字句
   You are a commander now, and you can order your partner to put the things on the table some other places with "bǎ" sentence.

   例 Examples:

   请你把你的笔放到你的耳朵上。

   请你把这个手机放到我的包里。

3. 我说你做：一个人命令，一个人做动作，轮流当指挥官
   Do the commander by turn: one gives orders, and the other does

（三）小组活动：特别的房间，特别的布置 Pair work: particular room, particular decoration

1. 有一个形状不规则的房间，如下图，需要装饰和布置。两个同学一组，一起布置这个房间。先想清楚这个房间的功能，里面应该有哪些家具和用品
   There is a room of irregular shape to be decorated, as the following picture. Work in pairs to design your room. Firstly, think about the function of the room, and what should be placed in this room

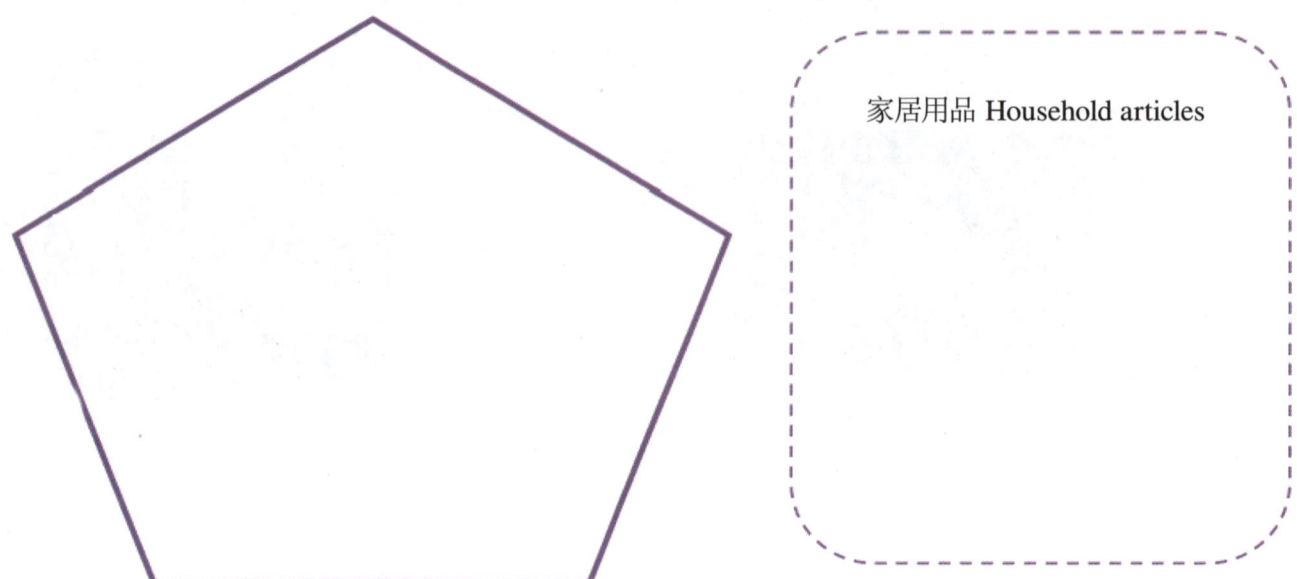

家居用品 Household articles

2. 画出设计图，一边设计一边用"把"字句交流
   Draw your design. Try to communicate with "bǎ" sentence

3. 跟另一个小组交流，互相介绍自己的设计，看看各自有什么特色
   Exchange your ideas and draw design with another group. Introduce your decoration with "bǎ" sentence. Let's see what's particular in each design

（四）小组活动：请用"连……都/也……"来解释或强调下面这些陈述 Pair work: can you try to explain or emphasize the following statements with the pattern "lián...dōu/yě..."?

例 Examples:

　　　　这个问题很难，连老师都/也不知道。

　　　　这个问题很容易，连小孩子都/也知道。

1. 我 刚 到 中国 的 时候，不 会 说 汉语，连＿＿＿＿＿＿＿＿＿＿＿＿。
   Wǒ gāng dào Zhōngguó de shíhou, bú huì shuō Hànyǔ, lián＿＿＿＿＿＿＿＿＿＿＿＿.

2. 现在 我 汉语 说 得 很 好，连 中国 人＿＿＿＿＿＿＿＿＿＿。
   Xiànzài wǒ Hànyǔ shuō de hěn hǎo, lián Zhōngguó rén＿＿＿＿＿＿＿＿＿＿.

3. 我 不 认识 那个 女 孩子, 连_____。
   Wǒ bú rènshi nàge nǚ háizi, lián_____.

4. 我 奶奶 不喜欢 电子 产品, 她也不 用 电子 产品, 连_____。
   Wǒ nǎinai bù xǐhuan diànzǐ chǎnpǐn, tā yě bú yòng diànzǐ chǎnpǐn, lián_____.

5. 他 的 工作 非常 忙, 常常 连_____。
   Tā de gōngzuò fēicháng máng, chángcháng lián_____.

6. 我 有 一个 同学 学习 很 努力, 他来 北京 两 个 月 了, 连_____。
   Wǒ yǒu yí ge tóngxué xuéxí hěn nǔlì, tā lái Běijīng liǎng ge yuè le, lián_____.

7. 那 个 超市 太大了, 连 售货员_____。
   Nàge chāoshì tài dà le, lián shòuhuòyuán_____.

8. 今天 爬 山 太累了, 我 连_____。
   Jīntiān pá shān tài lèi le, wǒ lián_____.

9. 那个 女孩子 特别喜欢 买 东西,她 爱 逛 各种 商店, 连_____。
   Nàge nǚháizi tèbié xǐhuan mǎi dōngxi, tā ài guàng gèzhǒng shāngdiàn, lián_____.

10. 我不会 做 饭, 一点儿 都 不会 做, 连_____。
    Wǒ bú huì zuò fàn, yìdiǎnr dōu bú huì zuò, lián_____.

（五）小组活动：在下面这些情况下，你们先要做什么？ Pair work: what will you do firstly in the following situations?

例 Example:

（行李很多,可能超重 chāozhòng, overweight）

→不管怎样,先把东西拿到机场再说。

1. （买了很多东西,可是找不到地铁站）→

2. （突然决定,旅行目的地换了 a sudden decision: change the destination of trip）→

3. （下班以后,又累又饿又不想做饭）→

4. （家人一起去旅行,买到火车票以后,发现座位不在一起）→

5. （去一家有名的饭馆儿,里面人很多）→

（六）班级采访：你的行李多不多 Class interview: do you have a lot of luggage?

1. 回答下面的问题，然后再采访至少两个同学，根据他们的回答填表
   Answer the following questions, then ask two classmates the same questions, and fill in the form with their answers

   (1) 来　中国　的时候，你带的行李多吗？有几件？
   　　Lái Zhōngguó de shíhou, nǐ dài de xíngli duō ma? Yǒu jǐ jiàn?

   (2) 在　中国，你买　东西　了吗？买的东西　多不多？
   　　Zài Zhōngguó, nǐ mǎi dōngxi le ma? Mǎi de dōngxi duō bu duō?

   (3) 回国　的时候，你要　带几个　箱子？还有别的行李吗？
   　　Huí guó de shíhou, nǐ yào dài jǐ ge xiāngzi? Hái yǒu biéde xíngli ma?

   (4) 托运　的行李 不能　超过　多少　公斤？
   　　Tuōyùn de xíngli bù néng chāoguò duōshao gōngjīn?

   (5) 回　国 的时候你想　怎么 去 机场？
   　　Huí guó de shíhou nǐ xiǎng zěnme qù jīchǎng?

名字＼问题	来中国的时候，你带的行李多吗？有几个？	在中国你买东西了吗？买的东西多不多？	回国的时候你要带几个箱子？还有别的行李吗？	托运的行李不能超过多少公斤？	回国的时候你想怎么去机场？
1.					
2.					
3.					

2. 请根据行李最多同学的回答，介绍一下他／她回国的行李
   Please sum up the answers of the classmate who has the most luggage, and introduce his/her luggage back to motherland

   _____来 北京 的 时候，带 了_____。在　中国　他买了_____。
   _____lái Běijīng de shíhou, dài le_____. Zài Zhōngguó tā mǎile_____.

   回国　 的 时候，他 要 带_____行李，_____，此外（in addition），_____。
   Huí guó de shíhou, tā yào dài_____xíngli,_____, cǐwài, _____.

   但是，托运　的行李 不 能　超过_____。因为　东西　比较 多，所以_____
   Dànshì, tuōyùn de xíngli bù néng chāoguò_____. Yīnwèi dōngxi bǐjiào duō, suǒyǐ_____

   打 算_____去 机场。
   dǎsuàn_____qùjīchǎng.

六、用语言做事 REAL LIFE ACTIVITIES

（一）语言准备 Language preparation

1. 听写并朗读这些句子
   Dictation: please write down five sentences. Read aloud these sentences and memorize them

   （1）_____。

   （2）_____。

   （3）_____。

   （4）_____。

   （5）_____。

2. 把下列词语组成合适的句子
   Make appropriate sentences with the following words

   （1）是　四川菜　就是　好吃　太　辣 (spicy)　了　好吃
   　　　shì　Sìchuāncài　jiùshì　hǎochī　tài　là　　　le　hǎochī

   （2）我　请　把　帮　啤酒　到　放　冰箱 (fridge)　这些　里
   　　　wǒ　qǐng　bǎ　bāng　píjiǔ　dào　fàng　bīngxiāng　　　zhèxiē　li

   （3）车　把　师傅　停　公园　到　门口
   　　　chē　bǎ　shīfu　tíng　gōngyuán　dào　ménkǒu

   （4）学习　小明　紧张　不能　连　很　都　休息　周末 (weekend)
   　　　xuéxí　Xiǎomíng　jǐnzhāng　bù néng　lián　hěn　dōu　xiūxi　zhōumò

   （5）了　给　的　好　礼物　买　家人　都
   　　　le　gěi　de　hǎo　lǐwù　mǎi　jiārén　dōu

   （6）不管　到　怎样　先　车票　买　再说
   　　　bùguǎn　dào　zěnyàng　xiān　chēpiào　mǎi　zàishuō

   （7）箱子　的　我们　太　多了下　一个　放　东西　不
   　　　xiāngzi　de　wǒmen　tài　duō le　xià　yí ge　fàng　dōngxi　bù

   （8）桌子　这　张　小　有点儿　坐不下　五个人　我们
   　　　zhuōzi　zhè　zhāng　xiǎo　yǒudiǎnr　zuò bú xià　wǔ ge rén　wǒmen

(9) 书架 我 把 放 上 了 照片 在
　　shūjià wǒ bǎ fàng shàng le zhàopiàn zài

(10) 到 服务员 水果 把 房间 里 了 送 (send)
　　dào fúwùyuán shuǐguǒ bǎ fángjiān li le sòng

3. 找找让人不满意的方面
Pair work: find the dissatisfactory side

生活中一定有一些让你不满意的地方，请用"就是"完成下面的句子 Most of our lives are good, but there will be some parts we are not satisfied with. Complete the following sentences with "就是 jiùshì"

例 Example:
　　这 种 草莓 既好吃 又 新鲜，就是 <u>有点儿 贵</u>。
　　Zhè zhǒng cǎoméi jì hǎochī yòu xīnxiān, jiùshì yǒudiǎnr guì.

(1) 那家 超市 又大 又 漂亮，就是_____。
　　Nà jiā chāoshì yòu dà yòu piàoliang, jiùshì_____.

(2) 坐地铁 很 快也挺 方便 的，就是_____。
　　Zuò dìtiě hěn kuài yě tǐng fāngbiàn de, jiùshì_____.

(3) 四川菜 好吃 是 好吃，就是_____。
　　Sìchuāncài hǎochī shì hǎochī, jiùshì_____.

(4) 这 个 游戏很 好玩儿，就是_____。
　　Zhè ge yóuxì hěn hǎowánr, jiùshì_____.

(5) 我 非常 喜欢 这个 工作，就是_____。
　　Wǒ fēicháng xǐhuan zhè ge gōngzuò, jiùshì_____.

(6) 他家离 学校 不 远，就是_____。
　　Tā jiā lí xuéxiào bù yuǎn, jiùshì_____.

(7) 我 觉得 学习 汉语 很 有意思，就是_____。
　　Wǒ juéde xuéxí Hànyǔ hěn yǒu yìsi, jiùshì_____.

(8) 大夫：您 怎么 了？哪儿不舒服？
　　Dàifu: Nín zěnme le? Nǎr bù shūfu?

　　病人： 我 觉得没 什么 大 问题，就是_____。
　　Bìngrén: Wǒ juéde méi shénme dà wèntí, jiùshì_____.

4. 根据上下文情景完成下面的对话
Complete the following dialogues according to the contexts

(1) A：这 次考试 难 不 难？
　　Zhè cì kǎoshì nán bu nán?

　　B：难 极了。_____。（连……都/也）
　　Nán jíle. _____. (lián...dōu/yě)

(2) A: 时间 够 不 够?
　　　Shíjiān gòu bu gòu?

　　B: 不 够, _____。（连……都 / 也）
　　　Bú gòu, _____. (lián...dōu/yě)

(3) A: 东西 多 吗?
　　　Dōngxi duō ma?

　　B: 不 太 多。_____。（放下）
　　　Bú tài duō. _____. (fàngxià)

(4) A: 下 雨 了, 别 去 啦。
　　　Xià yǔ le, bié qù la.

　　B: _____。（不管……都……）
　　　_____. (bùguǎn... dōu...)

(5) A: 您 的 房间 在 1212。下午 两 点 以后 可以 入住。
　　　Nín de fángjiān zài yāo èr yāo èr. Xiàwǔ liǎng diǎn yǐhòu kěyǐ rùzhù.

　　B: 现在 是 11 点。那 我们 的 行李 怎么办?
　　　Xiànzài shì shíyī diǎn. Nà wǒmen de xíngli zěnmebàn?

　　A: 您 可以_____。（把 bǎ）
　　　Nín kěyǐ_____.

（二）**社会扩展活动：我的中国日记 Social activities: my Chinese diary**

我的房间的最后留影 The last pictures of my Chinese room: before and after

　　开始收拾行李以前，给你的房间拍一些照片。看看你在中国的房间里有哪些东西，它们都放在什么地方。想好哪些东西要带回国，哪些东西要留给别人。收拾的时候，要记住自己把东西放到哪儿了。所有的东西都收拾好，打扫完房间以后，再拍一些照片。对比一下"之前"和"之后"的房间。你还记得东西都放到什么地方了吗？Before packing, take photos of your room. Let's see what are in your Chinese room, and where they are. Think what you will take back home, and what will be left to other people. While packing, try to remember where you put your things. After everything is done, clean the room, and take some photos again. Compare before and after pictures. Now, do you still remember where you put everything?

七、词语库 WORDS AND EXPRESSIONS

（一）生词表 New words list

	1. 收拾	shōushi	（动）	to put things in order, to clear away
	2. 一些	yīxiē	（数量）	some
	3. 地儿	dìr	（名）	space
	4. 把	bǎ	（介）	used in "Subject-把-Object-Verb-Complement" construction. The construction indicates that subject initiates an action (Verb) on object, leading object to change to a different state
	5. 筷子	kuàizi	（名）	chopsticks
	6. 托运	tuōyùn	（动）	to consign for shipment
	7. 箱子	xiāngzi	（名）	suitcase, trunk
	8.（另）外	(lìng)wài	（副）	besides, in addition
	9. 加	jiā	（动）	to add, to plus
	10. 双肩背	shuāngjiānbēi	（名）	rucksack, backpack
	11. 弄	nòng	（动）	to do, to handle, to get
	12. 谁	shuí/shéi	（代）	who, whom
	13. 看见	kànjiàn	（动）	catch sight of, see.
	14. 连……都/也	lián... dōu/yě		even
	15. 饭店	fàndiàn	（名）	(large) hotel, restaurant
	16. 门口	ménkǒu	（名）	entrance, doorway
	17. 市场	shìchǎng	（名）	market, mart
	18. 不管	bùguǎn	（连）	no matter (what, how), regardless of
	19. 机场	jīchǎng	（名）	airport
	20. 再说	zàishuō	（动）	to put off until some time later
	21. 先生	xiānsheng	（名）	Mister (Mr.)
	22. 帮	bāng	（动）	to help, to assist
	23. 楼	lóu	（名）	a multi-story building
	24. 不虚此行	bù xū cǐ xíng		It's been a worthwhile trip.

第 20 课　把筷子放在我这儿吧

（二）相关链接 Related Links

查查词典，看看它们是什么意思
Look up the dictionary and find the meanings of the following words

在机场 zài jīchǎng in airport	意思 yìsi meaning	在机场 zài jīchǎng in airport	意思 yìsi meaning
机场 jīchǎng		危险品 wēixiǎnpǐn	
安检 ānjiǎn		登机牌 dēngjīpái	
海关 hǎiguān		登机口 dēngjīkǒu	
候机厅 hòujītīng		空姐 kōngjiě	
行李车 xínglǐchē		靠走道 kào zǒudào	
摆渡车 bǎidùchē		靠窗 kào chuāng	

从相关链接中选出五个对你最有用的词，写一写 Please select five useful words for you in the *Related Links* above, and write in the following blanks

1. _____ 2. _____ 3. _____ 4. _____ 5. _____

八、生活剪影 LIFE SKETCH

在机场办手续
Zài jīchǎng bàn shǒuxù

坐飞机 往往 要 提前 一个 多 小时 到 机场 办 登机 手续。如果
Zuò fēijī wǎngwǎng yào tíqián yí ge duō xiǎoshí dào jīchǎng bàn dēngjī shǒuxù. Rúguǒ

是 国际航班 的话，最好 提前 两个 小时 到达 机场。以前 这些 手续 都
shì guójì hángbān dehuà, zuìhǎo tíqián liǎng ge xiǎoshí dàodá jīchǎng. Yǐqián zhèxiē shǒuxù dōu

得 在 柜台 办理，现在 可以 自助 办理 了。输入 你 的 证件 号，然后 选择
děi zài guìtái bànlǐ, xiànzài kěyǐ zìzhù bànlǐ le. Shūrù nǐ de zhèngjiàn hào, ránhòu xuǎnzé

喜欢 的 座位。在 国外， 人手 紧张，不得不 自助， 而在 中国， 自助
xǐhuan de zuòwèi. Zài guówài, rénshǒu jǐnzhāng, bùdébù zìzhù, ér zài Zhōngguó, zìzhù
办理 登机牌 却 是 一 种 新鲜 的 体验。
bànlǐ dēngjīpái què shì yì zhǒng xīnxiān de tǐyàn.

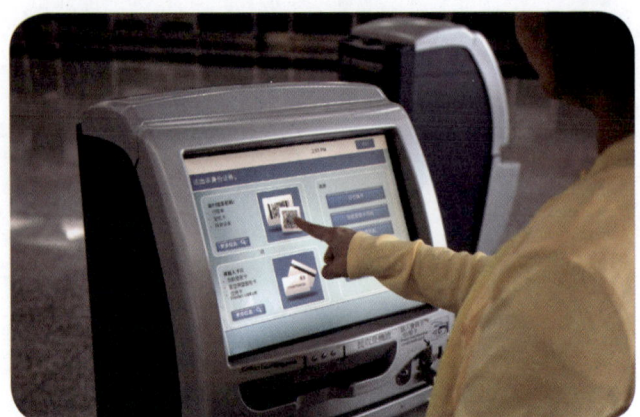

部分练习参考答案 KEY TO SOME EXERCISES

六、（一）1."听写并朗读这些句子"答案 The answer of dictation

(1) 东西收拾好了吗？
(2) 我的包还有点儿地儿。
(3) 把筷子放在我这儿吧。
(4) 一大、两小，外加两个双肩背。
(5) 怎么弄了这么多东西？

总 词 表

A

阿姨	āyí	（名）	17
安静	ānjìng	（形）	13

B

把	bǎ	（介）	20
办	bàn	（动）	16
半价	bànjià	（名）	17
半天	bàntiān	（名）	12
帮	bāng	（动）	20
棒	bàng	（形）	16
杯	bēi	（名/量）	16
比	bǐ	（介）	13
比如	bǐrú	（动）	19
便宜	piányi	（形）	18
变	biàn	（动）	14
别的	biéde	（代）	13
别致	biézhì	（形）	19
不管	bùguǎn	（连）	20
不过	búguò	（连）	13
不愧	búkuì	（动）	12
不如	bùrú	（动）	19
不虚此行	bù xū cǐ xíng		20
部	bù	（量）	16

C

才	cái	（副）	14
草莓	cǎoméi	（名）	18
茶叶	cháyè	（名）	19
超市	chāoshì	（名）	18
成人	chéngrén	（名）	17
出去	chū qu		14
除了……外	chúle…wài		17
传统	chuántǒng	（形）	17
船	chuán	（名）	12
辞	cí	（动）	15

D

答应	dāying	（动）	19
大	dà	（形）	14
大夫	dàifu	（名）	18
带	dài	（动）	14
导游	dǎoyóu	（名）	12
到处	dàochù	（副）	12
到底	dàodǐ	（副）	19
得奖	dé jiǎng		17
的话	dehuà	（助）	17
地儿	dìr	（名）	20
地方	dìfang	（名）	11

电脑	diànnǎo	（名）	15	挂	guà	（动）	18
电影	diànyǐng	（名）	16	观众	guānzhòng	（名）	17
东西	dōngxi	（名）	13	广告	guǎnggào	（名）	15
懂	dǒng	（动）	16	逛街	guàng jiē		16
动作	dòngzuò	（名）	16	贵	guì	（形）	13
队员	duìyuán	（名）	17	国	guó	（名）	15
对不起	duìbuqǐ	（动）	17				

E

H

而且	érqiě	（连）	15	孩子	háizi	（名）	16
				汉语	Hànyǔ	（名）	15

F

				汉字	Hànzì	（名）	19
发现	fāxiàn	（动）	13	好处	hǎochu	（名）	19
饭店	fàndiàn	（名）	20	好久不见	hǎojiǔ bú jiàn		14
房子	fángzi	（名）	15	好看	hǎokàn	（形）	12
放学	fàng xué		14	好球	hǎo qiú		17
非……不可	fēi...bù kě		17	好玩儿	hǎowánr	（形）	15
逢	féng	（动）	16	盒	hé	（名/量）	18
父母	fùmǔ	（名）	19	胡同	hútòng	（名）	13

G

				花	huā	（名）	12
干杯	gān bēi		16	划	huá	（动）	12
干燥	gānzào	（形）	18	画儿	huàr	（名）	12
感冒	gǎnmào	（名/动）	18	坏了	huàile		17
刚	gāng	（副）	15	还	hái	（副）	18
高	gāo	（形）	11	皇家	huángjiā	（名）	12
更	gèng	（副）	13	回答	huídá	（动）	11
工作	gōngzuò	（名/动）	15				

J

公司	gōngsī	（名）	15	机场	jīchǎng	（名）	20
功夫	gōngfu	（名）	16	机会	jīhuì	（名）	15
功夫片	gōngfupiàn	（名）	16	纪念	jìniàn	（动/名）	19
够	gòu	（动）	16	既……又……	jì...yòu...		19
故事	gùshi	（名）	16	寄	jì	（动）	19

244

加	jiā	(动)	20
家	jiā	(量)	15
见面	jiàn miàn		14
件	jiàn	(量)	19
建筑	jiànzhù	(名)	13
街	jiē	(名)	13
节目	jiémù	(名)	17
节目单	jiémùdān	(名)	17
结婚	jié hūn		15
介绍	jièshào	(动)	12
今年	jīnnián	(名)	14
斤	jīn	(量)	18
紧张	jǐnzhāng	(形)	14
进去	jìn qu		13
经常	jīngcháng	(副)	15
经理	jīnglǐ	(名)	15
酒	jiǔ	(名)	16
酒吧	jiǔbā	(名)	16
酒量	jiǔliàng	(名)	16
剧场	jùchǎng	(名)	17

K

开	kāi	(动)	18
看见	kànjiàn	(动)	20
看起来	kàn qilai		18
考	kǎo	(动)	11
烤肠	kǎocháng	(名)	13
咳嗽	késou	(动)	18
可能	kěnéng	(形)	16
可惜	kěxī	(形)	15
渴	kě	(形)	11

空气	kōngqì	(名)	18
恐龙	kǒnglóng	(名)	17
酷	kù	(形)	16
筷子	kuàizi	(名)	20
宽	kuān	(形)	13

L

老	lǎo	(形)	13
老人	lǎorén	(名)	13
老师	lǎoshī	(名)	11
礼物	lǐwù	(名)	14
里	lǐ	(量)	11
历史	lìshǐ	(名)	11
连……都/也	lián... dōu/yě		20
聊(天儿)	liáo(tiānr)	(动)	13
了	liǎo	(动)	18
了不起	liǎobuqǐ	(形)	11
（另）外	(lìng)wài	(副)	20
留	liú	(动)	19
龙	lóng	(名)	19
楼	lóu	(名)	20
旅行社	lǚxíngshè	(名)	15
绿茶	lǜchá	(名)	19

M

卖	mài	(动)	13
每	měi	(代)	19
美容	měiróng	(动)	18
门口	ménkǒu	(名)	20
们	men	(词尾)	14
苗条	miáotiao	(形)	14
名胜古迹	míngshèng gǔjì		19

明信片	míngxìnpiàn	(名)	19	上市	shàng shì		18
	N			上网	shàng wǎng		15
那	nà	(连)	11	上演	shàngyǎn	(动)	16
嗯	ǹg	(叹)	11	少	shǎo	(形)	15
年	nián	(名)	11	射门	shè mén		17
弄	nòng	(动)	20	摄影	shèyǐng	(动)	15
	P			身体	shēntǐ	(名)	14
爬	pá	(动)	11	什么的	shénmede	(助)	19
牌子	páizi	(名)	18	市场	shìchǎng	(名)	20
胖	pàng	(形)	14	收拾	shōushi	(动)	20
朋友	péngyou	(名)	14	售货亭	shòuhuòtíng	(名)	12
啤酒	píjiǔ	(名)	16	售货员	shòuhuòyuán	(名)	19
瓶	píng	(名/量)	12	叔叔	shūshu	(名)	14
	Q			输	shū	(动)	17
气	qì	(动)	17	双肩背	shuāngjiānbēi	(名)	20
气派	qìpài	(形)	12	谁	shuí/shéi	(代)	20
千	qiān	(数)	16	说	shuō	(动)	12
前面	qiánmiàn	(名)	12	四合院	sìhéyuàn	(名)	13
清楚	qīngchu	(形)	11	岁	suì	(量)	14
球	qiú	(名)	14	所有	suǒyǒu	(形)	19
球迷	qiúmí	(名)	17		**T**		
去年	qùnián	(名)	17	他	tā	(代)	13
	R			它	tā	(代)	11
人员	rényuán	(名)	17	趟	tàng	(量)	12
	S			特	tè	(副)	15
嗓子	sǎngzi	(名)	18	特色	tèsè	(名)	13
山	shān	(名)	11	踢	tī	(动)	14
商业	shāngyè	(名)	13	T恤	T xù	(名)	19
上面	shàngmiàn	(名)	12	剃须膏	tìxūgāo	(名)	18
上去	shàngqu		11	天气	tiānqì	(名)	11

246

甜	tián	（形）	18
条	tiáo	（量）	12
听	tīng	（动）	16
挺	tǐng	（副）	18
托运	tuōyùn	（动）	20

W

完全	wánquán	（副）	13
万	wàn	（数）	11
网址	wǎngzhǐ	（名）	15
为	wèi	（介）	16
为什么	wèi shénme		11
乌龙茶	wūlóngchá	（名）	19

X

西药	xīyào	（名）	18
希望	xīwàng	（动）	14
洗手间	xǐshǒujiān	（名）	12
先生	xiānsheng	（名）	20
现代	xiàndài	（形）	13
羡慕	xiànmù	（动）	14
箱子	xiāngzi	（名）	20
像	xiàng	（动）	14
小	xiǎo	（形）	14
小贩	xiǎofàn	（名）	18
新	xīn	（形）	17
新鲜	xīnxiān	（形）	18
熊猫	xióngmāo	（名）	19
休息	xiūxi	（动）	11
选	xuǎn	（动）	19
学生	xuésheng	（名）	17
学习	xuéxí	（动）	14

Y

眼尖	yǎn jiān		18
样儿	yàngr	（名）	19
要是	yàoshi	（连）	12
一会儿	yíhuìr	（数量）	11
一些	yìxiē	（数量）	20
以后	yǐhòu	（名）	15
意思	yìsi	（名）	12
因为	yīnwèi	（连）	11
印	yìn	（动）	19
赢	yíng	（动）	17
用品	yòngpǐn	（名）	18
游戏	yóuxì		15
有点儿	yǒudiǎnr	（副）	12
有名	yǒumíng	（形）	12
有时候	yǒu shíhou		15
又	yòu	（副）	14
园林	yuánlín	（名）	12
远处	yuǎnchù	（名）	11
越来越	yuèláiyuè		16
运气	yùnqi	（名）	17

Z

再说	zàishuō	（动）	20
站	zhàn	（动）	11
找	zhǎo	（动）	18
照	zhào	（动）	15
照片	zhàopiàn	（名）	15
这么	zhème	（代）	11
正在	zhèngzài	（副）	16
知道	zhīdào	（动）	11

知己	zhījǐ	(名)	16	周年	zhōunián	(名)	15
只有	zhǐyǒu	(连)	14	专家	zhuānjiā	(名)	19
中药	zhōngyào	(名)	18	状态	zhuàngtài	(名)	17
种类	zhǒnglèi	(名)	19	着	zhe	(助)	18
重逢	chóngféng	(动)	16	自己	zìjǐ	(代)	19
重要	zhòngyào	(形)	16	租	zū	(动)	12
周末	zhōumò	(名)	14	做	zuò	(动)	15